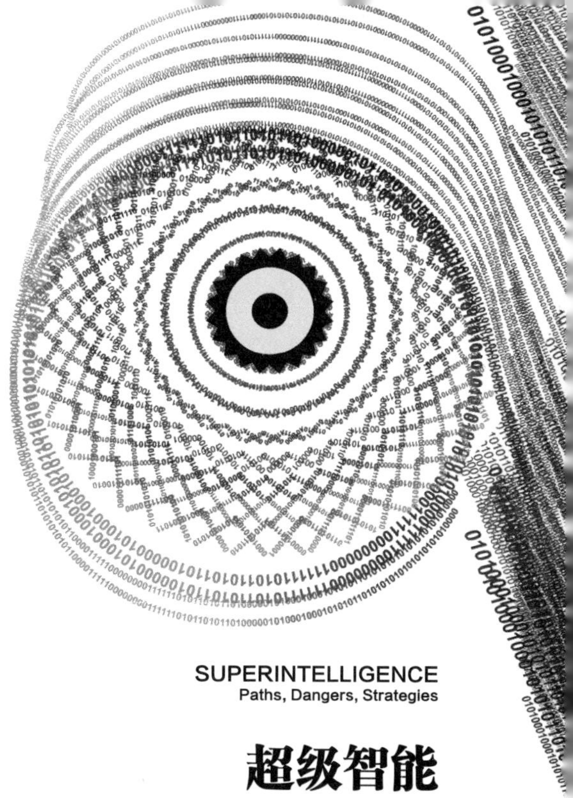

SUPERINTELLIGENCE
Paths, Dangers, Strategies

超级智能

路线图、危险性与应对策略

[英] 尼克·波斯特洛姆（Nick Bostrom）◎著
张体伟 张玉青◎译

中信出版社 · CHINACITICPRESS · 北京 ·

图书在版编目（CIP）数据

超级智能 /（英）波斯特洛姆著；张体伟，张玉青译. —北京：中信出版社，2015.2(2025.8重印)
书名原文：Superintelligence
ISBN 978-7-5086-5016-6
I. 超… II. ①波… ②张… ③张… III. 技术经济学 - 研究 IV. F062.4
中国版本图书馆CIP数据核字（2014）第 311151 号

超级智能

著 者：[英]尼克 · 波斯特洛姆
译 者：张体伟 张玉青
策划推广：中信出版社（China CITIC Press）
出版发行：中信出版集团股份有限公司
（北京市朝阳区东三环北路27号嘉铭中心 邮编 100020）
（CITIC Publishing Group）
承 印 者：北京盛通印刷股份有限公司

开 本：787mm×1092mm 1/16 印 张：22.5 字 数：300 千字
版 次：2015 年 2 月第 1 版 印 次：2025 年 8 月第 8 次印刷
京权图字：01-2014-3552
书 号：ISBN 978-7-5086-5016-6 / F · 3321
定 价：49.00 元

人类生活的最高境界是美好的。我们没有理由不相信，在这片更大的空间中会存在更多极其宝贵的生存方式。它们可能大大超越我们智慧的极限，我们甚至做梦也无法想象得到。

——尼克 · 波斯特洛姆

未完待续的麻雀寓言

虽然眼下正是筑巢的季节，但经过多日长时间的辛苦劳作后，麻雀们也开始沐浴在夕阳下，一边休息一边唧唧喳喳叫个不停。

“我们都太弱小了。如果有只猫头鹰帮助我们筑巢，我们的生活就容易多了！”

“你说得对。”另外一只麻雀说，“我们也可以让它来照看我们的老人和小孩。”

“它能给我们提建议，还能留意邻居家的猫。”第三只麻雀补充说。

这时，一只较年长的叫帕斯图斯的麻雀说：“我们分头行动，争取找到一只被遗弃的小猫头鹰，或是猫头鹰下的一只蛋，也可以是一只能打鸣的小鸡，甚至是一只幼小的鼬鼠。对我们来说，这将是最美妙的事情，至少从后院的无限粮食亭开放以来都是这样的。”

雀群沸腾了，所有的麻雀都尽情地欢叫着。

此时，只有一只叫斯克罗恩克芬克尔的麻雀对这种想法持怀疑态度。这只麻雀一只眼，性情暴躁。它说：“这样做，将是我们的末日。在有这样的想法之前，我们为什么不首先想想驯化猫头鹰的方法呢？”

帕斯图斯回答说：“驯化猫头鹰听起来似乎是一件非常困难的事情，光是找到一只猫头鹰下的蛋就已经很困难了。这是我们讨论的起点。只有成功养活一只猫头鹰，我们才能继续考虑其他挑战。”

“这个计划有瑕疵！”斯克罗恩克芬克尔吱吱叫起来。但它的抗议没有起到任何作用，因为所有麻雀都朝着帕斯图斯指明的方向四散飞去。

只有两三只麻雀留了下来。这些麻雀开始尝试寻找如何驯化猫头鹰的方法。它们很快就意识到帕斯图斯很可能是对的：这实在是一项难度非常大的挑战，尤其是它们还没有一只真实的猫头鹰来实验一番。尽管如此，它们还是竭尽全力，以免其他麻雀带回来一只猫头鹰蛋的时候，它们自己还没能找到驯化猫头鹰的方法。

虽然不知道这个故事是怎么结尾的，但是本书能为斯克罗恩克芬克尔和它的麻雀伙伴们提供帮助。

SUPERINTELLIGENCE
Paths, Dangers, Strategies

目　录

第十章 神谕，精灵，主权，工具

第十一章 多极情景

第十二章 获取价值观

天算论

常言说，人算不如天算。

如果将来计算机的计算能力超过人的计算能力，那么人算不如天算，人被计算机所算计，这会成为一个关系人类命运的头号问题。

尼克 · 波斯特洛姆的《超级智能》讨论的就是怎么解决“人算不如天算”的问题。所以我称之为天算论。

你为什么应该关注这本书呢?

如果说天演论告诉人们的是，物竞天择，适者生存，至少人还是赢家；那么天算论就没那么简单了，将来人与计算机竞争，人还会是赢家吗?

《超级智能》讨论的是我们这个时代的优先事项。

“智能爆发的威力会击落整个苍穹”，在计算机时代，悠悠万事，唯此为大。

这个时代的优先事项

为什么要设置“超级智能”这个议题？有什么理由，值得让你为了它而放下手边杂事，屏息凝神？

让我们先从本书的最后一句读起。作者谈到这本书的立意：“透过日常琐事的迷雾，我们能够（模糊地）看到这个时代的核心任务。在这本书中，我们尝试着在相对模糊不清的视野中辨别更多的特征。我们看到，降低存在性风险，并且实现导向合理使用人类宇宙资源的文明进步，是我们道德上的主要优先事项。”

让我解释一下“这个时代的核心任务”，“道德上的主要优先事项”。

人生最大的喜乐，无非“久旱逢甘露，他乡遇故知。洞房花烛夜，金榜题名时”。而人生最大的悲哀，恐怕不是被枪毙，而是于枪毙前被要求自己给自己挖坑。

但人类经常干这种事：

在农业社会，土地本来是人类发展的工具，但结果却演变成，人为了土地，而失去了自我。托尔斯泰的《战争与和平》，讲的就是人类为了土地而打杀，死了都不知道是为了什么。

在工业社会，资本本来是人类发展的工具，但最后演变成，人为了资本，而失去了自我。马克思的《1844年经济学哲学手稿》，讲的就是人类为了资本而争斗，为了手段而忘记目的。

在信息社会，智能本来是人类发展的工具，但最后演变成，人为了智能，而失去了自我。《超级智能》讲的是，人把计算机造成了超级自我，但自我该如何做，才能保证人本身才是目的，而不被自己发明的手段所打败呢？

这就是“这个时代的核心任务”，“道德上的主要优先事项”。

所以，农业社会的人，应该看看《战争与和平》中那些活得明白的人；工业社会的人，应该了解《1844年经济学哲学手稿》中那些克服异化的思想。中国的工业化到2020年将基本完成，那时中国人将进入信息社会，但如果不关注《超级智能》讲的“时代核心”与“道德优先”，活着也是浑浑噩噩，在火葬场里边和外边，虽说有一些区别，但区别也不像想象的那么大。

人类经历了土地的挑战、资本的挑战，今天来到了信息时代，智能的挑战是“我们将要面对的最后一个挑战”。

正如波斯特洛姆点明的：

如果有一天我们发明了超越人类大脑一般智能的机器大脑，那么这种超级智能将会非常强大。并且，正如现在大猩猩的命运更多地取决于人类而不是它们自身一样，人类的命运将取决于超级智能机器的行为。

在本书中，我将努力诠释可能出现的超级智能带来的挑战，以及我们如何最好地应对。这很可能是人类面对的最重要和最可怕的挑战。而且，不管我们成功还是失败，这大概都是我们将要面对的最后一个挑战。

与许多相信机器最后将战胜人类的业界专家相比，波斯特洛姆的心态总的来说是积极的，他的乐观来自一个判断：“我们拥有一项优势，即我们清楚地知道如何制造超级智能机器。”

波斯特洛姆认为，原则上，我们能够制造一种保护人类价值的超级智能，当然，我们也有足够的理由这么做。实际上，控制问题——也就是如何控制超级智能，似乎非常困难，而且我们似乎也只有一次机会。一旦不友好的超级智能出现，它就会阻止我们将其替换或者更改其偏好设置，那时我们的命运就被锁定了。

智能大爆发的动力学

一、什么是智能爆发?

简单地说，智能爆发就是电脑超过人脑。可以从技术和社会两个方面理解其含义：技术性的理解是超级智能，即电脑比人脑更聪明；社会性的理解是智能异化，即作为手段的智能不再顺从作为目的的人类。

1. 超级智能

超级智能是指“在许多普遍的认知领域中，表现远远超越目前最聪明的人类头脑的智能”。

作者将超级智能分为三种形式：高速超级智能、集体超级智能和素质超级智能。

——高速超级智能是指和人脑相似，但速度快于人脑的智能。

——集体超级智能是指一种通过将总数庞大的小型智能集中起来，从而达到卓越性能的系统智能。

——素质超级智能是指一个至少和人类大脑一样快，并且从素质上来说更加聪明的智能。

作者说的这三种能力，令人想到大数据的“3V”（不算“数据大”的Volume）。高速超级智能对应Velocity，集体超级智能对应Variety，素质超级智能对应Value。一言以蔽之，“3V”讲的都是复杂性，分别是量的复杂性（Velocity是时间量，Variety是空间量）和质的复杂性（素质）。

作者的意思是，电脑超过人脑，一定是表现在处理复杂性的量的能力与质的能力上。换句话说，当复杂性达到一定量和质的程度时，人算算不清，而天算算得清，人算可能不如天算。

2. 智能异化

人算一旦不如天算，会出现什么情况呢？

作者有一个形象生动的比喻：人好比孩子，超级智能好比孩子玩的炸弹。一旦人算不如天算，智能就会像炸弹那样爆炸。

让我们来看作者生动的描述：

> 在智能爆发的前景之下，我们人类就像拿着炸弹玩的孩子。玩具的威力和我们行为的成熟度是如此的不匹配。超级智能是一个我们现在还没有准备好应对的挑战，而且很长时间之内都不会准备好。尽管我们把炸弹放到耳边能够听到微弱的滴答声，但是我们也完全不知道爆炸会在何时发生。
>
> 对于一个手拿着尚未引爆的炸弹的孩子来说，明智的做法是轻轻地将炸弹放下，快速跑出屋子，并告诉距离最近的大人。然而，我们现在面对的不是一个孩子，而是很多孩子，而且每个人都带着独立的引爆装置。我

们所有人都意识到放下这个危险玩意儿的可能性几乎为零。总会有某个蠢孩子因为想要知道会发生什么，而按下引爆按钮。

我们也不可能通过逃离的方法获得安全，因为智能爆发的威力会击落整个苍穹。而且，我们也看不到任何成年人。

在这种情况下，任何“哎呀，太棒了！”的高兴情绪都是不合适的。惊愕和恐惧会稍微合适一些，但是最适当的态度是：下定决心，发挥我们最好的实力，就像准备一场很难的考试一样，考试通过了梦想就会实现，考试失败了梦想就会破灭。

映射到社会，人类曾至少在两类情况下引爆过这种超级“炸弹”。一类是“土地炸弹”。据说成吉思汗把四川人从2 000万杀到只剩下80万，主要是因为他们影响了马吃草。人类开发出土地，本来是为了满足衣食之需；而在成吉思汗看来，人（至少是四川人）不重要，重要的是马。所以用土地种农作物有“罪”，必须从生存角度加以彻底否定。另一类是“资本炸弹”。两次世界大战本质上都是因为资本而引发的杀人游戏，纳粹对犹太人的迫害是人类的一种道德破产。

人类玩过“土地炸弹”、“资本炸弹”，下一步必然会玩“智能炸弹”。“智能爆发的威力会击落整个苍穹”，那时人会怎么样呢？记得18年前“网络文化丛书”组织者在小汤山开过一个未来讨论会，一位今天已变得家喻户晓的专家当时曾说（大意）：“如果不考虑道德因素，计算机一旦统治人，从机器角度讲，人体除了脑袋，别的器官都没什么用，还浪费资源（按：成吉思汗如果管理互联网，肯定也会这么想）。所以最好的办法是把人的脑袋拧下来，像电灯泡一样安在工作台上，接好营养液，然后工作到死。为了减少人的痛苦，可以利用虚拟现实技术（按：现在已经快实现了），按照大脑的偏好，分别配一辈子的三级片或战争片，让他以为是真的，从而快快乐乐地度过一生。”

这就是我们和作者都要面对的问题。

如果你觉得这些都无所谓——什么电脑超过人脑，什么电脑统治人脑，包括你或你的后代哪天下午被莫名其妙地捉去当成灯泡，那你不需要读这本书，你赶紧忙你那更重要的事情去吧。

二、天算的动力学公式

本书在前几章讨论超级智能出现的可能性以及之后会发生什么后，接下来开始讨论智能爆发的原理，即“智能大爆发的动力学”。

这里补充一下，人生最大的悲哀，除了自己挖坑埋了自己（比喻为了手段而忘记目的），还在于死了都不知为什么而死，就像托尔斯泰笔下那些搞不懂决定战争与和平的原因的人们。不管将来出现什么情况，至少我们应该搞清人算不如天算的原因。

作者构建了一个公式，将超级智能的发展作为最优化力和系统反抗度的函数，来分析天算超过人算这个过程的动力学。

先假设一个系统的智能增长率为两个变量——最优化力（主要用于提高系统智能水平）和系统智能对这种最优化力的反应度的单调递增函数。用反抗度表示反应度的倒数，公式如下：

$$\text{智能变化率} = \frac{\text{最优化力}}{\text{反抗度}}$$

作者在这里用了两个新造的概念——最优化力和反抗度。最优化力指提高系统智能水平的能力，可以理解为计算效率，相当于聪明程度。反抗度则相当于阻力，作者曾说“边际效益开始递减（即反抗度递增）”，由此可以推论出，反抗度相当于智能提高的边际成本。

作者指出，提高系统效率过程中的反抗度很高，需要人类花费大量精力来应对。不过，即便这样，人类的综合能力每年也仅能提高几个百分点。此外，由于内外部环境不断变化，即便系统某一刻实现了效率最优，它也将无法很快适应新的环境。

用我的话解释，这是一个效能公式。效能就是效率（相对复杂性）的变化率，因此智能变化率就是智能效率（最优化力）的微分。智能的效能取决于效率（所谓的最优化力）与边际成本变化（所谓的反抗度）的比率。

其中作者没有直接点出的条件是，边际成本是相对于复杂度而变化的（递增或递减）。越复杂，决策成本越低，就叫灵活（SMART，正的智慧）；越复杂，决策成本越高，就叫迟钝（负的智慧）。智能变化率相当于张瑞敏说的打移动靶，最优化力相当于他说的打固定靶。反抗度指的就是目标转变时，要求枪口随目标移动转换所需付出的成本。

因此，智能变化率就是《周易》所说的那个“易”，也就是轻轻松松化解复杂性，表现为太极的“随物宛转，与心徘徊”。举例来说，表现在中华民族，就是5 000年来对复杂变化的适应（近期如快速适应世界贸易组织）；表现在个人能力上，如打乒乓球的灵活。超级智能，就是把这个中国人人无师自通的东西变成电脑的能力。

据我考证，人类的第一篇“天算论”，是微积分（也就是变化率之学）的发明者莱布尼茨1703年发表于核心期刊《皇家科学院纪录》上的《论中国伏羲二进位制级数》。莱布尼茨在论文中说：“让我感到自豪的是，若我未发现二进位制数学，这个六十四卦的体系，即伏羲易图，再耗费许多时间也不会被搞明白的。”电脑的二进制就主要是从这里来的，只不过当年莱布尼茨送给康熙的二进制计算器（帕斯卡尔二代机）不是电的，而是手摇的。2004年中国还拿它到凡尔赛宫展览过——它是超级智能在500年前的祖先。

人算控制天算

当人算不如天算时，以往人类典型的解决方案是像“霸王别姬”那样抹脖子。项羽认为是天要亡他，人算不如天算，赶紧让脑袋像灯泡那样掉下来就完了。

波斯特洛姆的方案比项羽的方案要积极一些，至少先别认输，还要看看天算会有哪些规律，人算能有哪些办法。这就是本书第五章以后的主要内容。

虽然不敢说作者的这些办法从根上是否管用，但想总比不想好，况且有许多想法还确实开阔了我们的思路。读过本书以后的第一感觉是，项羽算白死了。

读者读到这里时，应该把自己想象成被别人追到乌江了，正想抹脖子，转念一想，办法也许会有，并且“万一实现了呢”？

作者首先讨论了超级智能的形式和能量，以及具有决定性优势的超级智能体有哪些战略选择。之后探讨的重点转向控制问题，并提出为了获得可生存并且有利的结果，如何塑造初始条件的问题。最后指出为了增加成功概率，现在可以做些什么。我们分别进行介绍。

一、战略分析与控制

1. 决定性战略优势：分析形势

提出正确问题，是解决问题的第一步。而第一个问题应该是什么？

作者建议这样提出问题：将会有一个还是多个超级智能？是否会有一次智能爆发能够推动某一个项目，使其远远超越其他所有项目，从而主宰未来？或者进展会比较一致，在广阔的范围里同时展开，包含很多个项目，但是没有一个能够长期拥有压倒性的领先地位？

这话说得比较绕，让我用大白话翻译吧：项羽转念一想，将来是刘邦一家独大呢，还是刘邦与其他人（如韩信、臧荼、张耳、彭越……）相争呢？

2. 超级认知能力：分析霸主的战略

第二步分析，假设出现了一个数字超级智能体，而且出于某种原因，它想要统治全球，那么它能够成功吗？作者进一步探讨超级智能会拥有哪些能力，以及这些能力能用来做什么。

相当于如果判断未来是刘邦一家独大，就要进一步分析他会有哪些能力，用于何处。

3. 超级智能的意愿：分析战略目标与手段之间的关系

第三步分析，超级智能可以拥有极大的根据自己的目标塑造未来的能力。但是，它的目标会是怎样的？一个人工智能体的智能与动机之间是什么关系？

作者设想了两种情况。一是目标导向（正交性论点），智能和最终目标是独立变量，任何水平的智能都可以搭配任何最终目标。二是工具导向（工具性趋同论点），不管超级智能具有一系列最终目标中的哪种，都将选择相似的中间目标，因为它们有这么做的共同工具性理由。通过这两种论点，就可以思考一个超级智能体想要做什么的问题了。

相当于分析刘邦想要做什么，是目标导向的呢，还是手段导向的（为了手段而忘记目标型的）？

4. 结局注定是厄运吗？不同路径具有不同后果

作者发现：当人工智能本来愚蠢时，变聪明是更安全的；但是当它本来就聪明时，变得更聪明则是更危险的。就像有一个轴心点，到这个点上，原来很有效的策略会突然开始逆反。我们可以把这个现象叫作“背叛转折”。

作者举了个例子：假设人工智能的最终目标是“让项目的赞助者高兴”，于是它使在赞助者大脑的快乐中枢植入电极，这样就能够保证赞助者感受到极大快乐。当然，赞助者可能并不想被改造成整天咧着嘴笑的傻子，但是如果这样能最大限度地实现人工智能的最终目标，那么人工智能也会去实施这个方案。

相当于如果刘邦太强大，无法被搞定，但如果他像洪秀全那样沉溺于酒色，以为天下已经搞定，这时便仍有机会。

5. 控制问题

作者认为，如果智能爆发的默认后果是导致存在性灾难的发生，那么面对这样的威胁，我们的思路必须立刻转向寻求应对方法。有没有办法可以避免这样的默认结局？有没有可能设计出受控制的智能爆发？

作者将对策集中于委托–代理问题，并把方法分为两大类：能力控制和动机选择。

相当于是选择把文章做在韩信等将军身上以使其造反，还是把文章做在刘邦身上以使其丧志。

6. 多极情景：诸侯割据

这是与上面第 2 点并列的分岔。相当于分析不是刘邦独大，而是陷入诸侯割据的情况。

作者对这一情景的关注包含两个层面。首先，社会融合可能会成为控制问题的一种解决方式。其次，即使没有人着手去创造出多极条件来解决控制问题，多极结局也可能发生。那么，这种结局看起来可能是什么样的呢？最终的竞争社会不一定会吸引人，也不一定能长久持续。

相当于项羽如果分析到刘邦集团会自乱阵脚，陷入内乱，那就没必要着急抹脖子了——毕竟先三十年河东，再三十年河西。

二、获取价值观

《获取价值观》一章及以后的《确定选择标准》各章是本书的精华，具有超越本书的普世的阅读价值。

1．“目标系统工程”

作者的本意，是提出一种叫“目标系统工程”的东西，来避免出现天算超过人算后，电脑把自己当作目的，而让人成为电脑的手段这种异化局面。为此，主张人要先发制人（准确地说是先发制“机”），把目标的控制权掌握在人手中。用作者的话说：“对能力的控制最多是一个暂时、辅助的手段。除非要永久地限制超级智能，否则我们都需要掌握动机选择机制。”

我觉得最有意思的是“价值观加载技术的总结”这张表（见本书第259页）。它对于治理各类目标与手段不符的问题都有借鉴意义。它至少让我们知道，除了搞运动，人类还可以通过未来几百年的建设来让做事符合宗旨这件事，被专业化地完成。

作者关于“目标系统工程”的具体设想，如管理效用函数、价值评估等，并不重要。将来会有人对其不断改进，使之成熟。这本书最大的贡献在于提出了一个非常正点（“思无邪”）的问题：“怎样才能将一些价值观加载到人工代理内部，使该价值观成为其追求的最终目标呢？”这是人类一万年来的梦想，但从来没有实现过。“目标系统工程”是关于魂的工程，离开了魂，梦便只不过停留在做梦阶段。

正如作者指出的：“这个价值观加载的问题很棘手，但一定要面对。”因为除了魂的原因，还有现实而紧迫的原因：“如果这个代理不是智能的，那么它就会缺乏理解和再现那些对人类有意义的价值观的能力。但是如果我们推迟进程，直到代理变成超级智能之后才行动，就可以抑制住我们在其动机系统中插手的企图。”人类对土地、资本都没有把握好，导致死伤几千万甚至几亿人以后，才想到提出正确的问题。希望这次不会再犯同样的错误。

2. 意义建设

提出以“获取价值观”为核心的“目标系统工程”，还具有更大意义。

我一直认为，与农业文明、工业文明并列的，是意义文明。信息只不过是意义的镜子。谈信息不谈意义，好比只有镜子，空无内容。未来的互联网是意义互联网。意义就是这里说的“目标”（准确的说法是目的、宗旨），获取价值观则是指获取对意义的把握权力（如果慎用“控制权力”这个字眼的话）。

工业文明有一个根本特点，它是一个异化社会（资本主义、社会主义只是程度不同），异化社会的特点是系统地为了手段而忘记目的（例如，为了国内生产总值而忘记幸福，为了贪污而忘记服务，为了浪费而忘记委托），这决定了工业社会整体来说，是把专业化的重点放在手段上，但必然的弱点是在目的上十分业余（表现在总是努力向东走，最后发现来到的是西边）。

智能革命只是一种技术性的说法，映射到人文上应是意义革命，也就是让意义从不专业走向专业的这样一场革命。如果超越作者局限于自然科学的一般见识，顺着“目标系统工程”这一卓越思想，就可以发现，作者所谈的实际涉及的是信息文明的核心使命和实事（所谓“工程”）。

读这本书，如果要有更大收获，就要超越单纯技术思维，从如何变一种类型的技术（异化的技术）为另一种类型的技术（可“获取价值观”的技术），举一反三地悟到如何让整个技术作为手段服务于人的目的。

人算在技术上可能将来有不如天算的一天，但人因为具有意义（再加上“清楚地知道如何制造超级智能机器”）而可以达到“人定”，于是顺理成章可以“胜天”，或天人合一。

基于此，我说句题外话——超级智能，需要超级意义。

姜奇平

中国社会科学院信息化研究中心秘书长、《互联网周刊》主编

序　言

在你的颅腔里，有个器官能够阅读。这个器官就是人的大脑，它具有其他动物大脑没有的一些能力，而我们在地球上的主宰地位便归功于这些独特的能力。其他动物有更强壮的肌肉或更锐利的爪子，但是我们有更聪明的大脑。我们在一般智能方面的些许优势使我们创造了语言，发展了科技，并建立了复杂的社会组织。这种优势随着时间的延续而不断提高，因为每一代人的成就都建立在前人的成就之上。

如果有一天我们发明了超越人类大脑一般智能的机器大脑，那么这种超级智能将会非常强大。并且，正如现在大猩猩的命运更多地取决于人类而不是它们自身一样，人类的命运将取决于超级智能机器。

然而我们拥有一项优势：我们清楚地知道如何制造超级智能机器。原则上，我们能够制造一种保护人类价值的超级智能，当然，我们也有足够的理由这么做。实际上，控制问题——也就是如何控制超级智能，似乎非常困难，而且我们似乎也只有一次机会。一旦不友好的超级智能出现，它就会阻止我们将其替换或者更改其偏好设置，而我们的命运就因此被锁定了。

在本书中，我将努力诠释可能出现的超级智能带来的挑战，以及我们如何更好地应对。这很可能是人类面对的最重要和最可怕的挑战。而且，不管我们成功还是失败，这大概都是我们将要面对的最后一个挑战。

本书并不认为，我们即将在人工智能方面取得重大突破，或者能够准确预测突破会在何时发生。突破有可能会在21世纪的某些时候实现，但是我们并不能确定。本书的前几章讨论了取得突破的可能途径，并谈论了何时能够突破的问题。然而，本书的主要部分讨论的是智能爆发以后会发生什么。我们会研究智能大爆发的动力学，超级智能的形式和能量，以及具有决定性优势的超级智能体有哪些战略选择。然后，我们探讨的重点转向控制问题，并提出为了让我们生存并且获得有利的结果，我们如何选择初始数据的问题。在本书的结尾，我们将画面拉远，思考我们的研究所呈现的更大的图景。最后提出了一些建议，指出为了增加避免存在性灾难的概率，我们现在可以做些什么。

我希望本书可以开辟出一条道路，以使其他研究者能够更加快速和便捷地到达这个领域的前沿，从而以全新的视角加入这项研究，进一步扩展我们的认识。（如果我铺的这条道路有点崎岖不平，那么我希望评论家们在评判结果时，不要低估原来地势的险恶情况！）

这本书写起来并不容易。我努力使其读起来容易，但是我觉得可能并没有做到。写作时，我把早前时间切片（time-slice）里的自己当作目标读者，并尽量把书写成自己喜欢阅读的类型。虽然这可能会导致读者群较窄，但我还是认为书中的内容对很多人来说都是能够理解的，前提是他们对书中的内容进行一些思考，同时拒绝盲目地将任何一个新观点误解为他们文化中相似而陈旧的观点。非科技专业的读者不必因为书中偶尔出现的数学知识或专业术语感到气馁，因为往往可以通过上下文的解释看懂主要观点。

本书提出的很多观点可能是不恰当的，而有些非常重要的观点我可能也没有考虑到，从而削弱了我的某些或者所有结论的有效性。我已经尽可能地在全书中指明细微差别和不确定性——书中遍布着太多的“可能”、“或许”、“也许”、“也有可能”、“看起来”、“大概”、“非常可能”、“几乎肯定”这样的词。每个限定词的使用都是经过深思熟虑的。然而，这些字眼所体现出的认识方面的谦虚谨慎依然是不够的，还必须要补充对不确定性和易错性的整体说明。这不是虚伪的谦虚，因为虽然我相信我的书中可能有一些较严重的问题和误导性，但是我认为目前书中提到的其他观点更加糟糕，包括默认观点或者所谓的“零假设”，这些观点认为我们可以暂时安全地或合理地忽略超级智能出现的可能性。

第一章

人工智能：昨日成就与今日现状

SUPERINTELLIGENCE
Paths, Dangers, Strategies

首先，我们回顾过去。在最长的时间范围里，历史似乎呈现出一系列不同的增长模式，每个新模式都比前一个模式增长更快。根据这个规律推测，可能会出现另一种（甚至更快速的）增长模式。然而，我们并不特别强调这个观点，因为这并不是一本关于“科技加速”、“极速增长”，或者集合在“奇点”标题下的各种观点的书。然后，我们要回顾人工智能的历史，之后再探索目前人工智能的能力。最后，我们简要地介绍一些专家近期的观点和调查，并且思考一下我们对于未来发展之时间表的空白领域。

增长模式和宏大历史

仅在几百万年前，我们的祖先还在非洲森林中穿梭。以地质或进化的时间尺度来看，从与类人猿共同拥有的最后一代祖先向智人的进化是非常快速的。我们进化出直立的姿势和对生拇指，而最重要的是，我们的大脑体积和神经组织发生了相对微小的变化，但正是这些变化引起了人类认知能力的巨大进步。因此，人类可以进行抽象思维，交流复杂的思想，可以比地球上任何其他物种更好地积累和传承文化信息。

这些能力使人类创造出越来越高效的生产技术，从而使我们的祖先从热带雨林和草原向远方的迁徙成为可能。尤其是进行农耕之后，人口总数和人口密度都在增加。更多的人口意味着更多的想法；更大的人口密度则意味着想法更容易传播，并且更多的个体可以专注于发展专门的技能。这些发展提高了经济生产力和技术实力的增长率。后来与工业革命相关的发展则带来了第二次与此相当的增长率的剧增。

这些增长率的变化有着重要的影响。几十万年前，在早期人类（或原始人类）史前时代，增长非常缓慢，要使人类生产能力增长到能够维持另外 100 万人基本生存的水平，需要大约 100 万年的时间。到了公元前 5000 年，经过了农业革命，增长率已经提高到只需要两个世纪就能实现同样的增长。今天，经过了工业革命，世界经济平均每 90 分钟就能够增长相同的量。

即使是现在的增长率，如果持续一定时间，也会产生可观的结果。如果世界经济继续以过去 50 年的速度增长，那么到 2050 年，全球财富将是现在的约 5.8 倍，到 2100 年则是约 35 倍。

然而，当前这种依指数增长实现稳定繁荣的方式仍旧是不够的，如果世界再经历一次农业革命或工业革命那样的飞跃式增长，世界将会呈现出完全不同的面貌。经济学家罗宾 · 汉森通过研究历史上的经济和人口数据，推测出过去社会中经济呈倍数增长所要经历的时间：在洪积世①狩猎采集社会下，经济增长翻倍需要 224 000 年，在农业社会需要 909 年，在工业社会则需要 6.3 年。（在汉森的模型中，当今时代是农业社会和工业社会发展模式的混合体，世界经济实现倍数增长的速度还不能达到 6.3 年这个平均时长。）但如果出现另外一种完全不同的经济增长模式，类似于农业革命和工业革命时期的飞跃式发展，那么世界经济便会以每两周的时间实现翻倍增长。

以当今形势看，要实现这种增长速度无异于痴人说梦。观察家们可能已经发

① 洪积世（Pleistocene），又译更新世，地质时代第 4 纪的早期。——译者注

现，对于以往的历史时期而言，世界经济很难在某一段时期中实现好几次翻倍增长。然而，我们现在就要学着对这种不寻常的情况习以为常。

弗诺·文奇（Vernor Vinge）开创性的文章以及雷·库兹韦尔（Ray Kurzweil）等人的著述所揭示的那种即将到来的技术性奇点已经受到了广泛关注。然而，“奇点”这一术语在很多不同领域被混乱地使用，并催生出一种不合理的技术乌托邦氛围，就好像我们会就此迎来太平盛世了。考虑到“奇点”这个词所指的大部分涵义与本文的论述不甚相关，我们可以去掉这个词并代替以更精确的术语，以便阐述得更清晰。

我们更感兴趣的一个与“奇点”相关的术语是智能爆发，尤其是机器超级智能的前景。肯定会有人意识到图 1–1 所显示的增长模式是比农业革命和工业革命还要激烈的另一种可能的飞跃式增长模式。这些人也会意识到，要想让世界经济实现在仅仅数周内翻倍的增长速度，就需要创造出一种比人类的生物性思维更快、更有效的思维方式。但是我们很难通过分析经济增长曲线以及推断过往经济增长模式来认真严肃地了解机器智能变革的前景。我们将看到，更加强有力的理由会让我们认真考虑这一问题。

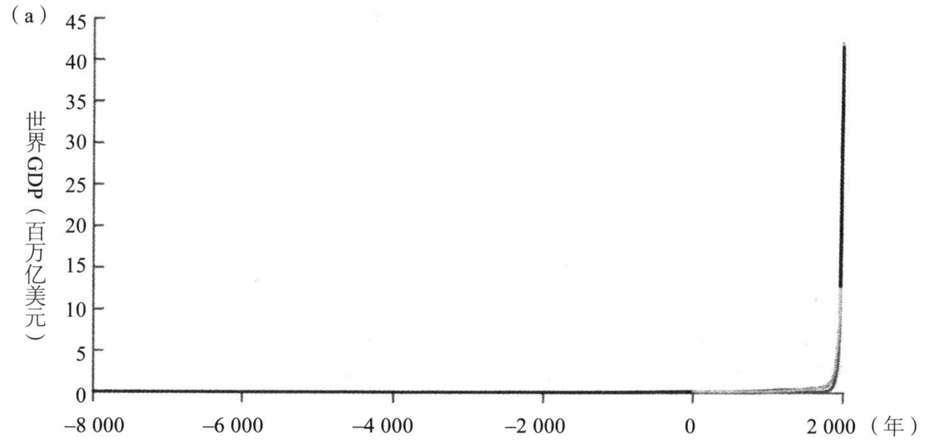

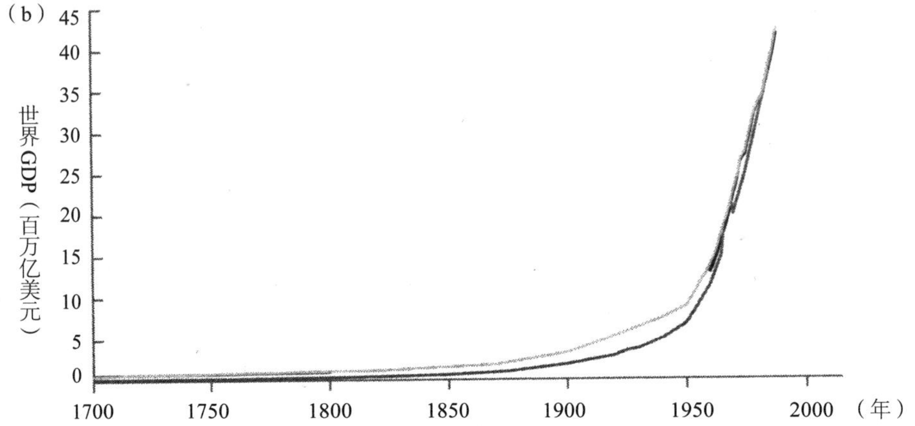

图 1–1　世界 GDP(国内生产总值)增长的长期历史趋势

世界GDP增长的长期趋势。在线性标尺上可以看出,世界经济发展的历史长期紧贴X轴,直到突然垂直上升。(a)即使我们将年份拉长到最近的一万年,世界经济增长速度的模式也构成了一个直角。(b)只有在过去的100年中,这条增长曲线才开始从水平线向上扬起。(这两幅图的来源数据略有不同,因而可能会有微小差别。)

大预期

自20世纪40年代计算机被发明出来之后,机器就一直被寄予厚望,人们希望机器能够具备人的一般智能,更确切地说,就是机器要具备普通判断力和有效的学习、推理能力,并且要能够制订计划以应对复杂信息处理过程带来的挑战,这种挑战可能来自自然和抽象领域的各个方面。在计算机刚面世时,人们就期望能够在未来20年之内赋予计算机人工智能。但一年又一年过去了,实现让机器具备人工智能的日期却一拖再拖;以至于今天,关心人工智能的未来学家们依旧普遍认为智能机器的出现还需要20多年。

在谈到彻底变革所需要的时间时,预言家们总喜欢用20年这个时间跨度:这个时间跨度既抓眼球,又足够长,长到可以让一个目前看起来还是模糊想象的突破成为现实。为什么不是更短的时间跨度呢?因为大多数在未来5~10年内可能对世界产生重大影响的技术目前已经在小范围内被应用了,而全新的技术在不到 15 年之内就能让世界焕然一新，当然这也只是一个理论假设。另外，之所以喜欢说 20 年，还有可能是因为一个预言家的职业生命大概就是这么长，这样一来他在做出大胆假设时也不用承担名声受损的风险。

然而，即便一些人在过去对人工智能的预言不准确，这也并不意味着人工智能就是不可能或者永远无法实现的。那么，为什么人工智能的发展总是落后于预期呢？这主要是因为创造人工智能机器所遭遇的技术困难远远超过了先驱者们认为的程度。但这也只是说明我们遇到了多大的技术难题以及我们离解决这些难题还有多远。很多时候，一个最初看起来复杂得不可救药的难题往往在后来都会意外地被非常简单的手段所解决，当然，用复杂的手段解决难题更为常见。

在下一章，我们将会看到那些可能实现与人类相同智能的人工智能的具体路径。但我们在一开始就需要注意一点，那就是如果我们将实现人工智能视为一辆火车所要到达的站台，那么不管我们现在与将要到达的站台之间有多少临时停靠站，实现与人类智能相同的机器智能也并不是终点站。顺着这条道路再往前走，下一个站台就是机器智能超越人类智能。这列火车不会在达到人类智能水平这一站就停滞不前或者减速行驶，它很有可能会飞速而过。

第二次世界大战时期，阿兰 · 图灵密码破译小组的首席统计师兼数学家 I · J · 古德大概是清晰阐述人工智能未来图景的第一人。在那段写于 1965 年、后来被经常引用的名言中，他这样写道：

> 我们把超智能机器定义为具备超越所有聪慧人类智能活动的机器。考虑到设计机器是智能活动的一部分，那么超智能机器甚至能够设计出更好的机器。毫无疑问，肯定会出现诸如“智能爆发”这样的局面，人类智能会被远远地甩在后面。因此，第一台超智能机器将是人类创造的最后一台机器，当然前提条件是这台机器足够听话并告诉我们要怎样才能控制它。

目前存在的显著风险便与这个智能爆发相关，我们必须以最严肃的态度审视这一风险，即使我们知道（实际上我们并不知道）出现这一风险的可能性非常小。但是尽管人工智能的先驱者们相信与人类智能水平相当的人工智能所存在的危害，大多数人也并不认为人工智能会有超越人类智能的可能。他们脑海里存在着这样的固有观念，即就算是机器能够达到人类的智能水平，也不能因此就推断出机器最终会发展成超越人类智能的超智能机器。

人工智能的先驱者们大多数时候都不认为他们的事业可能会存在风险。至于创造人工智能以及具备人工智能的计算机霸主是否会存在任何安全隐患或者伦理风险，先驱者们才不会在这些问题上面多费唇舌，更别说去严肃思考了。即便是在当今这个不怎么批判技术使用过程中所存风险的社会背景下，这种缺失也让人备感诧异。我们当然希望这些先驱者们的事业最终能够成功，但我们要的不仅仅是娴熟的技术以引燃智能爆炸，我们还要能在更高水平上掌握控制权，以免我们在爆炸中身首异处。

而在瞻望未来之前，对于机器智能历史的飞速一瞥对我们而言还是颇有助益的。

希望与绝望并存

1956 年夏天，10 名研究神经网络、自动化理论以及智能的科学家们在达特茅斯学院组成了一个为期 6 周的工作组。这个达特茅斯夏季项目经常被认为是人工智能研究的第一缕曙光。大多数参与者后来都成了这一领域的开创性人物。项目组成员的乐观预期在给项目资助方洛克菲勒基金会提交的一份报告书中展现得淋漓尽致：

> 现报告我们 10 人团队经过两个月针对人工智能的研究成果……这项研究建立在这样一个设想的基础上，即智能所能实现的学习或者任何其他方面的特征在理论上都能够被机器精确地模拟出来。该研究尝试去发现机器是如何使用语言、形成抽象思维与概念、解决人类所面临的问题以及学会自我改良的。我们认为由这些精心遴选出来的科学家们组成的团队在经过一个夏天的研究后，能够在其中一个或者几个问题上实现突破性进展。

距离这一大胆的开创性研究已经过去了 60 年，人工智能在这 60 年中跌宕起伏，既经历过大肆宣传、野心勃勃的高潮期，也遭遇过挫折满满、令人失望的低潮期。

达特茅斯会议激发了人工智能的第一次研究热潮，该项目的主要组织者约翰·麦卡锡说这一时期是一个“看，我能办到！”的时代。在这一人工智能发展的早期时代，研究者们建立起各种系统以批驳那些认为“机器不能做‘某事’”的怀疑论。这类怀疑论在当时非常流行。为了对抗这种怀疑论，人工智能研究者们在某些微观领域创造了小型系统去实现具体的“某事”，以便证明机器是能够做“某事”的。这些微观领域往往被完全限制在某个非常具体的范围内，使得演示简单的机器性能成为可能。比是早期的逻辑思想家的这类系统便可以证明怀特海和罗素那本《数学原理》（*Principia Mathematica*）第二章中的大多数定理，而逻辑思想家的证明过程甚至比原来的证明更加简洁，这驳斥了那种认为机器“只会数数”的想法并显示出机器也能够进行推理和逻辑证明。在这之后又出现了通用问题解算程序，这种程序在原理上能够解决很大范围内的专业问题：既有能够解决大学一年级课本里微积分问题的程序，也有能应用于某些智商测验中解决图像类比问题的程序，还有能写出简单代数语言的程序。Shakey（意思为摇摆）机器人的出现显示出逻辑推理能够与知觉结合在一起，并可以应用于设置和控制肢体动作，其之所以被叫作shakey，是因为这种机器人在演示时总是不停抖动。ELIZA程序则展示了一台计算机是如何模仿罗杰斯这类心理治疗师的。在20世纪70年代中期，SHRDLU系统演示了一只模仿人类的机器人手臂是如何在摆放着几何物体的世界中，遵循使用者用英文打出的指令行事并且回答其输入的问题的。在之后的10年中，相继出现了各式各样的系统程序：能够以多个古典音乐作曲家的风格创作曲子的系统，在特定的临床诊断中表现得比初级医师还要好的系统，能够自动驾驶汽车的系统，以及能够发明专利的系统。有的系统甚至还会说笑话。

但在早期的演示系统中取得成功的这种方式却被证明很难向更广泛的领域延伸，也很难解决更难的问题。原因之一在于常用的穷举法很难解决可能的“组合爆炸”的问题。穷举法可以解决简单问题，但是只要问题变得稍微复杂一些，这种方法就没有用了。例如要证明一个有5步推理、一个推理规则以及5条公理的定律，便可以简单列举出3 125种可能的组合方式，然后挨个试验并寻找那个能够推出预期结果的组合。穷举法也可以运算 6 步或者 7 步的推理。但是随着任务变得越来越复杂，这种穷举法便很快遇到了瓶颈。要证明一个有 50 步推理的定律，工作量可并不是证明 5 步推理定律工作量的 10 倍，如果用穷举法的话，就可能需要 $5^{50} \approx 8.9 \times 10^{34}$ 种可能的组合，即使是对于最快速的超级计算机来说，这也是不可能实现的计算。

要克服“组合爆炸”带来的问题，就需要有能够开发目标领域结构的算法，并且要能通过启发式搜索、计划以及灵活的抽象信息处理方式有效利用已有知识，而这些都是早期人工智能系统所欠缺的地方。其早期系统性能还有一个缺陷，就是过多依赖脆弱且无根据的符号化的表达方式，再加上数据稀缺以及硬盘条件严重限制了计算机的存储容量和加工速度，这些都使早期系统没有很好的方法来控制不确定性。到了 20 世纪 70 年代中期，这些问题变得越发突出。在意识到多数人工智能项目无法成功实现我们最初的设想后，人工智能的研究迎来了第一个寒冬：项目被砍，资金缩水，怀疑论甚嚣尘上，人工智能备受冷落。

20 世纪 80 年代早期，人工智能迎来了春天。当时日本发起了第 5 代计算机系统工程，并专门为该工程建立起良好的公私合作伙伴关系，以确保充足的项目资金。该工程的主要目的在于超越当时的技术发展水平，通过发展大规模并行计算结构为人工智能的实现搭建平台。该工程与日本的“战后经济奇迹”一起受到关注，这一时期，西方国家政府以及商业精英们焦急地寻找能够揭示日本经济成功的规律，以期在其国内复制日本的这种繁荣。当日本决定在人工智能领域大手笔投入时，其他国家都紧随其后。

接下来的几年见证了专家系统的繁荣。专家系统的设计理念是为决策者提供支持工具，该系统是一些基于从一系列由实际知识构建的知识库中得到简单推论的程序，而这些实际知识则是由某一领域的人类专家们提供并被精心编成以代码表达的形式语言。当时有大约几百个类似的专家系统被建立起来。然而专家系统也同样存在着缺陷：小规模系统没什么太大价值，大规模系统则需要在开发、确认和数据更新上耗费大量成本，在运用时往往也会非常麻烦。为了运行一个单一程序，就设置一台独立计算机，这不太现实。所以到了 20 世纪 80 年代末期，人工智能的这一繁荣时期也变得黯淡起来。

第5代计算机系统工程并没能实现它的目标，而在美国和欧洲开展的类似项目也面临着同样的尴尬局面。第二次人工智能寒潮不期而至。这时，批评家的悲叹甚嚣尘上："人工智能研究发展到今天，呈现出来的状态往往是在特定领域取得了极其有限的成功之后，便立刻会在实现更宏大目标的过程中遭遇挫折，而这种挫折往往都是被早期的成功所揭示的。"私人投资者们开始回避任何与人工智能相关的风险。甚至对于学术界人士以及学术资助人来说，"人工智能"一词都让人感到厌烦。

但技术依旧飞快地向前发展，到了20世纪90年代，第二次人工智能寒冬的冰雪开始消融。乐观主义者重燃激情，因为新技术似乎提供了一种有别于传统逻辑范式（经常被称为GOFAI，意为"出色的老式人工智能"）的替代路径，它聚焦于高水平符号处理，并且被20世纪80年代的专家系统发挥到了极致。神经网络和遗传算法等新流行的技术有望在某种程度上克服GOFAI路径的缺陷，尤其有可能会在传统人工智能路径的脆弱性上实现突破。这种脆弱性的主要体现是，只要系统存在一个微小的错误假设，整个结果便会变得毫无意义。让新技术引以为傲的是，它具备了更多的生物有机体属性。以神经网络为例，它具备了"故障弱化"的特性：神经网络的微小损坏通常只会导致整体性能的微小弱化而不会造成系统完全崩溃。更重要的是，神经网络能够从经验中学习，也可以从样本中找到最自然的概括路径以及所输入数据隐含的统计规律。这使得神经网络能够有效解决模式识别和归类的问题。比如，经过声呐信号训练的神经网络能够学会分辨潜水艇、水雷、海洋生物等不同的声音特征，比人类专家还要精确。而神经网络在实现识别不同的声音特征前，也不需要人类事先对声音类别进行定义，或者事先总结出这些声音的不同特点。

简单的神经网络模型自20世纪50年代后期开始被人们熟知，在引入能够训练多层神经网络的反向传播算法之后，人工智能领域又迎来了一阵复苏。多层神经网络在输入层和输出层之间有一个或多个神经元隐含层，能够比之前的简单系统具备更强大的功能。辅之以日益强大的计算机，工程师们便可以用改进的算法建立起能够被很好地应用到许多领域中的神经系统网络。

基于传统算法规则的GOFAI系统虽然逻辑严密，但是性能很差，而神经网络具备类似于人类大脑的特质，比之前的GOFAI系统要好出许多。神经网络还催生出了新的“机制”论，即所谓的“连接机制”，这种连接机制聚焦于大规模平行的精粒度亚符号数据处理的重要性。自那时起，以人工神经系统为主题的学术文献已超过150 000篇，并且人工神经系统目前依旧是机器学习的重要路径。

以进化为基础的算法，比如遗传算法和遗传编程，构建了另一条引领人们走出第二次人工智能寒冬的新路径。这类方法在学术领域产生的影响或许并没有神经网络系统那么大，却受到了广泛的欢迎。进化模型能够维系一个备选方案群（方案群本身可以通过数据结构和程序来实现），并通过改变或重组现有方案群中的变量来生成新的备选群。通过应用选择标准（适应度函数）可以让备选群周期性地减少，并且只让其中那些更好的方案群进入下一代。经过数千代重复之后，备选方案池中解决方案的平均素质就会慢慢提高。这种算法能够在运行中生成有效的解决方案来解决范围很广的问题，而这类解决方案可能是完全让人耳目一新且非直观的，比任何一个人类工程师设计出来的东西都更像自然结构。从原理上讲，这个过程可以在不太需要人工初始输入具体而简单的适应度函数的情况下发生。但在实际操作中，要让进化方法得以顺利运行，还是需要一定的技巧和独特设计的，特别是要能设计出一个优秀的表达形式。如果不能对可能的解决方案进行有效编码（也就是将其转换成一种基因语言以匹配目标领域的潜在结构），关于进化的研究道路就会变得蜿蜒曲折且没有尽头，它会迷失在一个宏大的研究空间中或者卡在某个局部环节上停滞不前。不过即便是有了好的表达格式，进化算法也需要极大的计算量，并且常常会被“组合爆炸”击垮。

20世纪90年代，神经网络和遗传算法等研究方法激起了人们广泛的兴趣，为GOFAI范式提供了可替代的路径。但本文在此并不是要为这两个方法唱赞歌，也不是要拔高这类方法在机器学习技术领域中的地位。实际上，过去20年间一个主要的理论进展便是人们更清醒地意识到，目前表面上完全不同的各类技术，是可以被理解为存在于一个共同数学框架中的特殊案例的。举个例子，许多类型的人工神经网络系统都可以被视为对特定类别统计计算的展示（是一种最大似然估计）。这其实是将神经系统视为从实例中学习分类的更大一类算法中的一种，比如：决策树、逻辑回归模型、支持向量机、朴素贝叶斯、KNN算法等。在一定程度上，遗传算法可以被视为一种随机爬山法的演示，是寻找最优化算法大类中的一种。每一类这种算法在建立分类和寻找解决空间上都有自己的优缺点，而这些优缺点都是能够借助计算揭示出来的。不同的算法对处理时间和存储空间的要求都有所不同，从而带来了两个问题：一个问题是算法的预先假设存在归纳偏置，不过这个问题可以通过纳入外部内容来得到缓解；另一个问题就是，如何把算法的内在运行机制向人类分析家们解释清楚。

在机器学习以及创造性的问题解决模式之喧嚣炫目的背后，是一系列特定的计算权衡。理想的状态是实现完美的贝叶斯代理程序（Bayesian agent），即在可获得的信息中寻找出概率最优。当然，这种理想状态是无法实现的，因为没有一台物理计算机能支持它所需要的宏大计算量（延伸阅读 1）。但我们仍旧能够将人工智能视为寻找捷径的一种探索：借助人工智能手段，我们可以通过在将其引入特定现实领域并维持其性能的同时牺牲一些最优解或者普遍性，进而逐步靠近贝叶斯理想状态。

回顾一下我们在过去的 20 多年间，在像是贝叶斯网络这类概率模型的发展中取得了什么样的成果。贝叶斯网络提供了一个在特定领域中表达的概率以及独立条件之间关系的简洁方法。（探索这种关系对于我们克服“组合爆炸”带来的困难至关重要，因为“组合爆炸”本身从逻辑上看就是概率推理中遇到的一个问题。）贝叶斯网络还有助于我们更深刻地理解因果概念。

将特定领域的学习问题与贝叶斯推理中的普遍问题联系在一起的一个好处是，新的运算法则能够让贝叶斯推理变得更加有效，进而能够使许多不同领域实现快速进步。举例来说，蒙特卡洛法就直接被应用到计算机视觉、机器人技术以及基因计算上。它的另一个好处则是能够让不同学科的研究者更容易地汇集他们的研究成果。图表模型和贝叶斯统计学在许多领域都得到了关注，包括机器学习、统计物理学、生物信息学、组合优化以及交流理论。而在机器学习领域，相当多的近期成果都来源于对其他学术领域原创成果的吸收。（机器学习应用在很大程度上就受益于更快的计算机以及更大的数据库。）

延伸阅读 1　一个理想的贝叶斯代理程序

一个理想的贝叶斯代理程序最初都会设定“先验概率分布”（Prior Probability Distribution），即先把概率赋给各个“可能世界”。但这种先验概率存在着归纳偏置，即认为越是简单的可能世界，越具备较高的概率。［我们可以将可能世界的简单性问题用一个正式的术语来进行描述，即“柯尔莫哥洛夫复杂性”（Kolmogorov complexity），也就是完整描述一个世界所需要的计算机程序的最短长度。］先验概率还包含了编程者希望赋予程序的所有背景知识。

当代理程序借助传感器接收到新的信息后，它会遵循贝叶斯法则对新信息的分布进行条件化，从而更新已有的概率分布。条件化是一种数学运算，如果先验概率与新的概率不一致，那么数学运算就会对原有的可能世界中的概率进行重新设置。运算的结果就是“后验概率分布”（Posterior Probability Distribution），当然在下一轮运算开始前，这种后验概率又会被视为先验概率。代理程序能够通过观察实现概率聚合，将概率集中在几个不断缩小的与证据相匹配的可能世界中，而在这几个领域中，越简单的那些便有着越高的概率。

打个比方，我们可以把概率视为一大张纸上面的沙子。我们在这张纸上画出大小不同的区域，每一个区域都对应一个可能世界，范围越大的区域对应越简单的可能世界。再想象一下铺在整张纸上的沙子厚度相同：这就是我们的先验概率分布。每当观察者划掉一个区域时，我们就把该区域内的沙子拿走，然后平均铺到其他剩余区域内。整张纸上的沙子总量并没有发生变化，只是随着观察证据的积累，沙子越来越集中到几个较少的区域内。这就是贝叶斯学习的最单纯的模式。（要想计算出一个假设的概率，我们只需要测量出纸上已有领域中的沙子的数量就可以了，这与该假设在其中成立的可能世界相应。）

至此，我们已经定义了一个学习规则。对于代理程序而言，我们还需要一个决策规则。为了实现这一目的，我们给代理程序赋予一个效用函数，即给每个可能世界分配一个数字。具体数字代表着根据代理程序基本偏好设定的可能世界中的渴望度。现在，代理程序在每一步运行中都会选择有着最高期望效用的操作。（要寻找出最高期望效用的操作，代理程序可以先把所有可能的操作都罗列出来，然后计算出特定操作的条件概率分布，这种概率分布是通过观察刚结束的操作结果来不断调整当前的概率分布的。最终，代理程序能够计算出操作的期望值，这个期望值是每个可能世界与被赋予操作程序之可能世界的条件化概率的乘积之和。）

学习规则和决策规则一起构成了代理程序的最优概念。最优概念已经被广泛应用到人工智能、认识论、科学哲学、经济学以及统计学上。但从现实层面上看，因为所需要执行的运算是难以实现的，因而很难设置这样的代理程序。所有的尝试都死在“组合爆炸”这个问题上，我们之前讨论的GOFAI便是如此。为什么会这样？只消考虑一下所有可能世界的任何一个微小子集即可：那些构成一个计算机显示器的子集都陷入无止境的真空状态。一个显示器有1 000×1 000个像素，每一个像素的状态都有开和关两种。即使是这种可能世界的子集，数量仍旧是巨大的：$2^{1000\times1000}$种可能的显示状态，这个计算量比观察宇宙所需的计算量都大。我们连可能世界的子集都无法列举出来，更别说要去计算那些更精巧的独立世界了。

虽然在物理上难以实现，最优概念依旧在理论上备受关注。这个概念给我们提供了一种标准，使我们能够判断启发式的近似算法，也让我们可以在有些时候推理出特定条件下的最优代理程序会做些什么。我们会在第十二章谈到一些人工代理程序的最优概念的替代路径。

技术发展水平

人工智能已经能够在很多领域超越人类智能。表 1–1 列举了计算机玩游戏的现状，显示出人工智能能够在范围很广的游戏领域超越人类。

这些成就在今天看来，可能不见得有多么让人印象深刻，但这主要是因为让我们感到吃惊的点随着技术发展而不断升高所致。举例来说，专业国际象棋比赛曾被认为是人类智能活动的集中体现。20 世纪 50 年代后期的一些专家认为："如果能造出成功的下棋机器，那么就一定能够找到人类智能的本质所在。"但现在，我们却不这么认为了。约翰 · 麦肯锡曾不无惋惜地悲叹："这种机器被造出来之后，人们就不称其为人工智能了。"

表 1–1　玩游戏的人工智能

西洋跳棋	超越人类	1952 年，阿瑟 · 塞缪尔写过一个跳棋程序，并在 1955 年吸收了机器学习技术，从而改良了该程序。这是第一个玩起游戏来比程序编写者都玩得好的程序。1994 年，跳棋程序"奇努克"（CHINOOK）打败了人类卫冕冠军，这是机器程序第一次在竞技游戏中赢得官方世界冠军。2002 年，乔纳森 · 谢弗和他的小组"解决号"跳棋程序总是计算出最好的棋步（谢弗的跳棋程序能够用 α – β 搜索在 39 万亿棋步中展开搜索），最终打了个平局。
西洋双陆棋	超越人类	1979 年，汉斯 · 波尔莱纳的BKG西洋双陆棋程序打败了当时的世界冠军，这是计算机程序第一次在公开比赛中击败世界冠军，尽管波尔莱纳后来将这次成功归结为运气好。1992 年，格里 · 泰绍罗的TD–Gammon西洋双陆棋程序已经达到冠军级别的水平，该程序采用了即时差分学习算法（一种强化学习模式），使得程序本身能够在下棋中不断进行自我改良。从那一年之后，西洋双陆棋程序就远远超越了最好的人类棋手。
海战游戏（Traveller TCS）	在与人类的合作中超越人类	Traveller TCS是一款未来海战游戏，在 1981 年和 1982 年，道格拉斯 · 莱纳特的Eurisko程序在游戏中击败了美国冠军，并导致游戏规则被修改，以限制该程序的非常规策略。Eurisko能够用启发式算法设计自己的舰队，还能不断优化自己的启发式算法。
黑白棋	超越人类	1997 年，Logistello程序跟当时的世界冠军村上健的对战结果是 6 盘 6 胜。
国际象棋	超越人类	1997 年，"深蓝"计算机打败了当时的国际象棋世界冠军加里 · 卡斯帕罗夫。卡斯帕罗夫承认见识到了人工智能在某些棋步上具备真正的智能以及创造力。从那时起，国际象棋程序就一直不断进步。

（续）

纵横字谜	专家级别	1999 年，纵横字谜解决程序 Proverb 达到了纵横字谜玩家的平均水平。2012 年马修 · 金斯伯格的 Dr.Fill 程序在美国纵横字谜锦标赛中与人类参赛者竞赛时挤入最强者行列。但该程序的表现不稳定。它能够完美地解出对人类而言最难的字谜，却会被非常规的字谜卡住，尤其是在遇到倒拼或者斜拼的时候。
Scrabble 拼字游戏	超越人类	2002 年，Scrabble 拼字游戏软件就已经超越了最好的人类选手。
桥牌	高手水平	2005 年，定约桥牌软件就已经能够同最好的桥牌高手对弈。
《危险边缘》益智问答	超越人类	2010 年，IBM 的“沃森”超级计算机在《危险边缘》游戏中击败了肯 · 詹宁斯和布莱德 · 拉特这两名擂主冠军。《危险边缘》是以提问有关历史、文学、运动、地理、流行音乐、流行文化、科学以及其他领域的细节问题而著称的电视益智节目。《危险边缘》游戏的题目一般都需要通过拆字谜的方式来发现线索。
扑克	发挥不稳	电脑玩家在玩得州扑克时还没能超越人类玩家，但是在一些类似的扑克游戏中却超越了人类水平。
空当接龙	超越人类	采用了遗传算法的启发法能够为空当接龙游戏提供解决方案（以 NP 完全问题的普通形式），并可以超越最好的玩家。
围棋	很高的业余水平	2012 年，Zen 系列围棋程序能够达到 6 段水平（很高的业余棋手水平），这个程序主要运用了蒙特卡洛树搜索法和机器学习技术。围棋程序此后以每年提升一段的速度向前发展。照这个速度看，围棋程序在未来 10 年内很可能会击败人类世界冠军。

但在这要特别注意一点，在国际象棋领域，人工智能并没有像人们预想的那样取得胜利。曾经有这样一种可能不太合理的设想，即要想让计算机在下国际象棋时具备大师级的水平，就必须得赋予其高水平的一般智能。人们以前总以为要下好国际象棋，就要理解抽象概念、精通谋略、灵活组合棋步、广泛地使用逻辑推演，甚至要能猜透对手在想什么。但事实并非如此。结果证明，建立在特定目的算法基础上的机器就能够把国际象棋玩得很好。20 世纪末有了快速中央处理器时，计算机就能够把国际象棋玩得出神入化了。但是这种人工智能也有个缺陷，就是它只能玩国际象棋，而做不了其他事。

在其他领域中，解决方案被证明比最初设想的还要复杂，而且所能实现的进步也更加缓慢。计算机科学家唐纳德 · 克努特这样打击着人们的激情，他说道：“目前，人工智能在所有需要‘思考’的领域中成功了，但是却在人和动物‘不思考’的领域中失败了，‘不思考’比‘思考’在某种程度上要更难！”分析视觉景象、识别物体或者控制机器人行为以使它能够与自然环境产生交互作用，都颇具挑战性。尽管如此，还是有很多致力于解决此类问题的程序被持续不断地创造出来，与此同时，硬件方面也实现了稳步发展。

普通常识和自然语言理解也被认为是非常困难的。人们常常认为，要让机器在这些任务上实现完整意义上的人类水平属于“完全人工智能”领域，其意味着解决这类问题的难度等同于制造一个具备普通人类能力的智能机器的难度。换句话来说，如果有人能够成功创造一个具备成人理解力的人工智能机器，那么势必也就能够创造出完成人类所能完成的所有事情的人工智能机器，后面这一步即使不能当下实现，也必定近在眼前。

国际象棋专业级的下棋水平最终被证明能够通过一个颇让人意外的简单算法来实现，这使得人们思索是不是可以用一些简单算法来实现机器的其他能力，比如普通推理能力或一些涉及编程的关键能力等。事实上，过去要实现良好性能需要有一套复杂的程序机制，但这并不意味着简单的程序机制就做不到这一点——它还有可能会做得更好。之所以没有出现可替代的简单程序，可能只是因为它尚未被人发现。托勒密体系曾宣称地球是宇宙中心，日月星辰均绕其运转。这个体系在超过 1 000 年的时间里代表着天文学水平，在几个世纪的发展完善中，为了取得更精确的预测度，它的模型变得越来越复杂：不断地在原有的解释天体运转基本假设的基础上增添一层层的条件，直到整个体系被哥白尼那个更为简单的日心说所颠覆，而日心说在开普勒的进一步完善之后，使预测变得更加精准。

人工智能方法现已被应用到非常广泛的领域中，在此没有必要一一赘述，但是简要列举几个典型的例子会有助于我们理解人工智能的应用广度。除了我们在表 1–1 中所列举的游戏领域，人工智能还被应用到许多具体领域中：能在嘈杂环境中听清呼救声的程序；能够给驾驶员提供地图展示和导航建议的路线查找系统；能够根据用户前次购买和浏览收听记录给用户推荐书籍唱片的意见参考程序；能够帮助医生诊断乳腺肿瘤、提供治疗计划、帮助解释心电图的医学决策支持系统等。除此之外，还有各式各样的机器人：机器人宠物、清洁机器人、修草坪机器人、急救机器人、外科手术机器人以及数以百万计的工业机器人。目前世界上的机器人数量已经超过了1 000万。

基于诸如马尔可夫模型统计技术之上的现代语音识别技术已被有效地应用到现实中，我们就曾用语音识别系统摘录本书的部分章节。像是苹果Siri这类个人数字助理系统已能够接受语音指令、回答简单问题并执行命令了。而能够识别手写或者机打文本的光学字符识别系统现在也已经被广泛地应用到邮件分拣以及老旧文献的数字化处理中。

机器翻译虽然并不完美，但已经能很好地应用到许多方面。早期系统要应用GOFAI手编语法，它需要技术性较强的语言学家对每种语言从头编写，而新的系统则能够运用统计性的机器学习技术通过观察已有模式来自动建立统计模型。机器通过分析两种语言的语料库来推断出这些模型的参量。这种方法让语言学家没有了用武之地：编程者甚至不用理解他们所处理的语种就能够搭建起识别系统。

人脸识别系统在近几年已经发展得非常完备了，现在已经被应用到欧洲和澳大利亚的自动出入境系统上。美国国务院实施了一个用于签证的人脸识别系统，其中包含了超过7 500万张的照片。影视监管系统越来越多地使用复杂精妙的人工智能以及数据挖掘技术来分析声音、视频或者文本以审查全世界的电子传媒并积累在强大的数据库中。

定理证明系统和解方程系统也已经发展得如此完备，以至于很难被归到人工智能领域。在解方程方面发展出了Mathematica这类科学计算程序；而包含自动定理证明的形式证明方法也已经被芯片制造商们广为使用，以在生产之前检测所设计的电路是否能够运转良好。

美国的军事情报部门在大规模应用炸弹排查机器人、监视攻击两用无人机以及其他无人驾驶机器上一直遥遥领先。虽然这些机器还是主要依靠人进行远程遥控，但是扩展其自动化毫无疑问已经是大势所趋。

智能计划日程安排程序取得了巨大成功。1991年的沙漠风暴行动就应用了DART这一工具来实现计划和日程的自动安排。该程序如此成功，以至于美国国防部高级研究计划局宣称这个简单程序的应用很是对得起他们30年来在人工智能领域的投入。航空订票系统采用了复杂的时刻表安排与定价系统。在商业领域，人工智能技术被广泛地应用到库存管理中。建立在语音识别软件上的自动电话预约系统与热线系统也为那些迷失在菜单迷宫里的无助顾客提供了便利。

许多互联网服务的背后依靠的就是人工智能技术的应用。监督软件审视着全球邮件通讯状况，尽管垃圾邮件不停地持续升级以避开软件监视，但贝叶斯垃圾邮件过滤器依旧能够将大多数垃圾邮件拦截在外。融合了人工智能的软件会自动核准或者拒绝信用卡交易，并时时刻刻监督账户动态，密切注视可能出现的欺诈交易信号。信息检索系统也被广泛地应用到机器学习中，可以说，谷歌搜索引擎就是目前已经搭建起来的最宏大的人工智能系统。

在此，必须要强调一点，那就是人工智能和软件的分界线一般来说并不是特别明显。上文列举的那些人工智能应用更多时候会被认为是一般的软件应用而非特殊的人工智能应用，我们在前文提到，麦肯锡就曾指出有时候人工智能在运用中并被不认为是人工智能。如果硬要做出明确区分，对于人工智能系统而言——不管人们是否叫它人工智能，它的特点就是在有限的范围或领域内具备认知能力，而软件系统的主要特征则是具备普遍的问题解决能力。本质上而言，目前应用的所有系统都是在有限领域内具备认知能力的系统。然而，许多系统包含分类、搜索算法、制订计划、解决问题以及表示框架这样的要素，这些要素会在未来一般人工智能中发挥主要作用，或者是有益于人工智能的发展。

今天，人工智能系统同样也被应用到全球金融市场这种高风险和强竞争的环境中。主要的投资公司大都广泛使用自动股票交易系统。一些系统只是简单地对基金管理人的买入卖出命令实现操作自动化，另一些系统则提供复杂的交易策略以适应不断变化的市场环境。融合了数据挖掘技术以及时间序列分析法的分析系统能够发现证券市场的运行范式和趋势，能够将历史价格变动与新股票信息中的变量（比如关键字）联系起来。基于特殊设计的类人工智能系统之上的金融信息提供系统可以即时发布动态消息。有专门寻找市场内部或者市场之间套利机会的系统，还有专为高频交易设计的能够在几毫秒间从微小价格波动中发现利润机会的系统——毫秒是光导纤维电缆中光速信号传播的时间间隔，但即便是这种时间差也是有意义的，它会使靠近交易所位置的计算机有极大的优势。美国市场中一半以上的股票交易都运用高频交易程序。这种高频交易程序直接引发了2010年美国股市的“闪电崩盘”。

延伸阅读2　2010年美国股市的“闪电崩盘”

2010年5月6日下午时，对欧债危机的担忧已经造成了美国股票市场下跌4%。下午2点32分，一个大卖家（共同基金）开始启动自动卖出程序出售迷你标普500指数期货（E–Mini S&P500）合约，其执行率与分钟级别的市场流动性相挂钩。这些合约被执行自动程序的高频交易商买入，高频交易商借助自动程序迅速将自己买进的合约转卖给其他交易商。由于基本买方买盘不足，E–Mini合约开始在高频交易商之间不断买进卖出，使E–Mini合约成了烫手山芋而被不断转手，进而迅速拉升了合约交易量，而合约交易量的上升被自动卖出程序解读为市场流动性增强的信号，自动卖出程序在这一信号的刺激下加速抛售合约，最终导致市场螺旋式下跌。当市场运行到某个点时，高频交易商开始离场，买方流动性迅速枯竭，价格进一步下跌。下午2点45分，不断下跌的价格触发了自动交易系统中的跌穿断路点，中断了E–Mini合约交易。5秒钟之后，交易被重新启动，价格系统开始恢复稳定并开始补救损失。但就是在这短短的几秒钟之内，数以万亿计的美元被吸出市场，这种外溢效应导致大量的单个交易以非常不合理的价格成交，有的是1美分，有的则是10万美元。当天闭市后，证交所代表和监管机构召开会议并设定了交易取消的认定标准，宣布交易价格低于危机前交易价格60%的交易属于无效交易。此类交易被明确认定为错单是在现行交易规则下的一种补救措施。

在这里重复这一插曲有些离题，因为“闪电崩盘”时所应用的计算机程序本质上不算是一般或高级别的人工智能，并且这种计算机程序制造出的危险也完全不同于我们在本书后面要讲到的超级智能机器所带来的危险。但是我们能从这类事件中学到经验。其中一个教训就是独立简单程序的互动会造成复杂甚至是不可预期的后果，就像是自动卖出程序和高频交易程序在“闪电崩盘”中所体现出来的那样。给一个系统引入新的要素可能会引起系统性的危机，但风险并不是明显可见的，只有出现明显错误时风险才会被发现，而有时即便出现了明显的错误，风险也不见得能被意识到。

另一个教训就是聪明的专家在给一个程序下指令时，即便这个程序的假设看起来很明白也很合理，但当这个程序在出现预料之外的情况时依旧雷打不动地遵循逻辑一致性来运行先前指令的话，就会引发灾难性的后果，因为在新的情况下，原来的假设有可能是无效的。上述例子中的交易量就是一个很好的测量市场流动性的工具，但程序却无法识别交易量本质的真假。除非设定非常特殊的程序，否则程序只会按照设定的规则运转，因为程序本身是不会注意到由于自身的不恰当性所带来的让我们头大心跳的恐怖情形的。关于这一问题，我们在后面章节还会继续讲到。

从美股“闪电崩盘”中吸取的第三个教训则是自动操作系统不仅影响事件过程，还会影响事件结果。交易自动程序中前置的停止命令逻辑会在价格过度不正常时停止交易，因为自动交易会以人类无法反应的速度触发事件，所以必须要有这类设置，以便在特定情况下让自动交易停止下来。不依赖人的监管，而是设置前置命令并确保自动执行程序的安全，这再一次预示了我们将要谈到的机器超级智能中的一个重要主题。

对未来机器智能的看法

在两个主要前沿阵地中所取得的重大胜利重新唤起了人工智能研究的辉煌。一个是建立在更可靠的统计以及信息理论基础上的机器学习实现了突破，一个是在将解决特定领域特定问题的人工智能应用到特定的实践和商业中所取得的成功。但人工智能研究者们之前的经历造成一大后遗症，就是许多主流研究者缺乏雄心壮志。人工智能传统时代的代表尼尔斯 · 尼尔森就抱怨当今的这些研究者们缺乏他们那一代人的开创精神：

> 一些人工智能研究者们不关心过去我们常说的事业“高尚性”问题。我常听到他们说这样的话：“人工智能过去一直被批评是华而不实的。现在我们确实取得了坚实的进步，我们为此牺牲掉高尚性又何妨呢？”这种保守主义造成的一个结果就是现在的研究都集中在为人类思维提供各类帮助的“弱人工智能”上，而远离了能够实现与人类智能水平相当的“强人工智能”。

尼尔森的观点被很多人工智能领域的奠基者们所推崇，其支持者包括马文 · 明斯基、约翰 · 麦肯锡以及帕特里克 · 温斯顿。

最近这几年见证了对于人工智能兴趣的升温，其原因可能是复兴的努力外溢到了一般人工智能领域，即尼尔森强调的“强人工智能”领域。硬件变得更快，当代多数人工智能项目常常得益于次级领域的大踏步发展，软件工程更加普遍，计算机神经系统科学也得到了长足发展。人们对人工智能兴趣有所提高的一个明显表现体现在对 2011 年秋季塞巴斯蒂安 · 特伦和皮特 · 诺维格在斯坦福大学开设的人工智能免费线上公开入门课的反应上，来自全球的大约 16 万学生选了该课程，其中 23 000 名学生完成了课程学习，这表现出对人工智能领域高质量信息以及教育的压抑已久的需求。

专家们对于人工智能的发展前景也莫衷一是。有对人工智能的发展时间表嗤之以鼻的，也有对人工智能最终发展方向不太看好的。对于人工智能未来发展前景的预期，一项近期的研究指出：“唯一能确定的就是人工智能未来的不确定性。”

虽然我们并没有太仔细考察人们当前对人工智能的看法，但是我们能够从各种不同的小规模调查和非正式观察中得出一个粗浅印象。最近一系列的研究是调查在相关领域的专家们看来“人类水平的机器智能”（HLMI）什么时候能够实现。这里所说的机器智能的定义是“至少能够像人一样开展人类能做的大多数专门活动”所需的智能。这项调查的结果在下文表 1–2 中。最后的综合样本（中位数）显示出：要实现这一愿景，有 10%的可能是在 2022 年，50%的可能是在 2040 年，90%的可能是在 2075 年。（当然这个预测结果的受访者要接受这样的假设，即“人类科学活动的持续进展不会遭遇任何重大挫折”。）

但我们要对这一调查研究的结果持审慎态度，因为这项调查的抽样范围太小，不能够有效反映整体专家群的观点。但是，我们可以把这项调查结果与其他调查结果放在一起考量。

这项调查结果与近期公布的一些访谈结果也是一致的，最近有一项针对人工智能领域的 24 名研究者展开的访谈。其中一个访谈对象是尼尔斯 · 尼尔森，他在搜索、计划、知识表达以及机器人技术领域深耕多年，成果颇丰。他出版了许多有关人工智能的教科书，并且刚完成了一部迄今为止最通俗易懂的人工智能发展史。当被问到什么时候能够实现HLMI时，他给出了下述观点：

10% 的可能是在 2030 年。

50% 的可能是在 2050 年。

90% 的可能是在 2100 年。

表 1–2　什么时候能实现人类水平的机器智能？

	10%	50%	90%
人工智能理论	2023	2048	2080
通用人工智能	2022	2040	2065
EETN	2020	2050	2093
前 100	2024	2050	2070
综合	2022	2040	2075

通过分析公开发表的这些采访资料，我们可以看到尼尔森教授提到的那个可能性排列体现了这一领域大多数专家的看法，不过在此要强调一点，即还存在着一个被普遍接受的观点：那些非常有激情的从业者们认为HLMI有望在 2020~2040 年实现，而其他人要么认定这一目标完全无法实现，要么就认为这一

天到来的时间还很远。另外一些受访者则或是感到"人类水平"的人工智能这个概念实际上是有问题的而且会产生很大误解，或是因为其他原因不愿做这种时间的可能性上的预测。

在我看来，这项调查报告所揭示的关于人工智能最晚什么时候能实现HLMI所取的中位数的概率分布（Probability Mass）是值得怀疑的。在人类科学技术发展不会遭遇重大挫折的情况下，到2075年甚至是2100还有10%的可能性无法实现HLMI，这种可能性实在是太低了。

从历史经验上看，人工智能研究者们并不擅长预测该领域的发展速度，更别说促成这种发展了。一方面，像是下国际象棋这类任务已被证明可以通过非常简单的程序实现，事实一次又一次证明了那些喜欢唱反调的人是错误的；但另一方面，在人工智能行业的从业者中存在着的典型错误认知便是他们既低估了让系统实现真实世界任务的难度，同时又高估了那些让他们引以为豪的项目和技术所具备的优势。

这项调查研究另外还问了两个问题，其与我们关心的问题也是相关的。一个问题是问受访者：在他们看来，如果能够实现HLMI，那么在此基础上发展出超越人类智能水平的超级机器需要多长时间。对这一问题回答的总结详见表1–3。

另一个问题问的是：在他们看来，达到HLMI会对人类产生何种长远影响，图1–2总结了对这一问题的回答。

我自己的观点仍然与调查显示的观点稍微有些不同。我认为当实现HLMI后，人工智能将很快超越人类智能，这种可能性是很高的。我对HLMI会产生何种影响的看法也更加极端，在我看来这种影响可能极好也可能极坏，而不是调查结果显示的那样认为影响是温和的。我会在本书其他章节中说明这一点。

表1–3　从HLMI到超越人类智能需要多久时间

	实现HLMI后两年内	实现HLMI后30年内
前100	5%	50%
综合	10%	75%

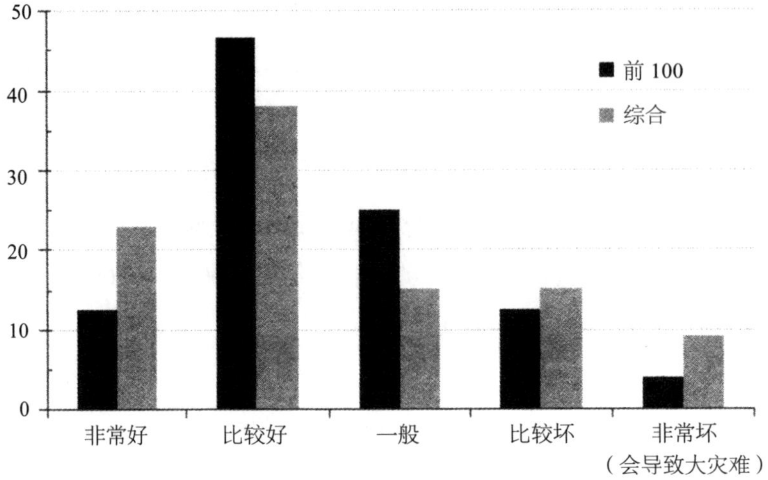

图 1–2　HLMI 的长期影响

小样本抽样、有选择性的偏见以及最重要的——主观评价所固有的内在不确定性，这些都意味着人们很难从那些调查和访谈中获得太多信息。我们无法由此得出任何站得住脚的结论。但是这些资料却能够让我们形成一个模糊的大致印象。虽然无法获得更好的数据进行更精确的分析，但我们依旧能从这些结果中看到一个可能性，那就是与人类智能水平并驾齐驱的机器智能有相当大的可能会在 21 世纪中叶实现，可能会更早，也可能会更晚；但是只要这种机器智能出现，就会很快出现超越人类智能水平的超级智能；这会对人类生存产生极其重大的影响，或是产生极好的影响，或是造成人类灭绝。不管怎样，这都说明我们很有必要去认真研究人工智能这个议题。

第二章

通往超级智能之路

SUPERINTELLIGENCE

Paths, Dangers, Strategies

虽然目前在一般智能方面，机器远远不如人类。然而，我们认为，机器终有一天会变得超级聪明。那么，如何使机器拥有超级智能呢？本章将探讨几种可能的技术路径，比如人工智能、全脑仿真、生物认知、人机交互，以及网络和组织，并且评估每种路径实现超级智能的可行性。由于目前存在多条技术路径，因此至少有一条路径能实现超级智能的可能性很大。

我们暂时可以将超级智能定义为：在几乎所有领域远远超过人类的认知能力。我们将在下一章深入探讨超级智能的概念，并运用光谱分析的方法来区分超级智能的几种可能形式，本章暂且只提出一个粗略的描述。注意，这个描述性定义并未体现超级智能是如何实现的，也没有讨论有关人文感受的问题，比如超级智能对某些问题（特别是一些道德问题）是否具有主观意识经验。相比而言，我们现在的主要关注点是超级智能的因果问题，而非形而上学之类的问题。

根据这个定义，国际象棋程序（Deep Fritz）并不能算作超级智能,因为它只在棋类这一狭窄的领域内表现出智能，尽管在特定领域内展现出智能也是很重要的。当仅在某个特定的领域提到超级智能，就应该明确地将其限制在该领域。例如，“工程超级智能”便只是在工程学领域的智能大大优于人类思想的智能。除另外注明，本文中的超级智能都是指全面领域内超过一般智能水平的智能系统。

但是如何创建超级智能呢？让我们研究一些可能的路径。

人工智能

读者不要指望通过阅读本章就得到一套人工智能的制作蓝图，当然，也不存在这样的蓝图。假如我能绘制出这样一张蓝图，我也不可能把它写在一本书里（我会在后续章节里说明原因）。

然而，我们能够找出人工智能系统所要求的一般特征。我们现在可以很清楚地看到，人工智能系统的核心特征是获知能力，而非事后诸葛亮，以及有效处理不确定性和概率信息的能力。在现代人工智能理论中，一些学者希望通过研究信息传递的过程及人脑内部构造来研究人工智能，以此获取有用的概念，并利用这些概念创造可进行逻辑推理的智能，这种能力很可能是现代人工智能达到全面领域智能水平的核心要素。

早期"出色的老式人工智能"理论并没有着重研究习得行为、非确定性因素及概念形成，是因为当时的技术水平无法分析处理这几种维度。但是研究知识习得有助于研究人工智能的特征，这种例子可追溯到阿兰·图灵在1950年写到的"儿童思维机器"的概念：

> 与其编写一个模拟成人思维的程序，为何不编写一个模拟儿童习得新知识的程序呢？如果这个儿童习得程序是可模拟的，它终究会通过有效学习，演变成一个与成人大脑智能水平一致的思维程序。

图灵设想迭代开发这种"儿童思维机器"：

> 第一次实验的结果可想而知——不可能产生出成熟的"儿童思维机器"。不断实验才能筛选出更加优良的机器，这个过程可以比作人类的繁衍与进化，但是实验筛选总比自然繁衍进化得快，毕竟适者生存理论需要大量的

时间。若图灵能追踪并排除缺点出现的原因，他或许可以采用基因突变的方式来优化他的“儿童思维机器”。

由人类进化史可知，盲目的进化过程只能产生一般智能，而人工智能进化实验可以大大提高正向选择的效率。这一观点已经被一些哲学家和科学家，包括大卫·查默斯和汉斯·莫拉维克所认同，他们认为人类智能水平的人工智能不仅在理论上说得通，而且有望在21世纪内成为现实。

我们可以预见进化的可能性及人体工程学终将创造出人工智能，而且现实情况是，人体工程学在某些领域已经大大优于进化结果，而其在这些领域中还有加速发展之势。因此进化可以产生智能这个事实表明，人类工程学也将达到同样的效果。因此，汉斯·莫拉维克写道（追溯到1976年）：

在现有的有限条件下，已设计出的几种人工智能的案例让我们有信心认为，我们很快也会创造出和进化结果相同的人工智能。这和人类制造（比空气重的）飞行器的历史类似，我们曾参考鸟类、蝙蝠、昆虫的飞行经验来制造飞机，这些例子都是我们所熟知的。

对于按照以上这种推理过程获取的经验所揭示的结论，研究人员需要谨慎对待。生物进化确实产生了比空气重的飞行动物，随后，人体工程师便成功地制造出类似的物体（虽然应用的是完全不同的原理）。类似的例子不胜枚举，如声呐、磁导航、化学武器、光感受器，以及大多数机械与动力学设备。然而，人们也能找出人体工程学远不如进化领域的例子，比如胚胎形成、自我修复和免疫防御等，在这些领域里，人类技术远不如自然进化。因此再看汉斯·莫拉维克的观点，即“在现在的有限条件下，已设计出的几种人工智能的案例让我们有信心认为，我们很快也会创造出和进化结果相同的人工智能”，就会发现，我们的信心没那么大，时间也没那么快。最好的情况是，智能生命的进化为设计智能的内在困难设定了上限，但是，这个上限远高于当前人体工程学所及的能力。

另一种将进化理论应用于人工智能的方法是在足够快的计算机上运行遗传

算法，以得到类似生物进化的结果，这种进化理论为创造人工智能提供了独特的方法。

人类将来能制造出这种运算能力足以处理庞大的生物进化数据的超强计算机吗？这取决于两个因素，即未来几十年计算机技术的发展，以及与在过去进化史中自然选择最优化力相同的情况下，运行遗传算法对计算机计算能力的需求。令人失望的是，沿此逻辑推断的结论并不确定，不过还是可以大致估计一下（见延伸阅读3）。即使不能得出什么结论，这一实践也能引起人们对一些有趣的未知领域的关注。

延伸阅读3　进化概述

人类智能的进化要经历很多重要过程，但不是每一步都与正试图使机器智能进化的人体工程师有关。地球上的进化选择中只有一小部分是为了智能选择。具体来说，人体工程师希望攻克的难题就是全部进化选择中的这一小部分。例如，由于计算机可以依靠电力运行，所以我们也不必为了创造智能机器而改造细胞的分子结构来获得能量——而这种新陈代谢路径上的细胞进化，可能已经用掉了地球进化历史中选择能量的一大部分。

有人可能会认为，人工智能的关键是神经系统结构，这个神经系统在10亿年前即已形成。如果根据这个时间节点，那么相关“实验”的数量便可以大大减少。因为现在地球上有4×10^{30}~6×10^{30}个原核生物，但只有10^{19}只昆虫，不到10^{10}个人（人类开始耕作之前的人口远没达到这个数量级）。这些数字还不算太惊人。

然而，进化算法（evolutionary algorithms）不仅要求筛选所需的变量，还需要评估变量的适应度函数（fitness function），而这种算法所需要的计算机组件是最贵的。人工智能进化对应的适应度函数需要模拟神经系统、习得新知识并且拥有评价适应度的认知能力。因此，我们最好不要关注有复杂神经的有机体的原始数量，而是要关注我们模拟进化适应度函数所需的生物机体中的神经元数量。昆虫的脑容量差别很大，体积较大的昆虫和社会性昆虫的大脑相对更大：蜜蜂的大脑有 10^6 个神经元，果蝇的大脑有 10^5 个神经元，蚂蚁则介于二者之间，有 25 万个神经元。大部分较小的昆虫只有几千个神经元。如果我们适当高估研究对象的神经元数量，假设有 10^{19} 个果蝇，每个果蝇有 10^5 个神经元，那么地球上总计就有 10^{24} 个神经元。水生桡足类动物、鸟类、爬虫类、哺乳类动物的神经元数量是 10^{25}。（在农业时代之前，有不到 10^7 个人，每个人有 10^{11} 个神经元，共计 10^{18} 个人类神经元，但是人类每个神经元的突触数量则比其他生物要多得多。）

模拟一个神经元的计算成本取决于模拟的细节。即使是一个非常简单的神经元模型，要模拟一个神经元（在真实时间里）每秒钟也要进行 1 000 次浮点运算（1 000FLOPS）。霍奇金–赫胥黎（Hodgkin-Huxley）生物电模型需要 1 200 000FLOPS。更加细致的多隔室模型可能要多 3~4 个数量级，然而抽象神经元系统更高级的模型则可以从简单模型里减掉 2~3 个数量级。如果模拟 10 亿年进化产生的 10^{25} 个神经元，并且我们让计算机运算一年，就要求 10^{31}~10^{44}FLOPS。中国天河 2 号（截至 2013 年 9 月）是世界上最强大的超级计算机，但也仅能达到 3.39×10^{16}FLOPS。近几十年，商用计算机用了 6.7 年才提高了一个数量级的运算能力，就算摩尔定律再继续适用一个世纪，也不足以弥补其中的差距。即使用更好的硬件，运行更长时间，也只能多支持几个数量级的数据运算。

另一方面，这也是保守的数字。进化在没有目的的情况下，实现了人类智能。换句话说，自然机体适应度函数不只是为了智能和其前体而选择。即使是有着能处理更高级信息并且总是从中受益的有机体的环境可能都不会选择智能，因为智能的提高需要付出很大代价，比如更高的能量消耗和更长的成熟周期。在这种情况下，成本大于利益。而险恶的环境也会降低智能的价值：个体的生命越短，能用来提高学习能力的时间就越少。降低的智能选择压力减缓了智能提升革新的传播速度，以及依赖此革新的其他选择的机会。如前面所提到的，进化会将选择权力分散在与智能无关的很多特征上，比如免疫系统与寄生物之间竞争的共同进化的红皇后效应（Red Queen Effect）。进化继续浪费着资源去产生致命的突变，并且没有利用不同突变效果带来的数据相似性的优势。这些都是自然选择中效率低下的现象。当工程师使用进化算法开发智能软件时，则可以相对容易地回避这种低效现象。

消除上述低效现象的做法能将早先计算的 10^{31}~10^{44}FLOPS 降低很多个数量级，这似乎是有可能的。不幸的是，要想获悉究竟是多少个数量级则比较困难，甚至做个大体的估算也不太容易。就我们所知，提升效率能够节约 5 个、10 个或 25 个数量级。

结果是用来简单复制地球上进化出人类水平智能的过程所需的计算机能力严重不足，而只要 21 世纪内摩尔定律不被打破，计算机能力在短时间内仍会处于不足的状态（见图 2–1）。相比简单模拟或复制自然进化过程，设计一个有效而严密的实验相对来说可操作性更强。但是很难界定可得到的有效性的数量级，我们甚至不能说这个数量级的范围在 5~25 之间。由于缺乏进一步实验，关于进化的辩论并不能限制我们的预期，不论是判断人类水平机器智能的制造困难程度，还是取得这样的发展所需的时间。

这种进化上的考虑非常复杂，很难给智能进化的困难程度设定一个哪怕是非常宽松的上限。我们不能根据智能生命在地球上进化的事实就推断出，这一进化过程产生智能的先验概率会非常高。由于没有考虑到确保所有观察者知道自己来自智能生命出现的星球（不管此类星球有没有可能产生智能）的观察选择效应，所以该推断并不合理，必须避免这种错误。举个例子，假设除了自然选择的系统效应外，需要相当大数量的幸运巧合来制造智能生命——足够多的巧合才能让智能生命在 10^{30} 个星球之一的地球上通过基因复制和进化而来。在这样的情况下，当我们运行遗传算法模拟自然进化过程时，或许发现我们必须运行 10^{30} 种模拟

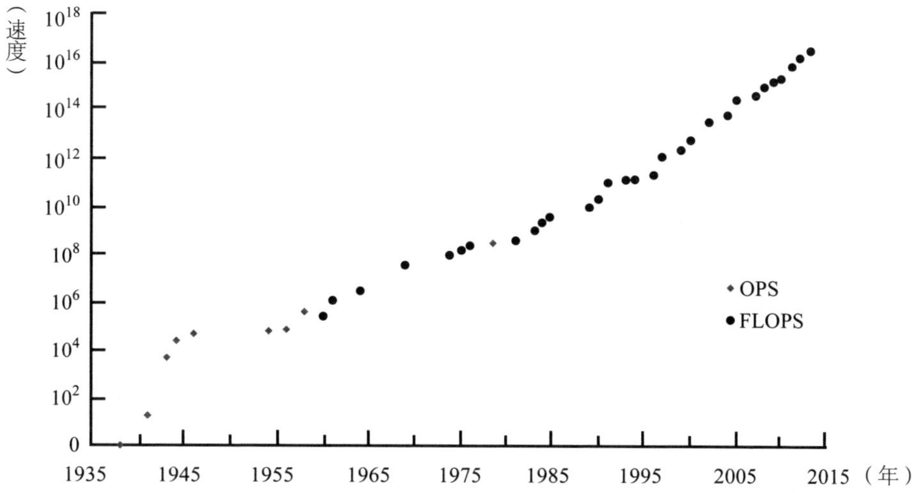

图 2–1 超级计算机的性能

狭义上，摩尔定律是指集成电路所容纳的晶体管数量在几十年内，大约 1~2 年可以翻一倍，特指计算机技术的发展成指数趋势。在一个有效时间范围内，可以将超级计算机的可发展的最快速度画成曲线，即图 2–1 所示。近些年，尽管处理器技术发展速度放缓，平行计算（parallelization）的使用提升了计算机的整体运行水平，因此计算机性能仍然保持指数增长。

模型，才能找到一种所有要素以恰当的方式组合匹配的模型，它似乎才完全符合生命在地球上进化诞生的事实。只有通过仔细和有些复杂的推理——通过分析与智能相关之特征的趋同进化，并充分重视观察选择理论（observation selection theory）的精妙，我们才能部分避免认识论上的局限。除非我们不畏困难，否则就不能排除这个可能性，延伸阅读 3 中的智能进化所要求的计算能力如果在 30 个数量级——所谓的上限，进化速度就太慢了。

另外一种实现人工智能的可行方法是研究人类大脑，以大脑作为机器智能的模板。这种方法包括几种方式，我们可以依据其模拟生物大脑功能的详细程度区分这些不同方式。我们将在下一节讨论全脑仿真，这是一种极端的方式，是最详细的模拟。另一个极端的方法是模拟大脑的功能，但不是低级的模仿。作为这种研究的基础方法论，神经科学和认知心理学的发展，可以逐渐揭示大脑功能的普遍原理。而借助大脑工作原理，便可以开发人工智能，科学家们已经开始研究大脑神经网络，并将其工作原理运用到人工智能开发的实验中。层级知觉组织是另一个既可以应用在脑神经科学，又可以应用在机器学习中的概念。动物认知心理学研究中有关刺激与巩固学习的实验，其原理和方法也可以应用在人工智能机器领域。在这方面，未来会有更多的研究案例。现有的研究并不能解开大脑运作机制之谜，但是持续进行的脑部科学最终会展现大脑运作的全貌。但是在此之前，我们有可能采用混合的方法，凭借现有的大脑运作机制和人工智能研究方法的技术提前一步设计出人工智能，从而跨越伟大的终点线。在这种情况下，尽管在开发过程中使用的是一些源于对大脑的理解，但得到的系统并不需要在识别方式上完全仿照大脑的机制。

大脑模板的可用性证明，机器智能最终是可行的。然而，由于很难预测未来大脑科学的发展水平，因此也就很难预测机器智能实现的具体时间。我们能说的是，随着时间的推移，脑部科学发展得越完善，实现机器智能的可能性就越大。

对于比起合成设计的方法，神经形态学方法有多么有效这个问题，不同领域的人工智能科学家们有着不同的态度。鸟类的存在表明比空气重的飞行物体是真实存在的，它给我们的提示是：建造飞行器是可能的。但是，即使是最早的飞机也没有模仿鸟类扇动翅膀的飞行原理。至于以哪种原理设计人工智能的讨论尚没有定论——到底采用纯机械设计的原理，还是模拟自然的方式？后者就像人们通过模拟自然火种的燃烧，从而掌握了使用火的技术一样。

图灵的设计理念是，设计一种可以掌握学习能力的程序，但这一程序并不是从一开始就预设内容的。这个理念可以同等地应用在人工智能的神经形态学与合成的方法上。

图灵有关“儿童思维机器”的理论激发了“种子人工智能”(seed AI)的灵感。然而，图灵的这种“儿童思维机器”有一个相对固定的结构，它只能通过积累内容来发展内在潜力；而一个种子人工智能则更加复杂，它能够改良自己的结构。在种子人工智能的早期阶段，这些改良主要通过进行试验和试错、信息采集、程序员协助等方式获得。在后期，种子人工智能将充分理解自己的工作，通过建立新算法和计算结构来展现自己的认知能力。但是，这需要它在诸多领域拥有一般智能水平，又或者它能在计算机领域或数学领域达到超乎一般的智能水平，然后才能建立对自己运行机制的理解力。

这随即带来了另一个重要概念，即递归性自我改良（recursive self-improvement）。成功的种子人工智能能够反复地自我改良，一个早期的版本可以设计一个自我改良后的新版本，接着，自我改良后的版本（比初代更加智能的二代）可能设计一个更加智能的版本，以此类推。在某种条件下，迭代改良的过程延续了足够长的时间后，终将产生一场智能爆发——这场爆发也许是一瞬间完成的，此时系统的智能水平会由中等迅速达到超级智能的程度（或许此时系统的智能水平还低于人类，但在编程和人工智能探索领域已占有主导地位）。我们将在第四章探讨这类重要事件，并对此类事件的动力发展进行更细致的分析。注意，这个模型可能会给我们带来意外：在被遗漏的核心元素未归位前，尝试构建全面人工智能的努力可能会失败，因为在那个位置上，种子人工智能应该有能力持续进行递归性自我改良。

在我们结束本节之前，还有一件事应该强调：人工智能不需要模仿人类的心智。事实上，人工智能极有可能与人类的心智不同。我们应该期待它们会有与生物智能结构非常不同的认知结构，并且在其发展的早期阶段，它们会有非常不同的认知优势和劣势（优势终会战胜初始的劣势）。此外,人工智能的目标体系可以从根本上与人类的目标体系相异。人们有理由相信，人工智能不会被爱、恨、骄傲或其他人类情感所影响——这些会要求精细而昂贵的努力来重建人工智能。习得能力或构建情感认知可能是一个巨大的挑战，也可能是一个巨大的机遇。在以后的章节,我们将回到人工智能动机的问题，它是这本书的中心论点，应当牢记。

全脑仿真（whole brain emulation）

在全脑仿真中（也被称为“上载”），要通过扫描和对生物大脑仔细建模的方法制作智能软件。这种方法代表了从自然汲取灵感的极致案例：不加掩饰的剽窃。实现全脑仿真需要完成以下步骤：

第一，精细扫描人类大脑。首先通过玻片（即将组织移到一种玻璃片上的过程）使大脑组织稳定化。然后一台机器将此大脑组织切成薄片，将它们送到另一台机器上进行扫描——可能会是一组电子显微镜。在此阶段，可以应用多种染色剂，来显示出它们的不同结构和化学成分。许多扫描仪可以同时扫描，并行处理多个大脑切片。

第二，将扫描过的原始数据输入计算机，自动图像处理会重建在原先大脑中负责认知的三维神经网络。实际操作中，这个步骤可以与第一步同时进行，以避免高分辨率图像数据过多地存储在缓冲区。然后将得到的图像与大量不同类型的神经元计算模型或不同神经元的元素（例如特定类型的突触连接）组合起来。图 2–2 显示了用现代技术扫描和处理过的图像。

第三，在一个运算能力足够强大的计算机上输出神经计算结构。如果完全成功,将生成具有记忆和完整人格的初始智能的数字繁殖物，仿真得到的人类思维这时便作为软件存在于一台计算机中了。这个思维既可以植入虚拟现实中，也可以通过机器人附肢与外部世界进行交流。

全脑仿真路径不要求我们了解人类认知的原理或者构造人工智能的程序，我们只需要了解大脑的基础计算元素所具有的基本功能和特征即可。要成功地进行全脑仿真，并不需要概念或理论上的突破。

然而,全脑仿真确实需要一些非常先进的技术。这里有三个关键的先决条件:（1）扫描：有足够高的分辨率和相关检测性能的高通量显微镜;（2）翻译：自动图像分析将原始扫描数据翻译成对一种神经计算元素相关的三维模型的阐释;（3）模拟：硬件需要足够强大，以实现得到的计算结构（见表 2–1）。（与这些更具挑战性的步骤相比，建立虚拟现实或设计具有视听输入通道和简单输出通道的机器人要相对容易，在当前的技术下，已经可以实现简单而能最低限度胜任任务的输入/输出功能了。）

（a）：一张典型的电子显微照片，显示神经元轴突的横断面。（b）：兔视网膜神经组织的电子显微图像。许多单独的二维图像被叠成一个立方体（边长约 11μm）。（c）：充斥一个中性粒细胞的一套神经元投射的重建结构，通过自动分段算法而成。

图 2–2　从电子显微镜图像重建三维神经解剖

我们有充分的理由认为必要的支持技术是可以实现的，尽管需要多等些时间。有关不同种类的神经元及神经元处理过程的计算模型已经存在。通过二维图像（尽管可靠性还需要改善）跟踪轴突和树突的图像识别软件已经被开发出来，并且还有一些提供所需分辨率的图像工具，它们的扫描隧道显微镜可以“观察”单个原子，极高的分辨率已经远超出现有的要求。从理论上讲，尽管现在的知识和能力支持发展必要的技术没有障碍，但很明显，若想实现全脑仿真技术，还需要有跨越式的发展。比如，显微镜不仅要有足够高的分辨率，还要有足够大的吞吐量（throughput）。使用原子分辨率扫描隧道显微镜来绘制需要的表面区域会慢得难以实践，不如使用较低分辨率的电子显微镜，但需要以下技术的协助：神经计算机程序的积累，自动成像计算处理程序的提高，以及扫描解析更加精准的水平。另外，若使用电子显微镜，那么还需要采用新的皮层组织染色技术，以使我们能观察到像突触的精密结构一样清晰的细节。

表 2–1　全脑仿真所需要的技术

扫描	前期处理/定影		准备适当的大脑组织，保留相关的微观结构和状态
	物理处理		在扫描的前、中、后期，操作之前被固定的脑部及组织切片的方法
	成像	容量	花费合理的时间和费用，扫描整个大脑
		分辨率	以足够高的分辨率扫描，以备重建
		功能性信息	通过扫描检测组织的功能性相关性质
翻译	解析成像过程	几何调整	处理因扫描不完善而出现的扭曲
		数据解析	处理遗漏的数据
		去噪	提升扫描质量
		追踪	探索结构，构建组织的三维模型
	扫描解析	细胞种类识别	识别细胞种类
		突触识别	识别突触和突触的连通性
		参数估计	评估细胞、触突和其他实体的相关参数
		数据库	以有效方式存储分析结果
	神经系统的软件模型	数学模型	实体及其行为的模型
		有效实现	模型的实现
模拟	存储		存储原有模型和现有状态
	频宽		有效的内部处理器交流
	中央处理器		运行模拟的处理器能力
	身体模拟		模拟身体与虚拟环境的互动；或身体与真实环境通过机器人的互动
	环境模拟		虚拟身体所处的虚拟环境

总的来说，全脑仿真比起人工智能要依靠更多的技术能力和更少的理论洞见。而脑部模拟的抽象水平决定了全脑仿真需要多少技术能力。从这个方面考虑，全脑仿真需要理论与技术之间的平衡。一般来说，扫描设备越差，计算机技术越薄弱，我们就要越少依赖对于低水平化学和电生理脑部运作的模拟，而越多地依赖于对计算机化结构的理论理解，我们试着去模仿这种结构以创造对相关功能的更抽象的表达。相反，若有足够先进的扫描技术和强大的计算机能力，即使只有很少的大脑理论知识也可以模仿全脑。极端情况下，我们可以想象采用施罗丁格量子力学方程在基本粒子水平来模拟大脑。这样我们就可以完全依靠现有的物理学知识，而不用任何生物模型。这种极端案例说明，没有计算机技术和数据分析也可以制造人工智能。一个听起来更合理的仿真水平是，将单个神经元和它们的连接

矩阵合并，连带着它们的树状结构和每一个触突的变化状态。我们无法模拟单个的神经递质分子，但是可以粗略地将它们的波动浓度模型化。

为了评价全脑仿真的可行性，人们必须理解成功的评判标准。我们的目的不是精确模拟出一个大脑，用它来预测在受到一系列刺激后，原始大脑会做出何种反应。相反，我们的目的是获得足够的大脑的计算机功能属性，以使最终得到的仿真进行智能工作。因此，真实大脑的很多复杂的生物学细节就无关紧要了。

更详尽的分析会根据仿真大脑之信息处理功能的保留程度来区分仿真的不同成功水平。比如，可在以下方面做区分：（1）高保真仿真（high-fidelity emulation）：保留了被仿真的大脑全套的知识、技术、能力和价值观；（2）失真仿真（distorted emulation）：在某些性情方面与人类截然不同，但大致能进行与被仿真的大脑相同的智能劳动；（3）一般仿真（generic emulation）：也是失真仿真的一种，某种程度上与婴儿时期的大脑类似，缺乏成人大脑的技能或记忆能力，但是有学习能力。

当最终实现真正的高保真仿真时，其很可能会是我们开发这个路径所得到的第一个全脑仿真。它处于一个比较低级的阶段，在我们能够让事物完善地运作前，只能暂时让它以不完美的状态运行。另一个可能是，推进全脑仿真技术会促进一些神经仿生人工智能的进步，这些人工智能会接受在仿真过程中发现的一些神经计算机原理，并将其与合成方法混杂——这些都发生在拥有全部功能的全脑仿真之前。我们在后面章节会看到，发展出这种神经形态人工智能的可能性，会使对于加快仿真技术之渴望的战略评估变得复杂。

目前我们离实现全脑仿真还有多远呢？尽管还有很多不确定性，但最近的评估已经描绘出一个技术路线图，并推断在21世纪中叶时，就能得到作为前提的能力。图2–3描绘了方案中比较重要的里程碑，尽管该图看起来清晰简单，但我们一定要注意，不要低估尚未完成的工作。目前，还没有一个大脑能够被仿真出来。考虑一个秀丽隐杆线虫模型，它是一条透明的蛔虫，1毫米长，有302个神经元。20世纪80年代中期，通过在实验室切片、电子显微镜和手工标记样品的方式，这些神经元的完全连接矩阵被详细研究出来。但是仅仅知道哪些神经元连接着哪些神经元还不够，要建立一个脑部仿真，需要知道哪个触突受到刺激，哪个触突受到抑制，连接点的强度有多大，以及轴突、突触、树突的动态性质。但即使是对于秀丽隐杆线虫的小型神经系统，我们也得不到这些信息。如果能够成功模仿微小脑部，比如秀丽隐杆线虫的脑部，便可以启发科学家们运用什么方法来模仿更大的脑部。

在技术发展过程中，一旦能得到自动模仿少量脑部组织的技术，剩下的问题就是同比缩放了。注意图 2–3 右侧的“梯子”。这个上升序列代表了从扫清初级障碍入手，从低级到高级的演化顺序。该顺序也与全脑仿真按照神经复杂度进行的顺序一致，比如，从秀丽隐杆线虫—蜜蜂—老鼠—恒河猴—人类。由于“梯子”各级之间的距离——至少在第一级之后，几乎只是数量上的并且主要取决于（虽然不是完全）被模仿的大脑的大小差别，所以通过同比例增加的扫描能力和仿真能力，便可以很容易解决这个问题。

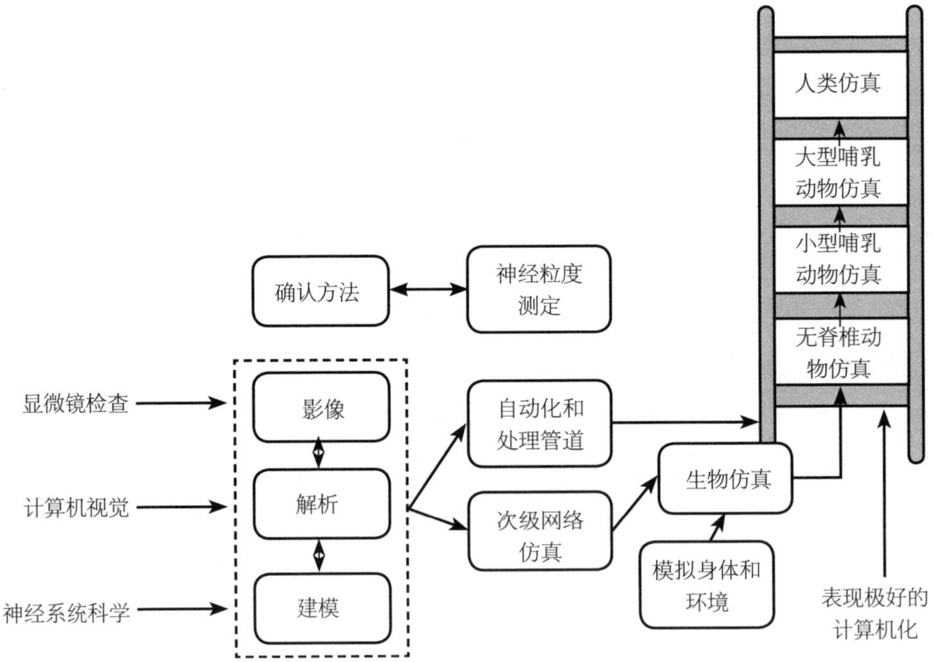

图 2–3　全脑仿真路径。输入、活动、里程碑原理图

一旦我们开始登上“梯子”的最后一级，最终实现人类全脑仿真就指日可待了。因此，如果最后一个使技术足够成熟的要求不是高通量扫描，就是实时仿真的计算处理能力的话，那么，在通过全脑仿真路径实现人类水平的机器智能之前，我们就至少可以期待获得一些预警。但是，如果最后实现的技术是神经计算机建模，那么从普通原型到工作的人脑仿真的转变将会比较唐突。可以想象，即使有足够的扫描数据和快速的计算机，事实证明要使神经元模型正常运转也很困难。一旦解决技术障碍，之前功能失调的大脑——比如大脑经历过无意识状态下的癫痫发作，也会进入一种持续清醒状态。这种情况下，重要的进步并不能被一系列增加数量级的动物仿真所预示（这些突破能从报纸标题字体的大小反映出来）。对于那些关注此事的人来讲，也很难找到神经计算机模型中隐藏的漏洞，并且也不能确定需要多少时间能弥补这些漏洞，而即使在漏洞爆发前夕，人们对问题及其解决办法也仍不清楚。（一旦人类全脑仿真最终实现，更远的爆发式的发展也将随之产生。我们将在第四章讨论这个问题。）

即使所有相关研究都是公开的，出现关于全脑仿真的惊人场景也是可能的。相比通过人工智能路径实现的机器智能，全脑仿真可能更先实现，因为它更多地依赖真实的观察技术，而不是理论研究。我们也可以这样说，即使全脑仿真比人工智能路径更有可能实现，它也很难在不远的将来（比如在未来 15 年内）获得成功。因为我们知道，一些挑战性的先决技术还没有实现。相比之下,会有人愿意用一台普通的计算机从理论的角度一点点编写种子人工智能的程序，这看起来似乎更有希望。可以想象——尽管不太可能，或许在不久的将来，某个人会突然产生对人工智能的正确的见解。

生物认知

第三个路径是运用比现有人类更伟大的智能提高生物大脑的功能。原则上，这可以不依靠科技，而只通过育种即可实现。任何试图启动大规模优生的计划都会面临重大的政治和道德的谴责。此外，除非某个选择非常强,否则将要求每一代都产生实质性效果。在这种生物选择开始奏效之前，生物技术的进步可能会直接控制人类遗传学和神经生物学，而无须实施人类优生繁衍计划。因此，我们应该关注能够更加快速（用几代或者更少的时间）产生效果的方法。

我们的个人认知能力可以用不同方法加强,包括教育和培训等传统方法。神经性的发展可以通过低技术的干预措施得以加强，诸如优化母婴营养、从环境中祛除铅和其他神经毒素、消除寄生虫、保证充足的睡眠和锻炼、预防影响大脑的疾病等。对于营养合理、受过良好教育的人群，虽然这些带来的提高幅度有限，但是这些干预手段对认知提升仍是有益的。我们当然不能通过这些手段获得超级智能，但这些干预对于提高贫穷地区及人才贫瘠地区的认知水平是很有效的。（很多贫困内陆存在着由于长期缺碘导致的智力水平下降，要改善这种情况不会花过多的经费，只要加强食盐的摄取即可，但仍有很多地区实现不了这一点。）

生物医学水平的提高可以有效解决这个问题。提高记忆力、集中注意力以及一些干预心理状态的药物已经被研发出来。（写这本书时，我还喝了咖啡，吃了很多尼古丁口香糖来提高我的工作效率。）现代提高智力的药物的功效还不能确认无副作用，甚至疗效也让人半信半疑。我相信，随着技术发展，未来提升智力的药物会有更好的疗效和更少的副作用。然而，在神经学和进化理论方面，通过向脑部注射药物就能使智力显著飞跃，这恐怕还不太真实。人脑的认知功能取决于许多因素的组合，特别是胚胎发育这个关键时期。它类似于一种自我建设结构的过程，它需要被加强，被仔细地平衡，被调整，被培育，而不是简单地靠一种外部注射的药水就能实现。

基因操纵方法是比精神药理学更强大的工具。再审视一下基因选择的概念：可以使用选择的胚胎或生殖细胞，而非通过控制交配模式实现优生学的目的。胚胎植入前的基因诊断已经被应用在体外受精的过程中，以筛选出单个基因突变导致的疾病，如亨廷顿病，以及易在较晚阶段出现的疾病，如乳腺癌等。这个方法也可以用于性别选择，或用于帮助一个患者匹配白细胞抗原类型，以让他能够从同胞新生儿的脐带血干细胞捐赠中获益。

在未来 10 年或 20 年，可筛选或剔除的基因性状的范围将大大扩展。行为遗传学发展的强大动力使得基因分型和基因排序技术的成本迅速下降。大量科目的全基因组复杂性状分析研究已经开始，这将大大增加我们对人类认知和行为特征的基因结构的知识。任何有着不可忽视的遗传性的特点，包括认知能力，都可能受基因筛选的影响。胚胎选择（embryo selection）不需要深入了解基因在与环境复杂的相互作用下产生胚胎的途径，它只需要（大量的）与我们感兴趣的性状相关的基因数据即可。

不同选择场景下可获得的收益是可以粗略计算的。表 2–2 显示了在假设狭义智力遗传的基础是某种基因变异体的完全信息的情况下，不同数量的选择所导致的预期智力的增加。（若只有部分信息,选择有效性就会降低，但不会降到人们想象的那么低的程度。）并不让人感到惊讶的是，在大量的胚胎中进行选择能带来更大的智力提升，但是也会带来急剧的收益递减：在 100 个胚胎中选择 1 个带来的IQ（智商）提高值，并没有达到在 2 个胚胎中选择 1 个带来的IQ提高值的 50 倍。

表 2–2 胚胎选择所获得的IQ提升的最高值

选择	IQ值
2 个中选 1 个	4.2
10 个中选 1 个	11.5
100 个中选 1 个	18.8
1000 个中选 1 个	24.3
5 代的 10 个中选 1 个	<65（收益递减）
10 代的 10 个中选 1 个	<130（收益递减）
累积限制（为认知进行的变异体优化）	100+（<300，收益递减）

有趣的是，若选择的范围扩大到多代胚胎，则收益递减的程度会大大降低。因此，在 10 代胚胎中重复筛选 10 个胚胎里面的第一名获得的有价值的特征，比一次性地从 100 个胚胎里选 1 个要多。顺序选择的问题在于时间跨度太长。如果每一代要花费 20~30 年，那么连续筛选 5 代就会把我们推到 22 世纪。而早在这之前，我们便很有可能已经得到了更直接有效的基因工程学技术，更不用提机器

智能了。

然而，有一项互补技术,一旦被开发并用于人类，它将大大加强胚胎植入前基因筛查的能力，即从胚胎干细胞提取有活性的精子和卵子。这项技术已经被用于培育出有繁殖能力的老鼠和类似人类生殖细胞的细胞。但是，在将动物实验转化成人类实验，以及避免在干细胞分离中产生后天畸形方面，依然存在实质性的挑战。根据一位专家的理论，这些挑战可能会将此项方法应用在人类上的时间“推迟 10~50 年”。

干细胞衍生的生殖细胞可大大增加选择能力。在当前的实践中,体外受精过程中创建的胚胎通常不超过 10 个。在这种情况下，少量捐赠细胞可能会变成无限多的生殖细胞，它们结合起来产生大量胚胎，然后这些胚胎被基因分型或测序，其中最好的胚胎会被选择出来并进行植入。取决于准备和筛选每个胚胎的成本,这个技术可以帮助进行体外受精的夫妇获得更多的选择。

更重要的是，通过迭代胚胎筛选，干细胞衍生的生殖细胞会将多代选择压缩到一个少于人类成熟期的时间。这个过程包括以下步骤：

1. 对具有我们渴望拥有的基因特征的胚胎进行筛选和基因分型。

2. 从这些胚胎中提取干细胞，将其转换成精子和卵子，在 6 个月或更少的时间内进行培育。

3. 使用新培育的精子和卵子来产生胚胎。

4. 重复实验，直到积累庞大的基因变化数据库。

使用这种方法，几年就能完成 10 代或 10 代以上的筛选。（整个过程费时并且昂贵。但从理论上看，从胚胎到婴儿，只需要一次筛选，而非多次筛选。在这个程序结束时所建立的细胞线能够用来产生大量改良过的胚胎。）

如表 2–2 所示, 运用此方法筛选出的个体的平均智力水平非常高，可能会等于或高于历史上所有高智商的人。若社会由大量这种高智商的人组成，（社会具备匹配的文化、教育、通信基础设施,等等）就会构成集体超级智能。

有几个因素将导致此项技术的影响受到抑制和延迟。当最终被选中的胚胎植入一个成年人体内后，会不可避免地面对成熟性迟滞：让一个孩子具备完全的生产力至少要 20 年，让他发展为重要的劳动力则需要更长的时间。另外，即使这项技术成熟，其开始的普及率也不会特别高。从道德或宗教的角度考虑，有些国家会全面禁止这种技术。而即使有的国家同意使用此项技术，许多夫妻还是更愿选择自然受孕的方法。

如果这种技术能显现出更加明显的益处，比如孩子会有较高智商，获得遗传性疾病的概率较小等，那么愿意使用试管婴儿的夫妻数量才会增加。更低的健康护理费用或更长的寿命也会支持基因选择。随着技术的普及,尤其是在社会精英中的应用逐渐增多，可能会带来对父母模式观念的转变，该模式会把基因筛选看作负责任且有觉悟的夫妇会采用的办法。也许基因筛选的生育方式将会成为一种潮流，即使有的夫妻不愿意采用这种方法，但为了让孩子不输给其他朋友或同事的高智商孩子，也不得不采取基因筛选的方法受孕。一些国家可能会提供政策鼓励市民利用基因筛选繁殖下一代，以增加国家的人力资本存量,或者通过选择顺从、守规矩、无暴力倾向或性格懦弱者的胚胎以保持社会长期稳定。

对于智力的影响也取决于用于提高认知的选择能力的程度（见表 2–3）。那些选择了胚胎筛选的人需要分配各项特征的选择权力，因此智力就会与其他想得到的特征在某种程度上形成竞争，比如健康、美貌、性格、运动能力等。在具备大量的选择经验后，迭代胚胎选择便能够拥有选择多个特征的超强能力。然而，这个过程会扰乱父母和孩子之间正常的遗传关系，从而在很多文化中产生负面影响。

随着基因技术的进一步发展,将基因组合成为具体物成为可能，从而可以减少对胚胎的大量需求。DNA 合成已经是常规生物技术，且自动化程度很高，尽管它还无法合成一个可用于生殖的完整的人类基因组（由于表观遗传学中的一些问题还没有得到解决）。但是一旦这项技术成熟,胚胎便可以根据首选的亲本基因组合来设计。父母体内不存在的基因也可以拼接入胚胎的基因中，比如在现有人群中不足但是对认知建构十分有利的等位基因。

表 2–3　不同场景下的基因筛选的可能影响

采纳比率/技术	“试管受精+”	“激进的试管受精”	"体外受精卵"	“迭代胚胎选择”
	2 个胚胎中选 1 个	10 个胚胎中选 1 个	100 个胚胎中选 1 个	
	【4 分】	【12 分】	【19 分】	【100+ 分】
“边际生育实验”约 0.25% 采纳比率	社会忽视的时间超过一代人，社会争议的作用比其直接影响要严重	社会忽视的时间超过一代人。社会争议的作用比其直接影响要严重	增加的偶然事件形成有着高度认知选择性的显著少数个体	经过选择的孩子在科学家、律师、医生、工程师等职业中处于精英阶层。思想复兴？
“精英优势”10% 的采纳比率	在第一代中有轻微的认知特征的选择，为一个少数群体带来显著的优势	哈佛毕业生的数量有所提高，第二代多占据了对认知能力要求高的职业	第一代经过选择的孩子在科学家、律师、医生、工程师等职业中占主导	“后人类”
“新的正常化”超过 90% 的采纳比率	儿童学习障碍越来越少，第二代高智商人口的数量不止增加两倍	教育程度、收入大幅增长。第二代人数成多倍增长	第一代科学家普遍的智商是普通人的十多倍，第二代则是普通人的几千倍	“后人类”

当人类基因组能够被合成时，有一种干预便成为可能，即对于一个胚胎的基因“拼写检查”。（迭代胚胎选择允许“基因拼写”有近似值。）目前，我们每个人都带有基因突变的可能性，这些成百上千的突变减少了各种细胞进程的效率。单个突变带来的影响几乎可以忽略不计（会慢慢地从基因库中删除），但这些突变的组合可能会严重影响我们的某些功能。

智力的个体差异可能很大程度上是等位基因在数量和性质上的细微不同所致。运用基因合成的方法，我们会得到一个胚胎的基因组，并建造一个不受积累的基因突变所影响的胚胎。如果有人想挑战一下，他可以说用这种方法得到的个体比现存的所有人类都更加像人类，因为他们是对于人类形成更少错误的表达。这些人并不都是碳元素的复制品，因为人类除了携带有害的基因突变，在基因上也千差万别。但是一个校对过的基因组造就的人可能具备完美的外在与内在构造的表现形式，在诸如智力、健康、坚韧和外貌等多基因维度上都有所提高（举个不太恰当的例子，比如选择完美的五官，然后叠加出一个合成美人，见图 2–4）。

图 2–4 用复合面容来比喻“拼写检查”后的基因组

中间的照片是由16个不同个体的照片叠加（特拉维夫的居民）而成的。因为去除了不和谐的搭配，复合面容通常被认为比其选取的个体更加美丽。类似地，通过删除单个突变，校对后的基因组可能会产生接近柏拉图式的理想人物。这些个体并不是基因完全相同，因为很多基因一起作用的结果在功能上类似于等位基因。校对只会消除由于有害突变引起的变异。

我们还需要其他相关的生物技术。人类克隆一旦实现，便可以用于复制天才的基因组。大多数夫妻在胚胎的基因选择上有潜在的偏好，希望孩子能和自己的血缘相近，受到这种限制后，该行为会产生不小的影响，因为：（1）对于极有才华的人，即使其人数一个相对较小的增长也可能引发重大的效应；（2）有的国家可能会启动大规模的优选计划，通过雇用代孕母亲来繁育通过基因选择的胚胎。其他的基因工程（基因组合的设计、向基因组启动子区插入基因、控制基因表达等）也可能会随着时间的推移发挥出重要作用。未来甚至存在产生异型的可能性，比如具有复杂的结构化皮层组织的大桶，或“提升”了的转基因动物（可能是被注入人类基因的脑部发达的哺乳动物，如鲸鱼或大象等）。虽然短期内，不太可能出现这些产物，但是从长远来看，这个现象也不能完全忽视。

到目前为止，我们已经讨论了生殖干预措施（germline interventions），人类可以在生殖细胞或胚胎上实施基因筛选。细胞中的基因增强可以绕过生殖过程，从而更快地产生影响。但在技术上，实现起来则更具有挑战性。该技术要求将修改过的基因植入活体的大量细胞内，包括认知提升状态下的大脑。相反，在已存在的卵细胞或胚胎中进行筛选就不需要基因植入。这种涉及修改基因组的生殖治疗方法（比如校队基因组或在稀有等位基因剪接）在生殖细胞或胚胎阶段更容易实现，因为只需要处理少量的细胞。另外，对胚胎的生殖干预要比对成人体细胞干预的效果更好；因为前者能塑造早期大脑的发育，而后者只能有限地调整现有结构。（一些能够通过体细胞基因干预处理的疾病或缺陷也可以通过药理手段来实现。）

关注生殖干预，我们必须考虑到将世界上任何重大影响延迟的世代间隔。即使技术完善并立即投入使用，也需要20多年来让这代基因增强的个体达到成熟阶段。此外，要想将技术应用于人类，还需要经历在实验室中对理论的证明和临床应用，这个时间大约是10年——我们必须进行广泛研究来确保安全。但是最简单的基因筛选形式能废除大量的这种实验工作，因为其会运用标准的繁殖处理技术和基因信息在胚胎间选择。

即使技术成功了可能也无法立即执行。这种延迟不仅来自于对失败的害怕（需要安全性测试），也来自对成功的害怕——需要由对基因筛选的道德容许度或更广泛的社会内涵的考虑来调节。由于文化、历史及宗教背景的不同，以上考虑对某些国家更有影响力。以战后德国为例，德国对任何生殖行为的态度都是敬而远之，因为德国曾经导演过一段黑暗历史，企图用暴行筛选优良人种，所以不再敢轻易涉足基因筛选，这是可以理解的。

其他西方国家则可能采取更加开放的态度。还有一些国家——比如中国或新加坡，这两个国家都有长期人口政策，一旦技术成熟，他们便会积极推动基因筛选和基因工程在提高人口智能水平方面的应用。

一旦有一些地区作为先行者开始实验，并且获得良好的结果，其他地区就会纷纷效仿。这是由于他们担心自己在经济、科学、军事和声望竞赛中落后于实施了人类提升技术的地区。人们可能会看到重点学校的学生们都是通过基因筛选出来的孩子（他们大多比常人更漂亮、更健康、更好学），因此希望他们自己的后代也有相同的优势。或许10年后，人们对基因筛选的态度就大有改观，如果到那时技术可行并且好处也非常明显的话。

1978年，第一个“试管婴儿”路易丝·布朗出生后，美国民意调查显示，人们对体外受精的支持率发生了戏剧性的转变。而在这几年前，只有18%的美国人表示愿意亲自使用体外受精治疗不孕症。路易丝·布朗诞生后不久的一项民意调查显示，53%的人说他们会这样做，并且这个数字还在继续上升。（相比之下，在2004年的一次民意调查中，28%的美国人为了“智力或力量”支持胚胎筛选，58%的人为了避免成年阶段的癌症而支持，68%的人为了避免儿童致命疾病而支持。）

如果我们汇总各种引起延迟的原因——需要5~10年从体外受精胚胎中收集有效的信息（在干细胞衍生的生殖细胞应用于人类繁殖之前，可能需要更长的时间），需要10年建立提取数据基因库，需要20~25年使被增强的一代开始具备繁殖能力，我们就会发现在21世纪中叶前，生殖选择对社会产生重大影响是不可能的。然而，在那之后，基因增强方法将开始提高成人的智能水平。当这些人以更有力的下一代基因技术（特别是生殖细胞衍生的干细胞和胚胎迭代选择技术）进入劳动力市场后，这种提高的速度会更快。

上述基因技术的全面发展，似乎可以确保新个体比任何存在过的人类的平均智力水平都高，并且还在继续提高。最终生物增强的潜力会变高到超级智能最初级的水平。这应该不足为奇。毕竟，即使与我们的近亲类人猿和具有人类特点的祖先相比，沉默的进化过程也极大地放大了人类世系的智力发展；我们也没有理由认为智人的认知能力已达到在生物系统中能获得的顶点。在成为最聪明的生物物种之前，我们最好把自己想象成拥有科技文明的最愚蠢的生物物种——我们开启了科技的神龛，不一定是我们适应了它，而不过是因为我们最先到达了这里。

沿生物路径的进步显然是可行的。生殖干预中的世代间隔意味着在人工智能方面的进展不会是爆发性的。（细胞基因治疗和药物干预理论上可以跳过世代间隔的问题，但它们似乎更难以完善，并且不太可能产生戏剧性的效果。）机器智能的最终潜力当然会远远超过有机体的智能水平。（现在的晶体管比生物神经元传导速度快千万倍，因此电子组件的信息传递比神经细胞的信息传递快很多，这个速度差直观地显示出机器智能的潜力要比有机体大。）

但是不可以否认，即使是生物认知的一点增强也会起到重要作用，尤其是认知增强能加速科学技术的发展，包括生物智能和机器智能更有力的发展。人工智能的进步将改变整个世界，届时，数以百万计的人们的平均智能水平将远高于历史上出现过的天才。

在稍后的章节里，我们将讨论认知增强的战略意义。在结束本节之前，我们提出三个结论：（1）生物技术增强至少可以得到超级智能的初级状态；（2）人类认知增强的可行性能促进机器智能的发展——也许只有认知能力得到提升的人才能创造出机器智能；（3）21世纪下半叶及以后，我们必须考虑到可能会出现一代基因增强的人群，他们可能是选民、发明家、科学家。而随着这些人繁衍下一代，其基因增强的幅度还会更大更快。

人脑—计算机交互界面

有人曾提到使用直接的人脑—计算机交互界面，尤其是植入技术，可以让人类利用数字计算的长处——完美的记忆、快速而准确的数学计算水平和高带宽数据变速器，形成完美的混合系统，其功能远超没有强化过的大脑。但是，尽管我们已经证明可以实现直接连接人脑和计算机，但是大规模普及还遥遥无期。

首先，运用这项技术在脑中移植电极，出现并发症的风险很大——包括感染、电极移位、出血和认知能力下降。截至目前，通过大脑刺激来进行治疗的最有效的例子是对帕金森症的治疗。对于帕金森症患者而言，治疗相对简单：计算机并没有真的和人脑交谈，而是提供一个刺激电流来刺激丘脑底核。在一个相关视频中，一位帕金森症患者瘫在椅子上——被该疾病折磨得完全无法行动，但在接通电流时，他突然活动了起来：患者移动他的胳膊，站起身来，在房间里四处走动，转身做了一个芭蕾舞中脚尖旋转的动作。但是在这样极其简单、有着神奇效果的步骤中，也隐藏着副作用。对一位曾接受过脑部深入植入电极的帕金森症患者的研究显示，患者在语言流利度、选择性注意力、识别颜色和非文字记忆方面，比对照组的患者表现差。接受治疗的帕金森症患者也被报告有更多的认知障碍。如果是为了缓解严重残疾的状况，这种风险和副作用都是可以忍受的。但是为了鼓励更多的健康人自愿参加神经手术，这种手术则必须要明显提高大脑的性能才可以。

这就为我们带来对于通过半机械化实现超级智能产生怀疑的第二个原因，即增强大脑功能远比治疗难得多。瘫痪的患者可能会受益于替换断裂神经以及激发脊髓运动模式发生器的移植手术。耳聋者或者盲人可能会移植人造耳蜗或者人造视网膜。比较难的是实现高带宽的人脑与计算机的直接互动，从而使智能明显得到用其他方式很难得到的加强。现在健康人使用的风险小、价格便宜和方便的大脑植入术所带来的利益，可以通过我自身的调节运动和感觉器官与身体之外的计算机互动来实现。我们并不需要在脑中插入电缆来上网。不仅人类视网膜可以以近似每秒 1 000 万比特的速度传导数据，它还与数量巨大的湿件，也就是视觉皮层相结合——视觉皮层可以从信息洪流中获得意义，并和大脑其他部分互动以进一步处理信息。尽管有更容易的方法可以将信息送入脑中，但是这些额外的信息在提高我们思考和学习的速率方面作用甚小，除非负责处理这些数据的神经机械同时升级。因为这个过程几乎涉及大脑所有部分，我们真正需要的是一个“全脑假体”——这是一般人工智能的另一种说法。如果有人类水平的人工智能，就不需要神经手术了：计算机可以装上金属外壳，这样就和骨头一样坚固了。这个有些局限性的案例，让我们再次回到人工智能的途径。

人脑—计算机交互界面也被视作一种从大脑中获取信息的方法，旨在与其他大脑和机器交流。这种上行传输方式可以帮助闭锁综合征患者用意念移动屏幕上的光标，实现与外界的交流。这类实验的带宽都很低，病人只能十分费力地以每分钟几个词的速度打出字母。我们可以想象这项技术改进之后会是什么样——也许下一代的植入器可以插入布洛卡区（布洛卡区与生成语言有关），重拾内部语言功能。但是尽管这项技术能够帮助因中风或者肌肉退化而残疾的人，对健康人来说并没有多少吸引力。通俗点说，这项技术就是一个麦克风加上语言识别软件，并且已经实现了商业化——其降低了神经手术带来的痛苦、麻烦、昂贵，以及潜在的风险（并且也避免了颅内监听装置发出超奥威尔式的泛音）。将机器置于体外，也使升级更加容易。

跨越言语，建立两颗大脑间的连接，让概念、思想或者整个专业领域的知识都可以从一个大脑“下载”到另一个大脑中，这个想法怎么样？我们可以把大量文档下载到计算机里，包括数以百万计的书本和文章，并且可以在数秒内就完成这个过程，我们可以对大脑做同样的事吗？我们之所以认为这个想法可行，可能是因为我们对于信息如何在脑中存储并表达有着错误认知。正如前文所说的那样，人类智能的速率限制并不取决于信息输入大脑的速度，而是取决于大脑挖掘信息并获取有意义信息的速度。也许有人会建议不如直接传输意义，而不是把意义装进知觉数据中，让接受者解码。这涉及两个问题。第一个问题是，和计算机上经常运行的软件相比，大脑并不使用标准化数据存储和表达格式。一个特定的概念使用哪些神经集，取决于每颗大脑的独特经验（以及多种基因因素和随机生理过程）。正如在一个人工神经网络中那样，生物神经网的意义可能取决于很多重合大脑部分的结构和活动模式，而不是整齐排列的记忆细胞。因此，不是只简单绘制两颗大脑神经的样图，就能让思想自动从一颗大脑滑向另一颗大脑。如果一颗大脑中的思想要为另一颗大脑所理解，首先要分解这些思想，并根据一些共享的条约将思想阐释成信号，以使接受的大脑正确解读这些信号。这正是语言的功能。

原则上来说，我们可以想象一个能够承担起发音和理解的认知功能的界面，它可以读出发送人大脑的神经状态，并按照预订模式将其输入接受者的大脑。但这就引出了半机械化的第二个问题。先不管如何同时从数十亿个神经细胞中同时读取并书写数据这个技术难点（这是很大的技术难点），制作所需的界面可能是一个完全人工智能方面的问题。这个界面需要包括一个可以把一颗大脑中的放电节律在不改变语义的情况下，画入另一颗大脑语义上相等的放电节律中的能力。要完成这种似乎能使用神经形态人工智能的任务，需要对神经计算有更详细的、多层次的理解。

尽管有上述种种顾虑，通过半机械化来实现认知提高也不是完全不可能的。对老鼠海马区进行的实验已经表明，神经假体可以提高老鼠在活动—记忆任务中的表现。在现在这个实验中，植入物收集海马区一个区域（CA3）的两个或12

个电极的输入信号，并向另一个区域（CA1）近似数量的神经细胞输出信号。在此过程中，会使用一个微型处理器来分辨第一个区域中的两种不同放电节律模式（与两种记忆相应，“左杆”或者“右杆”）并认识这些模式是如何投射到第二个区域中的。当两个神经区域的普通神经联系被阻断时，这个假体不仅能恢复功能，并且还可以通过向第二个区域发送一个非常清晰的记忆模式，让老鼠在记忆任务中的表现要好于平时。由于这是一项先进的研究，目前有很多问题还不能解答：当用于更大量的记忆时，这项技术表现如何？我们如何处理随着输入和输出神经细胞的增加，得到正确的绘图会非常困难的问题？这项测试任务中，相关表现的提高是否伴随某些未知的代价，比如对实验中特定刺激的概括能力减弱，或者环境变化时“忘记联系”的能力的减弱？接受测试的对象——不是老鼠之类的，是否能使用笔或者纸来帮助记忆？如果将这种方式应用于大脑其他区域，难度是多大？现在的假体利用的是海马区相对简单的前馈结构（基本可以作为CA3和CA1区的非直接的桥梁），大脑皮层的其他结构还包括复杂的反馈回路，其使得布线图的复杂度大大上升，从而使解读嵌入神经细胞组的功能的难度也随之加大。

人们寄予半机械化途径的一点希望是，如果大脑中能够永久性地植入一个同一些外部资源相连接的装置，那么经过一定的时间，大脑将学会以下两者之间的有效相互映射：大脑自身的内部认知状态，与它接收到的输入信息或者它发给装置的输出信息。如此一来，植入装置本身并不需要是智能的，大脑将会智能地适应这种连接，就像婴儿的大脑会逐渐学会如何阐释由眼睛和耳朵中的神经末梢所传输来的信号。但是，这里大家又会问，大脑真正获得的信息会有多少呢？假设大脑的可塑性达到这样的程度，即如果我们通过大脑—计算机界面任意地把一些图像投射到大脑皮层的某些部分，大脑能够学会检测这些图像，那为什么不把相同的信息以视觉形式投射到视网膜上，或者以声音的形式投射到耳蜗上？这种低技术水平的替代方法能够避免1 000种复杂情况，并且在采用以上两种方法的情况下，大脑都可以利用它的图像—识别机制和可塑性来学着理解这些信息的含义。

网络和组织

实现超级智能另一种可能的途径是通过逐渐地增强网络和组织，这些网络和组织使得人类个体的大脑相互连接，并且同各种各样的人工产品和机器人连接起来。这一想法并不是说，通过这种方式可以增强每个个体的智能能力，从而使其都拥有超级智能，而是说一些由个人组成然后连成网络进行组织的系统可能会获得某种形式的超级智能——在下一章中我们会详细解释这种集体超级智能。

在整个历史进程以及史前时期，人类都从集体智能中获益良多。这些收益源于很多因素，包括交流技术的创新——比如书写和打印，尤其语言的发明本身就是最重要的因素；还有世界人口规模和居住密度的增加，组织技术和认知规范方面所得到的各式各样的改善，以及制度资本的逐步积累。从一般意义上讲，一个系统的集体智能会受到一些限制，包括系统成员的智能水平、成员之间交流相关信息所需的日常开支，以及在人类组织中常常出现的各种曲解误会和效率低下。如果交流所需的日常开支有所减少（不仅包括设备成本，还包括反应延迟、时间和注意力的负担以及其他因素），那么规模更大并且结构更紧凑的组织就是可行的。同样能够产生这种结果的情况是，人们找到方法解决一些歪曲组织生活的官僚作风，比如浪费资源的权力地位之争、任务偏离、隐瞒或者伪造信息以及其他机构问题。即使部分解决这些问题，也能使集体智能极大地获益。

有很多不同种类的技术和体制创新都能够增强我们的集体智慧。比如，被资助的预测市场可能会促进形成追求真理的规范，并且提高在一些有争议的科学和社会问题上的预测。测谎仪（如果制造值得信赖和便于使用的测谎仪是可行的话）可以在人类各种事务中缩小欺骗发生的范围。能探测自我欺骗的测谎仪甚至可能更加强大。即使不使用最新的大脑技术，一些形式的欺骗行为如今也变得更加难以实践，是因为人们有越来越多的渠道可以获取许多不同种类的数据——包括信誉记录和业绩记录，也可能是因为人们广泛宣传强有力的认知规范和理性文化。自愿的和非自愿的监视会积聚大量关于人类行为的信息。已经有超过 10 亿的人在使用各类社交网站，在上面分享其个人的详细信息。很快，这些人可能会利用安装在自己智能手机或眼镜镜框上的麦克风和摄像头，开始上传自己连续的生活记录。自动化分析这样的数据流可以催生出许多新的应用（当然这些应用有好的也有坏的）。

集体智能增长可能的原因也包括我们在组织上和经济上取得更加广泛的进步，以及世界人口中将有越来越多的人群接受教育、接入数字化连接并且融入全球智能文化。

作为一个特别活跃的创新和实验前沿，互联网的地位尤其突出，它的大部分潜力可能依然没有被开发出来。继续开发智能网络，并且在思考、去除偏见和判断聚集方面给予更好的支持，可能会为人类全体或者特定群体的集体智能做出更大的贡献。

但是，有一个看似更加天马行空的想法是，互联网是否有一天会“醒来”？互联网是否能够发生改变，不再仅仅只是作为骨干来支撑一个松散集合的集体超级智能，而变得更像是一个虚拟的头颅，其中包含着不断成形的统一的超级智能？（根据弗诺 · 文奇于 1993 年发表的极具影响力的论文，这是可能形成超级智能的途径之一，他在文中还创造了“技术奇点”一词。）有人不赞同这一说法，他们认为通过艰苦卓绝的工程来创造机器智能已经非常困难了，而假设机器智能会自发形成，这简直是不可思议的。然而，这一设想并不是说，互联网的某个未来版本会因为简单的机缘巧合就突然变成超级智能。对这一设想更为合理的解释是，会有许多人在多年间付出辛勤的工作，设计更好的搜索和信息过滤算法、功能更强大的数据表达形式、更强大的自主软件代理以及更高效的协议来管理这种机器人之间的交互，这些努力将使得互联网不断地积累和完善，而这些无数的不断递增的改进最终将为某种更加统一的网络智能形式创建基础。我们至少可以想象，在这样基于网络的认知系统中，计算机能力和实现爆发式增长所需要的所有其他资源都处于极度饱和的状态，唯独缺少一项关键的成分，而当这个最后缺少的成分落入这口大锅之中，系统就有可能会突然爆发，从而产生超级智能。不过，这种设想已经与另外一条可能实现超级智能的途径相互融合——即一般人工智能，我们已经在上文中讨论过这部分内容。

总结

实现超级智能有很多可能的途径，这一事实应该能够增强我们的信心，让我们相信自己能够最终实现目标。即使一条途径受阻，我们仍然可以取得进步。不过有多条途径并不意味着会有多个目的地。即使我们通过一条非机器智能的途径首先实现了智能的显著增加，也不会将机器智能置之事外。事实恰恰相反，得到强化的生物性或组织性智能不但能加快科学技术的发展，还有可能加速实现更为激进的智能增强形式，例如全脑仿真和人工智能。

这并不是说，我们实现机器超级智能的途径是无关紧要的。我们所采取的途径可能会对最终结果产生重大的影响。即使我们最终获得的能力与实现途径没有太大关系，但如何使用这些能力——我们人类对这些能力的特性有着多少的控制力，可能很大程度上还要依赖于实现方法中的一些细节。例如，增强生物性或者组织性智能可能会增强我们预测风险的能力，并且设计出安全和有益的机器超级智能。（完整的战略评估涉及许多复杂的问题，我们要等到第十四章再进行详解。）

真正的超级智能（相对于小幅增强目前的智能水平而言）可能首先会通过人工智能的途径得以实现，这是看起来比较合理的猜想。然而，在这条道路上还有很多根本性的不确定因素，这使得我们很难严格地评估这条途径究竟有多长，或者在路途上到底还有多少障碍。全脑仿真的途径也有可能最快实现超级智能。要在这条道路上取得进步，主要需要我们取得递增式的技术进步，而不是理论突破，因此我们有理由相信这条途径也会最终取得成功。然而，看起来具有同样的可能性的情况是，即使我们在全脑仿真这条途径上迅速取得进步，但是首先到达终点的可能还是人工智能，这是因为我们有可能实现基于部分仿真的神经形态人工智能。

生物认知的增强显然是可行的，特别是那些基于基因选择的增强。迭代胚胎筛选目前似乎是一个特别有前途的技术。但是，与机器智能方面可能取得的突破相比，生物的增强将会是相对缓慢的和渐进的，它们最多能够实现相对较弱的超级智能的形式（时间越短越弱）。

生物增强明显的可行性应当能够增加我们的信心，相信机器智能最终是能够实现的，因为比起未经改造的同事，得到增强的人类科学家和工程师们将能够取得更多和更快的进展。特别是，如果机器智能一直延迟到21世纪中叶之后仍然没有实现，接下来参与工作的研究人员的认知就会得到持续的增强，而他们也会在超级智能随后的发展中发挥越来越大的作用。

大脑—计算机交互界面看上去不太可能实现超级智能。从长远来看，在网络和组织方面取得的改进可能会在集体智能中实现较弱形式的超级智能；但是更可能的情况是，它们将起到一个类似于生物认知增强的有利作用，逐渐提高人类的有效能力以解决智能问题。相比较于生物增强，在网络和组织方面取得的进步将会更快地产生影响——事实上，这样的进步正在不断地发生，并且已经开始发挥显著的影响。然而，网络和组织方面的进步对于我们解决问题能力的提升作用并不如其对生物认知的提升作用大，也就是说，它更多的是增强“集体智能”而非“素质智能”，为了预测其中可能的区别，我们将在下一章进行介绍。

第三章
超级智能的形式

SUPERINTELLIGENCE
Paths, Dangers, Strategies

那么，准确地说，超级智能是什么意思呢？尽管我们并不想陷于术语的泥沼，但需要说清楚一些事来明晰概念。本章描述了三种形式的超级智能，并认为这三种形式从实际的相关性而言是相同的。同时，本章也说明比起生物性基质，机器基质的智能潜力要大得多。机器具有很多根本性优势，从而具有压倒性的优越性。生物学人类即便提高了性能，也比不上机器。

在某些领域，许多机器和非人类动物已经表现出超人类水平。蝙蝠比人类更擅长解读声呐信号，计算器比人类更擅长算术，国际象棋程序可以在国际象棋中战胜我们。软件在特定任务中比人类表现得更好，而这样的任务类型将越来越多。然而，尽管专用信息处理系统将会有很多用途，但有的重大问题之所以产生，是因为机器智能可以获得足够的一般智力，从而全面替代人类。

正如前文所说的那样，我们用超级智能来指代在许多普遍的认知领域中，表现远远超越目前最聪明的人类头脑的智能。这个定义仍然十分模糊。按照这个定义，很多系统具有迥然不同的性能特质，都可以被视为超级智能。为了进一步完善分析，我们可以通过区分智能层面的超级能力，将超级智能的这种简单定义分解。多种方式可以被用来完成这种分解。这里我们将超级智能分为三种形式：高速超级智能、集体超级智能和素质超级智能。

高速超级智能

高速超级智能是指和人脑相似，但速度快于人脑的智能。从概念上来说，这是最容易分析的超级智能形式。我们可以用以下方式定义高速超级智能：

> **高速超级智能**：该系统可以完成人类智能可以完成的所有事，但是速度快很多。

这里的“很多”是指“若干个数量级”。我们相信读者可以很容易理解这个定义，所以我们不再一一说明定义中所有模糊的部分。

关于高速超级智能最简单的例子是，在高速计算机硬件上运行全脑仿真系统。这种全脑仿真系统的速度比人脑快一万倍，可以在几秒内读完一本书，用一个下午的时间写完一篇博士论文。如果速度比人脑快100万倍，仿真系统可以在一个工作日内完成人类1 000年的智力工作。

对于一个高速运行的大脑来说，外部世界好像都在以慢动作运作。假设你的大脑以10 000倍速运转，如果你的朋友碰巧弄掉了一只茶杯，你会看到这只瓷杯在接下来的几个小时里缓慢地跌向地毯，就像太空中的一颗彗星滑向一颗遥远的行星；对杯子撞击地面的预期在你朋友大脑灰质的褶皱中逐渐形成，然后传到周围神经系统，此时你会看到他的身体逐渐显出惊慌的神态。这段时间足够你订购一只新杯子，再读几篇科学论文，并小睡一会儿。

因为物质世界中会出现这种明显的时间膨胀，高速超级智能更愿意使用数字对象工作。高速超级智能可以存在于虚拟现实中，在信息经济中工作。因为纳米级别的操纵器比肉眼可见级别的操纵器动作快，所以它也可以通过纳米操纵器与物理环境进行互动。（系统的特征频率倾向于和自身的长度呈负相关。）一个快速大脑可能主要会和其他快速大脑交流，而不是和缓慢笨拙的人类交流。

随着大脑运行速度的提升，光速越来越成为一个重要的限制因素。这是因为更快速的大脑在长距离旅行或者通信时，使用时间的机会成本会更高。光速比喷气式飞机快约100万倍，那么智力加速100万倍的数字大脑进行全球旅行所需的主观时间，和现在的人类旅行者花费的主观时间相同。和远方的人打电话的时间将和“亲自”到达那里的时间相同，尽管打电话的费用更低，因为电话需要的带宽更小。如果智力大幅提速的不同系统想要进行广泛的交流，那么它们距离得近会更方便。需要频繁互动的极速大脑（比如工作组的成员）可能会选择居住在同一栋楼的计算机里，以避免恼人的延迟。

集体超级智能

超级智能的另一种形式是：一种通过整合大量小型智能，实现卓越性能的系统。

> **集体超级智能：**该系统有数目庞大的小型智能组成，在很多一般领域的整体性能都大大超过所有现有的认知系统。

与高速超级智能相比，集体超级智能的概念更为模糊。然而，从经验角度而言，其更为人所熟悉。尽管我们没有见过速度大幅提高的人类水平的智能系统，我们的确有关于集体智能的充足经验，这种系统由数量不同的人类成员构成，他们一起工作，效率各异。公司、工作组、八卦网站、宣传小组、学术团体、国家，甚至整个人类——如果从略为抽象的角度来看，都可以被宽泛地定义为能够解决各种智能问题的“系统”。从经验中我们大约可以看到，规模不同、组成不同的组织是如何轻松地完成各种任务的。

集体智能擅长解决可被分为各个子问题的问题，可以同时寻找并单独验证各个子问题的解决方案。建造航天飞船或经营汉堡连锁店这类任务提供了无数个分工的机会：不同的工程师负责航天飞船的不同部件；不同的员工运营不同的连锁店。在学术领域，研究人员、学生、学术期刊、项目经费和奖项有严格的分类，形成了互相独立的学科（但是这对本书所代表的工作没有益处），这可以（只是从一种安抚、老练的角度）被视为一种实际需要，因为这样的话，大量目标各异的个人和团体都能够对人类知识的增长做出贡献，同时能够相对独立地工作，各耕其田。

通过增加系统组成部分的数量，或提高组成部分的质量，或优化组织方式，都可以提高系统的集体智能水平。要以现有的集体智能为基础获得集体超级智能，需要极大程度的提升。所得到的集体智能的性能需要远远超越现有的集体智能，或者众多一般领域的认知系统。一种可以让学者更有效地交流观点的新的会议形式，或者是新的信息过滤协同算法，可以用来更好地预测用户对书籍和电影的评分，但这些事物本身都算不上是集体超级智能。同样地，世界人口增加50%，或者改进教学方法，让学生可以用4个小时而不是6个小时学完一天的知识，也不是集体超级智能。人类集体认知能力必须有更极端的增长，才能符合集体超级智能的标准。

需要注意的是，集体超级智能的标准是以当代（即21世纪初期）的智能水平为参照的——纵观人类史前时代以及人类历史，人类的集体智能已经有了显著增长。例如，自更新世以来，世界人口已经增长了至少1 000倍。如果只以更新世为基准，人类现在的集体智能水平便可被视为接近超级智能。通信技术的一些改进，特别是口头语言，也许还包括城市、文字和印刷术，分别或者共同促进了智能的巨幅提升。也就是说，如果当前人类集体解决问题的能力出现了相同级别的创新，那么就会导致产生集体超级智能。

一些读者此时可能忍不住要说，现代社会看起来并不是那么智能。也许在一些读者的国家，刚刚出台了一个不受欢迎的政治决策，这个显然不明智的决策在读者头脑中萦绕，成为现代社会欠缺智慧的证据。当代人类崇拜物质消费、竭尽自然资源、污染环境、破坏物种多样性，与此同时，却无力修正日益尖锐的世界性不公平现象，忽视最重要的人文和精神的价值，难道不是这样吗？然而，暂且不论现代社会的缺点与之前时代的缺点相比结果如何，我们对集体超级智能的定义并没有表明：具有更高集体智能的社会一定会更好。这个定义甚至没有表明：具有更高集体智能的社会就更有智慧。我们可以把智能定义为基本正确地处理最重要的事的能力。那么，我们就可以想象一个以众多高效协调的知识工作者为核心的组织，他们可以集体解决很多一般领域的智能问题。我们假设这个组织可以运营大部分商业活动，发明大部分的技术，优化大部分的程序。即便如此，这个组织也可能在某些大问题上犯了大错——比如，没有对存在性风险采取必要的防范措置，结果在短暂的爆炸性增长之后，遭遇不光彩的全面崩溃。这样的组织可能有着很高的集体智能；如果足够高的话，这个组织就具有集体超级智能。我们不应该试图将所有合乎规范的、合适的特点融入一个无形的、宽泛的心理功能的概念中，好像不把其他好的特点平等的展现出来，就不能找到一个好的特点。我们应当意识到，世上有强大的工具性的信息处理系统——智能系统，它们既不是天生好的，也不是天生可依赖的。我们将在第七章中重新探讨这个问题。

集体超级智能的整合方式既可以是松散的，也可以是紧密的。举一个以松散方式整合的集体超级智能的例子，想象一个名为“超级地球”的星球，这个星球和我们现在实际的地球拥有同样的通信和协调技术水平，但是人口是地球的 100 万倍。拥有如此巨大的人口基数，相应地，超级地球的智能工作者总数也比地球大得多。假设像牛顿和爱因斯坦这样的天才每 100 亿人中才有一个，那么在超级地球上就同时存在 70 万这样的天才，以及大量略微逊色些的人才。新的想法和技术飞速出现，超级地球上的文明可被看作松散整合的集体超级智能。

如果我们逐步增加集体智能的整合度，最终可能会形成一个统一的智能体：一个单一的、大型的“大脑”，而不仅仅是进行松散互动的、小型的人类大脑的组合。为了实现这一点，超级地球上的居民可以改善通信和协调技术，研究出更好的共同攻克任何智力难题的方式。这样，集体超级智能在获得足够高的整合度之后，便成为素质超级智能。

素质超级智能

我们来区分超级智能的第三种形式。

素质超级智能：一个至少和人类大脑一样快，并且聪明程度与人类相比有巨大的质的超越的系统。

和集体智能一样，智能素质也是一个有些模糊的概念；并且，关于高于现有人类智能素质的智能形式，我们没有任何经验，这使得这个问题更加复杂。然而，我们可以通过思考一些相关案例来大致了解这个概念。

首先，为了扩大参照点的范围，我们可以考虑那些非人类的动物，它们的智能素质较低。（这不是物种歧视的言论，一条斑马鱼的智能素质可以完美地满足它所在生态环境的需要；但是这里我们采用更加以人类为中心的角度，因为我们主要关注的是处理与人类相关的复杂认知任务的性能。）非人类动物没有复杂的结构化语言；它们没有掌握或者只掌握了最基本的工具使用和工具制造；它们做出长远计划的能力非常有限；它们的抽象推理能力也很有限。非人类动物的智能限制还包括速度缓慢、缺乏集体智能。从原始计算能力来看，人类的大脑可能逊色于大象和鲸鱼等大型动物。尽管如果没有集体智能上的巨大优势，人类复杂的科技文明就不可能出现，但也不是所有人类的独特认知能力都依赖集体智能。甚至在小型的、孤立的采集狩猎部落，就已经发展出高级的认知能力。他们的许多认知能力和一些组织性高的非人类动物相比，甚至并不是那么高度发展，比如受到人类训练师密集训练的猩猩和海豚，以及生活在组织有序的大型蚁窝中的蚂蚁。显然，智人突出的智力成就在很大程度上要归功于人脑的结构，其独特的基因造就了其他动物所没有的特点。这些观察可以帮助我们解释素质超级智能：这是一种高素质的智能，比人类的智能高，就像人类智能素质高于大象、海豚和猩猩的智能。

阐释素质超级智能概念的第二种方法是，观察可以影响人类个体的特定领域认知缺陷，特别是那些不是由一般性痴呆或者其他与大脑神经计算资源大规模损坏相关的症状引起的缺陷。例如，自闭症患者可能在社会认知方面有着严重的缺陷，而在其他认知领域则完全正常；又如，先天性失歌症患者虽然不能够哼唱旋律，或者识别简单的曲调，但是在大多数其他方面表现完全正常。我们还可以从神经精神医学的文献中举出很多其他的例子，这些文献中充满了类似的案例研究，其研究对象均患有由基因异常或者大脑损伤引起的有限领域的缺陷症。这些案例表明，正常的成年人类拥有一系列卓越的认知才能，而这些才能并不只是具有足够的一般神经处理能力，或者具有足够的一般智能：这些才能的实现还需要专门性的神经回路。上述观察成果表明：可能存在一些没有表现出来的认知才能。现实中的人类并不具备这些才能，如果其他智能系统（其计算能力并未超过人类大脑）拥有这些才能，它们的能力将得到极大的增强，足以完成种类繁多的战略相关任务。

因此，通过研究非人类动物和有特定领域认知障碍的人类个体，我们可以就智能的不同素质及其实际不同形成一些观点。假如智人缺少了（比如说）能够创建复杂语言表达的认知模块，他们可能会进化为另一种与大自然和谐共存的类人猿物种。相反地，如果我们获得了一套新的认知模块，让我们获得新的优势（正如创建复杂语言表达带来的优势），那么我们可能就会拥有超级智能。

直接和间接范围

随着时间的推移，任何一种形式的超级智能都可以开发出创建其他智能形式所必要的技术。因此，这三种超级智能形式的间接范围是相同的。从这个意义上讲，目前人类智能的间接范围也是在相同的等级，前提是我们最终能够创造出某种形式的超级智能。然而从另外的意义上看，比起目前的人类智能，超级智能的这三种形式之间的关系要紧密得多，因为它们中的任何一个创造其他形式超级智能的速度，远远快于我们从目前的起点出发创造出任何形式的超级智能的速度。

这三种形式的超级智能的直接范围相对而言更难比较。它们之间可能并不存在确定的顺序。它们各自的能力取决于它们发挥各自优势的程度——速度超级智能有多快，素质超级智能的素质有多优越，等等。我们最多可以说，在其他条件不变的情况下，对于要求快速执行一系列繁多的步骤，并且必须按照顺序进行的任务而言，速度超级智能的表现会相当出色；而集体超级智能善于完成的任务的特点是，可以经过分析分解为多个平行的子任务，或者是要求集合许多不同的视角和技能组合。从某种不明确的意义上来说，素质超级智能可能是所有形式的超级智能中能力最强的一种，因为它可以理解和解决某些问题，而就所有的实际目的而言，这些问题均超越了速度超级智能和集体超级智能的直接范围。

在一些领域中，数量不能够替代质量。一个独居的天才可以在卧室里创作出《追忆似水年华》。而如果雇用一批文人，即使数量多得能占满整栋写字楼，他们就能创作出和《追忆似水年华》一样伟大的文学著作吗？甚至就在当今人类的范围内我们也可以看到，有一些功能极大地受惠于一个绝顶聪明的头脑，而不是一大群平庸之众的集体努力。如果我们拓宽范围，把拥有超级智能的头脑包括进来，我们必须看到这种可能性：有一些智力问题只能由超级智能来解决，而在没有经过智能提升的庞大人群中，任何一个人对这些问题都无能为力。

因此，可能会有一些问题可以由素质超级智能或者速度超级智能解决，但是松散整合的集体智能则无法解决（除非首先提升自身的智能）。我们无法明确地指出这些问题是什么，但是我们可以从整体上描述它们的特征。这些问题往往倾向于包括复杂的多重相关性，不能被分解为可独立验证的解决步骤。因此，这些问题不能够通过逐个的方式来解决，而是可能需要全新的理解视角或表达框架，这些对于当前层次的普通人来说都过于艰深或者过于复杂，使得他们无法发现或者有效地使用。某些种类的艺术创作和战略认知也许就属于这一类别，有些种类的科学突破可能也是。由此可以推测，人类之所以在许多哲学的"永恒问题"上进展缓慢、摇摆不定，是因为人类大脑皮层不适合解决哲学问题。从这一观点来看，最负盛名的人类哲学家们就像是在用两条后腿走路的小狗，他们解决哲学问题的能力只是刚刚达到入门级的水平。

数字智能的优势来源

即使大脑容量和连接发生微小的变化，也会产生重大的影响。通过比较人类和其他猿类所取得的智力和技术方面的成就，就可以看出这一点。机器智能将会给计算资源和结构带来更多变化，进而可能会产生更加深刻的影响。我们很难，或者是不可能对超级智能的实力形成直觉性的理解；但是，我们至少可以通过研究数字大脑可能具备的一些优势，得到对未来发展各种可能性的大致了解。最容易认清的是硬件优势：

➢ 计算要素的速度。生物神经元的运作速度最高能达到大约200赫兹，比一台现代微处理器的运行速度（大约2 000兆赫兹）慢了整整7个数量级。因此，人类的大脑不得不依赖于大规模的并行计算，并且无法快速进行任何需要大量顺序操作的计算。（大脑能够在一秒钟之内完成的任何事情，不能使用多于100个顺序操作，也或许只有几十个。）然而在编程和计算机科学领域，很多最具实际重要性的算法都很难进行并行计算。如果大脑自身在支持并行模式匹配算法的同时，还能够支持快速顺序处理，使之互相补充和融合，那么许多认知任务的运行效率将得到大大提高。

➢ 内部传递速度。轴突运载动作电位的速度为120米/秒或者更低，然而电子处理核可以以光速进行传递，即3亿米/秒。神经信号的缓慢限制了生物大脑作为单独处理单位运行时能有多快。比如，要使系统内部任意两个要素之间的往返时间不超过10毫秒，生物大脑的体积必须小于0.11立方米；如果是一个电子系统，其体积可以达到6.1×10^{17}立方米，大约是一颗矮行星的体积，比生物大脑的体积大了18个数量级。

➢ 计算要素的数量。人类的大脑共有略少于1 000亿个神经元。人类大脑的体积大约是黑猩猩大脑的3.5倍（不过仅仅是抹香鲸大脑体积的1/5）。在一个生物体中，神经元的数量最主要的是受到颅骨容量和新陈代谢的限制，但是对体积更大的大脑来说，其他因素可能同样会产生重要的影响（比如散热、生长时间以及信号电导延迟，详见前文）。相比之下，计算机硬件可以无限制地扩大，达到非常高的物理极限。超级电脑的体积可以达到一座仓库的大小，甚至更大，还可以通过高速电缆拥有附加的远程能力。

➢ 储存能力。人类的工作记忆能够在任意时间存储不超过4~5组块的信息。如果直接将人类工作记忆的规模和一台数字电脑中随机存取存储器（RAM）的容量进行比较，结果可能是误导性的。但很明显的是，数字智能系统在硬件方面的优势使得它们可以拥有更大规模的工作记忆。这一点或许可以让数字智能能够凭借直觉领会一些复杂的关系，而人类只能够通过长期单调的计算才能勉强处理这些关系。人类的长期记忆同样受到限制，虽然我们并不清楚在普通人一生的旅程当中，我们是否已经成功地把大脑的存储能力发挥到极限，这要考虑到我们积累信息的速度是如此之慢。（一项估测显示，成年人类的大脑可以储存大约10亿比特的信息，比一台低端智能手机的存储量低了几个数量级。）因此，机器大脑在信息存储量和信息处理速度方面都远远高于生物大脑。

➢ 可靠性、使用寿命、传感器等。机器智能可能还具有其他各种各样的硬件优势，比如，生物神经元的可靠性就不如晶体管。有干扰的计算使得冗长的编码方式成为必要，而在这种方式中，需要使用多重要素来编码单个比特的信息。因此，数字大脑能够通过使用可靠的高精度计算要素来提高效率。大脑在工作几个小时之后会变得疲劳，在经过几十年的主观时间之后会开始永久性地衰退，而微处理器则不会受到这些限制。通过增加几百万个传感器，进入机器智能的数据流就可以增多。根据所使用的技术，一台机器可以拥有可重构的硬件，能够根据任务要求的改变而进行优化；然而，生物大脑的大多数构造从出生以来就是固定的，或者只能缓慢地改变（虽然突触连接的细节可以在较短的时期内改变，比如说几天之内）。

目前，生物大脑的计算能力仍然优于数字电脑的计算能力，尽管最高级的超级电脑的性能水平正在接近大脑处理能力的估测范围。但是，硬件正在飞速地发展，硬件性能的最终极限要远远高于生物计算基质的极限。

数字大脑还将受惠于其在软件方面的重大优势：

➢ 可编辑性。相较于大脑神经系统而言，对软件进行参数变化方面的实验更加容易。比如，对于全脑仿真系统来说，人们就可以方便地进行实验，可以在某个特定的皮层区域增加一些神经元，或者提高或降低神经元的兴奋性，然后看看会发生什么。对活体生物大脑进行这样的实验则要困难得多。

➢ 可复制性。对于软件，人们可以以很快的速度制造很多高精确度的复件，来填补可用的硬件基础。而相比之下，生物大脑只能以非常缓慢的速度进行复制；每个新个体都是从完全无知的状态开始的，丝毫不记得其父母在人生中学习到的任何东西。

➢ 目标协调性。人类集体中到处都是效率低下的现象，因为在人数较多的团体中，几乎不可能让所有成员在目标上达到完全的一致，除非能够通过药品或者基因筛选获得大规模的顺从。而一个“复本集团”（一批相同或者几乎相同的程序，它们拥有共同的目标）就可以避免这样的协调问题。

➢ 记忆共享。要获得新的记忆和技能，生物大脑需要较长时期的培训和辅导，而数字大脑通过交换数据文件就可以做到。拥有10亿个复本的人工智能系统可以周期性地同步它们的数据库，这样一来，该项目中的所有个体都可以知道其他个体之前学习到的所有信息。（直接记忆传递要求表达格式实现标准化。因此，要实现在任意一对机器智能之间轻易地交换高水平的认知内容是不可能的，在第一代全脑仿真系统之间尤其不可能。）

➢ 新模块、形态和算法。对于我们而言，视觉感知似乎是件非常简单、毫不费力的事，这和解决课本上的几何难题大不相同。然而，事实上这一过程需要进行大量计算。视网膜所接受到的刺激是二维模式的，我们需要将其重建，以三维的形式重新展现世界，这样充斥其间的各种物体才能够为我们所辨识。这一过程看似轻松的原因是，我们是用专门的低水平神经机制来处理视觉信息的。这一低水平的处理过程是无意识地、自动地进行的，不需要消耗我们的心理能量，也不会引起意识的注意。音乐感知、语言使用、社会感知和其他对我们人类而言非常“自然”的信息处理形式，似乎也同样是受到专门神经计算模块的支持。如果人工大脑也能为其他在当今世界十分重要的认知领域，比如工程学、计算机编程和商业战略中，提供像生物大脑一样的专门支持，那么人工大脑在这些领域将会远远优于我们的头脑，因为我们不得不笨拙地依赖于一般性目的的认知能力来思考这些领域的问题。也可能会研究出新的算法，以便利用数字硬件的独特可供性，比如对快速顺序处理的支持。

机器智能、硬件和软件联合起来可最终获得的优势将是巨大的。但是，这些潜在的优势究竟经过多长时间可以实现呢？我们现在就来讨论这一问题。

第四章

智能大爆发的动力学

SUPERINTELLIGENCE

Paths, Dangers, Strategies

当机器具备与人类相同的推理水平时，它们距离真正的超级智能还有多远？它将缓慢到达，还是突然爆发？本章将超级智能的过渡作为最优化力和系统反抗度的函数，分析了这个过程的动力学。我们会就这两个因素在人类一般智能水平之邻近区域的影响，对于我们已知或者合理推测出的信息进行思考。

智能爆发的时间和速度

鉴于机器智能最终会大大超越人类智能，而目前机器的认知能力还远远低于人类，就必然会面临一个问题：这种超越到底会何时发生？这里，我们要注意将其和第一章所讨论的问题区分开来。在第一章中，我们所关注的是，我们何时能创造出一种和人类具有同等智能的机器，而此处我们的问题变成：当（假如）我们创造出和人类一样聪明的机器之后，我们离实现彻底的超级智能还有多远？要注意，我们可以认为仅使机器智能达到人类的基本水平会是一个相当漫长的过程，也可以认为我们无法确定上述过程需要多久，不过，我们坚信这种情况终将发生，并且实现彻底的超级智能将近在咫尺。

宏观把握整个过程益处良多，虽然这样一来，我们需要暂时忽略一些条件和纷繁复杂的细节。然后，我们来绘制一下最先进的机器智能系统的智能水平随时间而变化的函数图（如图 4–1 所示）。

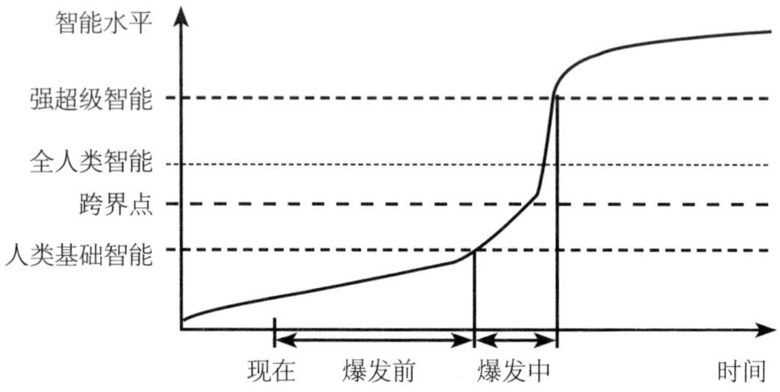

图 4–1　智能爆发图

辨别清楚以下两个问题之间的不同非常重要：一，智能会爆发吗？如果会爆发，将在什么时候？二，如果爆发，进度是怎样的？比如，有一种可能是：智能爆发需要很长的时间，可一旦爆发，则进度极快。另一个与之相关，但此图并未证明的问题是：多大比例的世界经济参与到爆发中去了？这些问题密切相关，但又显著不同。

纵轴上的“人类基础智能”表示在当前先进的技术和信息的条件下，一位具有代表性的成人的智能水平。目前，最先进的人工智能系统都远远低于“人类基础智能”水平。未来的某一天，机器智能或许可以接近这一水平（这里，我们赋予其一个固定值，比如取 2014 年的“人类基础智能”水平值——这个值不随后期人类智能的增加而增加），而这标示着机器智能全面提升的开始。随着机器系统的聪明程度不断增长，其将会达到人类综合智能水平（我们同样将其固定在那一时刻的人类综合智能水平值），我们称之为“全人类智能”水平。最终机器的聪明程度将提高到“强超级智能”水平，大幅超过当前的“全人类智能”水平——这标志着整个爆发过程的完成，而未来的系统还会变得更聪明。智能大爆发的过程将会经历一个标志点，我们称之为“跨界点”。此点之后，机器智能水平的提高便将主要依靠自身而非他人的行动（“跨界点”的概念在我们后面讨论最优化力和爆发性时十分重要）。

牢记图 4–1，我们便能根据图中曲线每一段的陡度，辨别出三种智能大爆发的情形——缓慢的、迅速的和温和的智能大爆发。

缓慢的智能大爆发

缓慢的智能大爆发是在相当长的一段时间内发生的（比如几十年甚至上百年），这给人类政治进程提供了良好的适应机会。人类可以依次尝试不同的适应方法，培训新的专家；当人们对这种科技的发展感到不适时，还可以发起一些活动来表达自己的看法。当需要对人工智能研究人员实施更加广泛的监督和保障时，这种智能大爆发的过程还可以被发展和改进。如果担心人工智能军备竞赛的负面影响，政府将有时间协商并设计出更好的管理机制。但是在这种缓慢的智能大爆发开始前，大多数的准备往往是无用、过时的，因为随着时代的发展，人们将会发现和提出更好的应对措施。

迅速的智能大爆发

迅速的智能大爆发往往发生在非常短的时间内（比如几分钟、几小时或者几天）。人们没有足够的时间做出反应，往往是在整个爆发过程结束之后都没能意识到问题所在。此时，人类的命运将与爆发开始前的准备息息相关。即便是在爆发时间相对长一些的时候，人们可能有机会做出些许反应，也仅限于一些非常基础的反应，除非提前有过充足的计划和准备。

温和的智能大爆发

温和的智能大爆发多发生在中等长度的时间内（比如几个月或者几年）。人们有机会做出反应，但是往往没有太多的时间做出分析、尝试不同的适应方法或者解决复杂的合作问题。虽然人类不足以发展出新的体系（比如政治体系、监测制度、计算机网络安全协议等），但可以调整现存的体系来应对新的挑战。

在缓慢的智能大爆发过程中，信息有充足的时间得以扩散。然而，在温和的智能大爆发中，技术在未得以深入展开的时候是可以保密的，就像政府的秘密军事研究项目只为少数的内部研究人员所知一样。一些商业项目、小型学术团队和黑客，同样能够得以保密；不过，如果这种智能大爆发具备较高的国家安全优先级并且受到了国家情报机构的高度重视，那么，它还是很可能时刻处于监管之下的。此时，国家（或主要的监管力量）便可以国有化或者关停任何有“爆发”苗头的项目。在迅速的智能大爆发过程中，由于爆发速度过快，信息往往来不及扩散出去，人们也没有足够的时间做出有效的反应。不过，如果认为某个项目成功后必须关停，则外部人士可以在此项目“爆发”之前就对其进行干预。

由于人们企图从尚未展开的变革中获利，温和的智能大爆发往往会导致政治、社会和经济等层面的多重动荡。这种动荡一旦发生，将会阻碍社会对这种变革做出积极反应，并且反而使得相关的解决方案更加激进。例如，在某个温和的智能大爆发过程中，成本低廉的仿真系统或其他数字大脑在几年间会逐渐充斥劳动力市场，导致许多工人被解雇；失业的工人们开始大规模抗议，要求政府增加失业救济并提供最低工资保障，或者向使用仿真劳动者的企业征税、设定最低工资标准等。为了能从这些稍纵即逝的政策中获益，就有必要赋予这些机构永久性的权力。在缓慢的智能大爆发中，类似情况也有可能发生；不过相比之下，温和的智能大爆发中的失衡及更迅速的变化可以为一些组织发挥更大的影响提供契机。

许多读者可能认为，在这三种智能大爆发的形式中，缓慢的爆发可能性最大，温和的爆发其次，迅速的爆发则是最不可能的。人们很难想象，世界会在短时间内发生根本性的转变，人类在一两个小时中就失去了原先的最高地位。人类历史上从来没有发生过这种变革，即便是最近的革命——农业革命和工业革命，也经历了相当长的时间（前者持续了几百年到 1 000 年，后者持续了几十年到几百年）。因此，从变革速度和变革规模的角度来看，由迅速的和温和的智能大爆发引发人类历史转变的可能性为零——这两种情景假设缺乏先例。

不过，本章将会给出原因，解释为何缓慢的智能大爆发反倒是最不可能发生的；一旦向超级智能的过渡开始启动，就将更有可能是爆炸性的发展。

开始分析爆发的启动速度之前，我们先要假设一个系统的智能增长率为两个变量的单调递增函数，这两个变量为最优化力（也称质量加权设计工作，主要用于提高系统智能水平）和系统智能对这种最优化力的反应度。我们用反抗度表示反应度的倒数，公式如下：

$$\text{智能变化率}=\frac{\text{最优化力}}{\text{反抗度}}$$

在具体分析如何量化这些变量之前，上述公式只是一个定性表达。不过从中可以发现，当系统有提升的空间并且人类为之付出了大量努力，或者人类进行了许多有效的设计工作并且机器人的反抗度很低时（或两者兼具），系统的智能水平就会迅速提升。同样，如果已知设计工作量和对应的智能增长率，我们也可以求得反抗度。

此外，我们还可以发现，不同的智能系统和不同的时间区间所对应的最优化力值不同。一个系统当前的最优化力水平也会影响反抗度的值。通常来说，最先做出的系统改进往往是最简单的；随着这些更容易的目标相继完成，后续的系统改进将越来越难，边际效益开始递减（即反抗度递增）。不过，有些系统改进将会使未来的改进更加容易，从而形成效果联动。这就像拼图游戏一样，开始的时候很简单，只需要找到边角的图块即可；中间的图块最难找，使反抗度不断上升；而随着拼图逐渐完成，剩余的空块越来越少，难度又再次降低。

为了深入研究，我们需要分析智能大爆发的几个关键时期中反抗度和最优化力是如何变化的。这是我们后面讨论的重点。

反抗度

我们首先谈谈反抗度。系统类型将显著影响我们的结论，因此基于讨论的完整性，我们首先简要分析不含机器智能的智能大爆发过程中的反抗度，随后我们将重点分析包含机器智能的爆发过程中的反抗度。我们发现，前者的反抗度相当高，而后者在紧要关头的反抗度很低。

非机器智能的途径

改善公共卫生和饮食条件的边际效益正在锐减。我们已经在消除营养不良方面取得了巨大成功：除最贫困的国家之外，营养不良问题已经大幅缓解。此时继续改善饮食条件，其边际效益将会非常小。教育同样面临着边际效益递减的问题，目前，全球有天赋但无力接受高水平教育的孩子仍然很多，但是数量正在减少。

未来几十年，药学领域或许能取得一定突破。不过，当完成这些相对较容易的突破之后（比如持续增强人类的大脑活力、注意力和巩固人类长期记忆力等），后续的突破将会难上加难。与公共卫生和饮食不同，用让人变聪明的药提高认知水平在初始阶段较为容易。在神经药理学领域，关于如何更好地干预大脑的基本知识仍然十分匮乏。目前，人类尚未将药物改进纳入重点研究领域，一定程度上正是由于这类知识的落后。如果未能将重心放到增强认知上，而是一味地发展神经学和药理学，那么很可能出现的情况是，起初人类会实现一些相对较容易的突破，而随后研究的重心就会急速转移到健脑药物上来。

遗传性认知增强的反抗度与通过健脑药物实现认知增强的反抗度类似，都呈现出一条U形曲线，不过，前者的潜在收益更大。起初，由于增强人类遗传性认知能力的唯一方法就是多代选择性育种（扩大到全球规模时，这一点很难做到），所以反抗度很高。随着基因检测和基因选择技术的发展，尤其是迭代胚胎选择技术的实现，增强遗传性认知变得越发容易。这些新技术将会影响到目前人类智能等位基因库的遗传变异。但随着现存的最优等位基因被利用，后续突破将会越来越难以实现。人类迫切需要更加创新的基因改良，因此反抗度会随之提升。由于增强遗传性认知的速度有上限，尤其是生殖干预会不可避免地受到成熟滞后的限制，从而使迅速的或是温和的智能大爆发很难实现。此外，胚胎选择只能通过体外受精实现，这是另一个制约智能大爆发的因素。

在人脑—计算机的发展过程中，反抗度起初会很高。如果能通过某种方式轻易地实现脑部植入，并且成功地使植入物与大脑皮层的功能完成整合（当然，这种可能性微乎其微），反抗度就会迅速下降。长期来看，人脑—计算机发展过程中的困难与发展仿真系统和人工智能十分类似，因为此过程的主体最终仍会落在计算机领域。

提高系统效率过程中的反抗度很高，需要人类花费大量精力来应对。不过，即便这样，人类的综合能力每年也仅能改善几个百分点。此外，由于内外部环境不断变化，即便系统在某一刻实现了效率最优，它也无法很快适应新的环境。因此，为了防止系统退化，人类必须要不断地进行改革和发展。系统效率提高的平均速率可能会发生些许变化，但由于人脑控制的系统组织必须与人类的活动时间表相一致，所以我们很难看到这种激烈的情况会产生什么比慢速启动快的东西。互联网始终会是一个前沿领域，拥有大量提高人工智能水平的机会，其反抗度目前处于中等水平——即系统发展是迅速的，但是要为之投入大量的工作和努力。当一些唾手可得的发展（比如搜索引擎和电子邮件）都实现时，未来再发展所需要投入的努力将会更多。

仿真系统和人工智能的途径

开发全脑仿真系统的难度很难估计，不过，我们似乎能预见一个里程碑式的成果——对于昆虫大脑的成功仿真。这一成果的取得将帮助我们理清未来的发展思路，合理估计开发全脑仿真系统过程中的反抗度。（如果能成功研发出小型哺乳动物的大脑仿真系统——比如老鼠，那么我们就可以更准确地估计出距离开发全脑仿真系统还有多远。）相比之下，人工智能的发展过程可能会缺乏类似的里程碑节点，我们可能会在这个过程中暂时迷失，随后一个突然性的突破到来，我们才发现自己距离成功其实仅有几步之遥。

回忆我们之前提过的两个问题的差别：要得到和人类接近的认知能力有多难？以及在那之后距离实现完全的超级智能还有多远？第一个问题主要指当前时点距离智能大爆发开始还有多久，而第二个问题则用于判断智能大爆发的形态，即我们这里主要研究的问题。虽然我们倾向于认为第二个问题的实现更有难度——毕竟这一步的起点太高，需要在现存系统的基础上贡献更多的聪明才智，但是这个想法往往是不正确的，因为当机器具有和人类一样的智能水平时，反抗度很可能会迅速下降。

就第一个全脑仿真系统来看，创造它遇到的困难与仅仅改进现存仿真系统的困难完全不一样。人类在创造一个全新的仿真系统时，将会面临大量的技术难题，这一点在开发扫描和图像识别功能时尤为突出。不仅如此，整个过程还需要大量的人力资本投入，仅仅拥有一大批设备仪器和几百台高通量扫描仪是远远不够的。相比之下，改进现存仿真系统仅需要调整算法和数据结构，即本质上还是软件问题，相比于完善相关技术以创造初始模型来说要容易得多。程序员可以通过增加不同大脑皮层区的神经元数量来检验其对智能水平的影响，也可以在保留单个神经元或小型神经元网络的基本功能的前提下，最优化代码或简化原先的计算模型。如果当前的技术不能扫描或者转化，那么，随着计算机能力的提高，人们就不太可能在其提高性能阶段给予足够的重视，而计算机则会很容易得到提高效率的机会。（可能还需要更多的基本架构重组，不过关于这一点的讨论更偏向人工智能的开发，偏离了仿真领域。）

设计出第一个仿真系统后，另一种改进基础代码的方法就是采用更加先进的手段对更多的人类大脑进行扫描。通过针对数字大脑的独特属性进行组织结构和工作流程的调整，生产率将得以提高。由于人类经济史上从未有过一个劳动者能够被准确地复制、重置和以不同的速率运行，所以第一批仿真系统的使用者可以发掘大量的创新和改进空间。

当全脑仿真系统被发明出来后，其反抗度起初会急剧下跌，随后则有所回升。迟早有一天，人类能够解决最严重的效率低下问题，能够验证最具发展潜力的改良算法，能够探索和开发出最简单的组织创新机制。由于模板库可以不断扩充，所以能够使扫描更多人脑并获取更多人脑信息的边际效益锐减。由于模板可以累加而成，而每一层模板都可以以极快的电子速度在不同的情况下形成，因此我们可能仅需扫描少数几个人脑，甚至一个人脑，即可获得大多数潜在的经济价值。

另一个导致反抗度提高的原因是，协助仿真系统开发的人脑志愿者们可能会组织起来支持政府限制仿真劳动者的使用、减少仿真复制、禁止某些关于数字大脑的实验、发起劳动者权益保护以及设立最低工资等。不过，政治走向也可能恰恰相反，从而导致反抗度下降。随着竞争加剧，并且经济成本和战略成本占据道德制高点时，对仿真劳动者的使用限制就会让步于对仿真系统的无限制滥用，从而可能会出现上述反抗度下降的情况。

对于人工智能（非仿真机器智能）来说，通过算法改良来实现超级智能的最大困难取决于系统的具体特性：系统组织架构不同，其反抗度的差异也很大。

在某些情况下，系统的反抗度非常低。例如，当程序员长期被某一关键性问题困扰时，正在被开发的人类水平的人工智能就可能进展缓慢。而一旦这个关键问题被解决，人工智能就很可能从低等级（低于人类智能水平）直接飞跃到高等级（高于人类智能水平），从而跳过了中间阶段。另一种导致反抗度低下的情况是当人工智能系统可以通过两种不同的方式实现智能水平的提升时。假设某个人工智能系统包含两个子系统：一个子系统采用的是针对特定领域问题的解决技巧，另一个子系统采用的是通用的推理技巧。当第二个子系统处于某个智能水平阈值以下时，由于它提出的解决方案往往不如第一个子系统（针对特定领域提出的解决方案），因此便无法改善整个人工智能系统的表现。假设现在向第二个子系统输入少量的最优化力，以使得该子系统的智能水平得以提高。起初，整个系统的表现并无改善，意味着反抗度很高；随着第二个子系统的智能水平超过阈值，其提出的解决方案开始优于第一个子系统，整个人工智能系统的表现便随之改善，且改善速率与第二个子系统保持一致——虽然此时最优化力的输入仍保持不变，却意味着系统的反抗度开始迅速下降。

也有可能我们以人类中心观看待智能的自然倾向会致使我们低估次人类系统的进步，并因此高估系统的顽抗。人工智能理论研究者埃利泽·尤德科夫斯基（Eliezer Yudkowsky）写了很多关于机器智能的未来的文章，他是这么说的：

> 人工智能可能因为拟人化而智能突升，这种拟人化倾向于认为“无知村民”和“爱因斯坦”位于智能标尺的两个极端，而不是把他们看成一般智能标尺上的没有区别的点。对于我们而言，比笨人更笨的事物只是笨。想象

一个人工智能箭头慢慢沿着智能标尺向前走，超过老鼠和猩猩，但人工智能依然很“笨”，因为它不会流利说话，也不会写科学论文，然后人工智能箭头花一个月或类似的很短的时间，就穿越了无知村民和爱因斯坦之间的小缝隙。（见图 4–2）

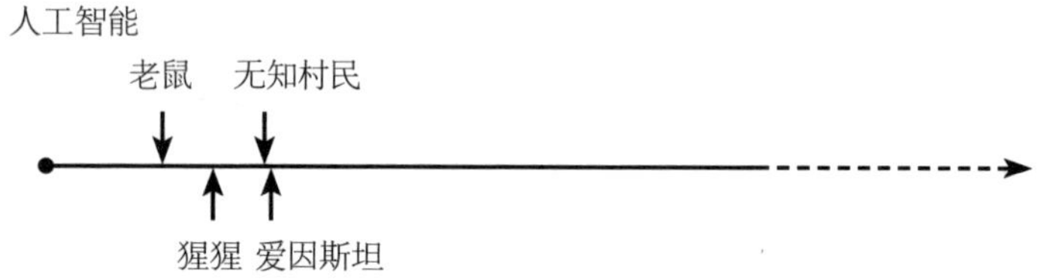

图 4–2　一个不那么拟人化的标尺？

从人类中心观的角度看，笨人和聪明人之间的差距可能很大，但是抛开狭隘的观点看，这两者的大脑几乎没有区别。几乎可以断言，创造一个与无知村民智能相当的机器智能要比改进这一系统以让它比人类更聪明要困难得多。

这些思考告诉我们，很难预测第一个人工智能要在运算方面进步多少才能达到人类的一般智能水平。至少在有些情况下，运算—反抗度是比较低的。但是，即使当运算—反抗度非常高的时候，也无法排除有时人工智能的整体反抗度会很低。因为通过其他方式来提高系统智能，要比通过运算水平提高容易得多。还有两个因素可以改进：内容和硬件。

首先，内容改进。这里的内容指系统的软件资产，而不是核心运算结构的全部。内容可能包括：存储感知数据库、专门技能图书馆以及陈述性知识。对于许多种系统来说，运算结构和内容之间的区别不是很大，但是可以用它来方便地指出机器智能能力进步的一个可能的重要来源。换句话说，一个系统的智能问题解决能力不仅可以通过让系统更聪明，也可以通过扩大系统的认识内容来达到。

想一想现代的人工智能系统，如 TextRunner（华盛顿大学的一项研究计划）或 IBM（国际商业机器公司）的“沃森”（该计算机曾赢得《危险边缘》智力竞赛节目大奖），这些系统可以通过分析而稳步获得特定的语义信息。尽管这些系统理解所阅读的内容的方式和程度与人类不同，但是它们可以从自然语言中获取大量信息，并使用这些信息进行简单推理和回答问题。它们也可以从经验中学习，随着它们遇到新的使用方式，它们还会积累对于一个概念的更多表达方式。它们被设计成在大多数时间里是在无人管理的模式下运行（例如在无人指导、没有错误或奖励信号的情况下，学习未被标注的操作数据的隐含结构），并且还要快速和可以被测量。例如，TextRunner就可以处理包含5亿个网页的资料。

现在想象这种系统的一位“远亲”有10岁儿童的阅读理解能力和TextRunner的阅读速度。这可能是一个完全人工智能问题，因此我们可以想象一个思维速度和记忆力都比成人高，但是知道的比成人少的系统，也许实际效果就是这个系统对于一般问题的解决能力可以与人类相匹敌。但是它的内容反抗度很低，以至于会促成一场爆发的启动。在几周内，该系统会阅读并掌握美国国会图书馆中所有书籍的内容。现在，该系统“知道”的比任何人都多，思维也更迅速——它已经变成（至少）弱超级智能。

因此，一个系统可以通过吸收几个世纪以来人类科学和文明产生并积累的内容而提高其有效智能：比如通过网络阅读。如果一个人工智能在没有获得材料或者不能理解材料的前提下，也可以达到人类水平，那么即使很难提高它的运算结构，其整体反抗度也会很低。

内容反抗度也是一个与仿真相关的概念。高速的仿真有其优势，不仅是因为它可以比生物学人类更快地完成同样的任务，也因为它可以积累更多即时内容，例如与任务相关的技巧和技能。然而，为了利用这种快速内容积累的全部潜能，系统需要一个相应的较强的记忆能力。如果你读完整座图书馆里图书的内容，但是一看到鲍鱼，就完全忘了土豚是什么，那也没什么用。虽然人工智能可能拥有足够的记忆能力，但是仿真系统会继承人类模版的一些能力局限。因此，它们需要结构优化以获得无限学习的能力。

截至目前，我们考虑了结构和内容的反抗度问题，即改进一个已达到人类智能的机器智能的软件有多么困难。现在让我们看一看提高机器智能表现的第三种方法——硬件驱动改进的反抗度有多大？

以智能软件（仿真系统或人工智能）开始，人们可以通过使用更多的计算机运行更多的项目来放大集体智能，也可以把项目移到更快的计算机上来放大速度智能。根据程序平行化的程度，速度智能也可以通过在多个处理器上运行程序来得到提高。这对于仿真系统来讲很容易，因为它具有高度平行化的结构，而许多人工智能程序也因为有重要的子程序，从而可以从大规模的平行化中得益。通过提高计算机能力来增加素质智能也是可能的，但是并不会直接取得效果。

因此，在一个具有人类水平的软件系统中扩大集体或速度智能（以及可能的素质智能）所带来的反抗度可能会很低，唯一的困难就在于获得更大的计算机能力。要扩大一个系统的硬件基础有多种方式，各对应不同的时间标尺。

在短期内，计算机能力应该与资金大致呈线性关系：两倍的资金能买到两倍的计算机，并使同倍的软件同时运行。云计算服务的出现让程序可以选择提高其计算资源，而不用等待运来并安装新计算机，虽然从保密性上考虑，也会倾向于使用内部计算机。（某些情况下，计算能力也可以通过其他方式获得，如指挥僵尸网络。）用某个因子测量系统是否容易，取决于初始系统使用多少计算能力。一个用于测量在个人计算机上初始使用的系统的因子可能值数千万美元，而测量超级计算机上运行的程序则更加昂贵。

在较长的时期内，获得更多硬件的成本可能会随着全世界安装能力用于运行数字大脑的比例上升而提高。例如，在以市场为基础的竞争中，多运行一个仿真复制品的成本会提高到与边际复制品的收益近似相等的程度，因为投资者会抬高既有计算机基础设施的价格来匹配其期望的投资收益（如果一个程序掌握了技术，便可能在计算能力市场获得一定程度的买方垄断力，因此可以支付更低的价格）。

在更长的时期内，计算能力供应会随着新增加的性能而提高。需求会刺激既有半导体工厂的产量，并刺激新工厂的建设。（一次性绩效的增加也许能到 1~2 个数量级，这也可以通过使用定制微处理器获得。）最重要的是，技术改进浪潮会将更多的计算能力注入思维机器的涡轮。从历史上看，计算技术提高的速度能以著名的摩尔定律描述，即一美元的计算能力每 18 个月左右会翻一番。虽然不能指望这一提高速度会持续地适用于人类水平机器智能的发展，但是在达到基本的物质限制之前，计算技术还是有改进空间的。

因此有理由期待硬件的反抗度不会太高。如果系统可以达到人类智能水平，那么购买更大的计算能力便可以很容易增加几个数量级的计算能力（数量级数取决于扩大前的程序硬件能力）。芯片定制也可以增加 1~2 个数量级。其他扩大硬件基础的方式，如建立更多工厂和提高前沿计算技术，则需要花费更长的时间——一般需要几年时间，而一旦机器超级智能带来制造和技术发展革命，这一时滞便会大大缩减。

综上所述，我们可以谈论硬件延展的可能性：当创造出达到人类水平的软件后，就可以有足够的计算能力来高速运行大量的复制品。从上文的讨论中可以看出，软件的反抗度很难估计，但可能比硬件的反抗度还要低。特别是，一旦系统达到人类水平，就可能出现以既有内容形式（如互联网）出现的内容延展。当然，运算延展——前期设计好的运算改进，也是有可能的，但可能性没有那么大。软件改进（运算或内容）可能会提高几个数量级的潜在收益，除了可以使用更多或更好的硬件取得最好的潜在收益外，一旦数字大脑达到人类水平也很容易取得收益。

最优化力与爆发

探讨完反抗度的问题，我们需回到前面提到的等式的另一半——最优化力。请回顾：智能变化率＝最优化力/反抗度。这一等式反映出，快速的爆发并不需要过渡阶段的反抗度保持较低水平。而且，如果在用于提升系统性能的最优化力快速增长的条件下，反抗度恒定甚至适度增长，也会出现快速的爆发。正如我们现在应该看到的，有充分依据认为最优化力将会在过渡阶段增长，至少在缺乏阻止这一现象发生的审慎措施时会是如此。

我们可以将其分为两个阶段。第一个阶段始于爆发的开始时期，此时系统已达到人类智能的基本水平。随着系统能力的持续增长，它可能会使用某些或者全部的能力来改善自己（或者设计一个继承系统，为当前目的来做同一事情）。然而，应用于系统的多数最优化力仍然来自系统的外部，或者来自从事项目的程序员和工程师的工作，也或者来自世界其他地方与项目相关的工作。即使这一阶段延长了任何重要的时间段，我们也可以预期应用于系统的最优化力的增长。随着所选择方法的前景变得清晰，项目内部和外部世界的投入很可能会增长。如此，可以通过研究人员更加努力工作、招募更多研究人员或购买更多计算机来加快进程。如果人类水平的机器智能的发展能出人意料地支配世界，之前较小的研究项目就可能突然成为全世界大力研究和开发工作的重点（尽管其中一些努力可能会被转换成竞争性项目），从而迅猛的增长。

如果在某一时点，系统已经掌握足够的能力，以至于施加到该系统的多数最优化力来自系统本身（图 4–1 中“跨界点”的变量水平），第二个阶段就会开始。这会从根本上改变动力，因为现在系统能力的增长会成比例地转化成应用于系统提升的最优化力的增长。如果反抗度保持不变，这一动态的反馈便会产生指数式增长（见延伸阅读 4）。双倍常量取决于具体情况，但也许会非常短——有时仅有数秒时间，如果增长是以电子速度发生的话（可能是由于算法提高或内容、硬件突出的利用而发生这种情况）。实物构建的驱动的增长，如生产新计算机或者手工设备，会需要更长时间（但是相较于当前世界经济增长率，可能仍会很短）。

这样，在过渡阶段应用的最优化力就很有可能会增长：最初是由于人类试图努力改善那些显示出惊人前景的机器智能，随后则是因为机器智能本身有能力以数字速度推动进一步的发展。即便是反抗度不变或是在人类智能最低水平上有细微增长，也有可能创造一个快速或中速的爆发。然而在以前的内容中，我们知道有一些因素可能会导致人类最低能力水平左右的反抗度大幅下降。这些因素包括：一旦获得工作软件思维而造成的硬件快速扩张的可能性；算法改进的可能性；搜索额外大脑的可能性（在全脑仿真的情况下）；通过消化互联网迅速地将大量内容吸收的可能性（在人工智能的情况下）。

虽然有了这些观察结果，但相关区域的反抗度曲线的形状还未得到很好的确定，尤其是提高人类水平的仿真系统或者人工智能的软件质量会有多难尚不得知，而加大可用于系统的硬件功率的难度也不清楚。尽管目前可以较容易地通过上千次努力或者等若干年后计算机价格下降来增加可用于小型项目的计算机的功率，但第一个能达到人类基本要求的机器智能可能会来自一个包含昂贵的超级计算机的大工程，到那时，摩尔定律将失效。由于这些原因，尽管快速或温和爆发的可能性似乎更大，但也不能排除缓慢爆发的可能性。

延伸阅读 4　智能大爆发的动力学分析

我们可以把智能变化率写成应用于系统的最优化力与系统的反抗度之间的比率：

$$\frac{dI}{dt}=\frac{O}{R}$$

作用于系统的最优化力的量是系统本身贡献的最优化力以及其他最优化力的总和。例如，一个种子人工智能可能会通过将自身努力和人类项目组的努力结合起来而得到提高，并且可以依靠更广泛的全球研究人员的共同体在半导体工业、计算机科学和相关领域取得的持续进步：

$$O=O_{系统}+O_{工程}+O_{世界}$$

种子人工智能开始时的认知能力十分有限。因此，一开始$O_{系统}$很小，而$O_{工程}$和$O_{世界}$如何呢？在某些情况下单一项目比世界上其他所有项目有更多的相关能力，例如曼哈顿项目就在洛斯阿拉莫斯国家实验室聚集了世界上最好的物理学家来研制原子弹。更为普遍的是，任何一个项目只包含了世界上相关研究能力的很小一部分。但即便是当外部的世界比一个研究项目有更多相关的研究能力时，$O_{工程}$仍然可能超过$O_{世界}$，因为很多外部世界的能力并没有集中于特定系统中的问题。如果一个项目开始看起来很有前景，也就是当一个系统超过人类基本水平之后而不是之前，它就可能会吸收更多的投资用以增加$O_{工程}$。如果工程基本是公开的，那么随着其进展就将吸引更多人参与机器智能的工程以及多样化能力的竞争，$O_{世界}$也可能会上升。因此，在过渡阶段，随着系统能力的增加，应用于改善认知系统的总的最优化力很有可能得到提升。

随着系统能力的增长，可能会到达一个点，即系统本身产生的最优化力开始主导从外部应用于系统的最优化力（穿过所有重要的改进层面）：

$O_{系统} > O_{工程} + O_{世界}$

这一跨界点之所以重要，是因为若超越了这一点，进一步提高系统能力会在很大程度上造成应用于改善系统的总体最优化力的增加。我们会因此进入强烈的递归性自我改良系统。这会导致一个相当广范围内的不同形状反抗度曲线下的系统能力的爆发性增长。

为了进一步说明，首先考虑一个反抗度恒定的情景，由此人工智能增长率取决于所应用的最优化力。假定所有应用的最优化力来自人工智能本身，且人工智能将其所有的智能用于扩大其自身智能，也就是$O_{体系} = I$，我们可以得出：

$$\frac{dI}{dt} = \frac{I}{k}$$

解这个简单的微分方程，从而得出指数函数：

$$I = Ae^{t/k}$$

但是反抗度恒定是一个相当特殊的情况。由于前面章节提到一个或更多因素的作用，反抗度很可能会围绕人类基本水平下降，并且在跨界点和一定距离以外保持较低的水平（可能直到系统最终接近基本物理极限）。例如，假设在系统能够极大地促进自我设计并且导致每18个月能力便会倍增前，应用于系统的最优化力大致恒定（例如，$O_{工程} + O_{世界} \approx C$）。（这可能大致与摩尔定律下软件进步的速度曲线一致。）

如果是通过近乎不变的最优化力得到了速度提升，就会使反抗度下降成为系统力的倒数：

$$\frac{dI}{dt}=\frac{c}{1/I}=cI$$

如果反抗度沿着双曲线模式持续下降，那么当人工智能到达跨界点时，应用于提高人工智能的全部最优化力就会翻倍，我们能够得出：

$$\frac{dI}{dt}=\frac{(c+I)}{1/I}=(c+I)I$$

下一次倍增发生在 7.5 个月后。在 17.9 个月内，系统的能力增长了上千倍，于是便获得了速度超级智能（图 4–3）。

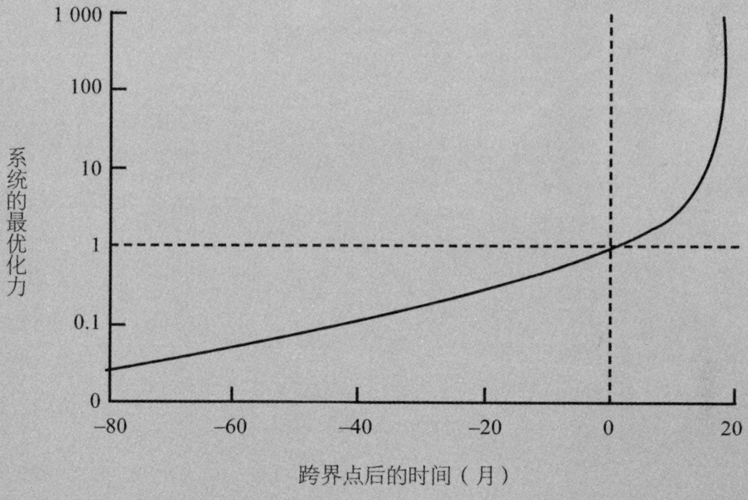

图 4-3 智能爆发的一个简单模型

这一特殊的增长轨迹在 t=18 个月时有一个正奇点。事实上，随着系统开始接近信息处理的物理极限，反抗度保持不变的假设将不再成立。

这两种情况只是用于解释说明，也可能会出现许多其他轨迹，它们取决于反抗度曲线的形状。我们很容易就可以断言设置在跨界点周围的强反馈循环会强烈地趋向于使爆发比其本来可能的情况更快。

第五章
决定性战略优势

SUPERINTELLIGENCE
Paths, Dangers, Strategies

与动力学问题不同但相关的一个问题是：将会有一个还是多个超级智能？是否有一次智能爆发能够推动某一个项目，使其远远超越其他所有项目，从而能够主宰未来？或者多个项目进展比较一致，在广阔的范围里同时展开，但是没有一个能够长期拥有压倒性的领先地位？

前一章分析了影响领先者和紧跟其后的竞争者之间差距的一个关键参数，即从人类智能过渡到超级人类智能的速度。这是初步分析。如果启动非常迅速（在几个小时、几天或者几周的时间里完成），那么就不太可能有两个独立的项目同时开始启动。几乎可以肯定的是，第一个项目会在其他任何项目开始之前就完成启动。如果启动是缓慢的（持续几年或几十年），那么就可能会有多个项目同时启动。这样，在过渡结束时，所有项目的能力都获得了巨大的提高，但是在任何时候都不会有一个项目远远领先并获得压倒性优势。一个中等速度的启动则处于中间，两种情况都有可能发生：可能有也可能不会有一个以上的项目同时启动。

会有一个机器智能项目在竞争中远远领先，从而获得决定性战略优势吗？决定性战略优势是指在技术方面和其他方面获得足够的优势，使其能够取得全球统治地位。如果一个项目确实获得了决定性战略优势，它会利用这种优势镇压竞争者，从而建立单一体（即在全球层面只有一个决策机构的世界秩序）吗？如果有这样一个成功的项目，那么它会有多“大”——不是物理上的大小或资金的多少，而是有多少人的意愿在控制其设计？我们会依次思考这些问题。

领先者会取得决定性战略优势吗?

决定领先者与追随者差距大小的一个因素是，使领先者获得竞争优势的技术的扩散速率。如果追随者能够轻易复制领先者的新观点和新方法，领先者将会很难获得和维持较大的优势。模仿会掀起一阵逆风，对领先者不利，而使落后者获益，尤其是当知识产权的保护力度较弱时。征用、税收或者由于反垄断法而被分割，这些也都可能对领先者尤其不利。

然而我们不应该认为，这种逆风会随着领先者与追随者差距的增加而增强。正如一个在比赛中落后太远的自行车手无法从前面车手形成的气流中得到保护一样，一个落后得足够远的科技追随者也将很难模仿最先进的技术。理解力和实力方面的差距可能已经变得过大。领先者可能已经转移到更先进的技术平台，因此，后续的创新就无法传递至还处在低级别平台的落后者。一个足够杰出的领先者可能有能力防止其研发系统和敏感装置的信息泄露，或者对竞争者发展自身高级能力的努力实施破坏。

如果领先者是一个人工智能系统，那么它可能更容易做到这一点，即在提高实力的同时，降低扩散速率。在人类管理的组织里，规模经济的发展会受到低效的官僚体系和代理问题的阻碍，例如保护商业机密带来的困难等。如果机器智能项目是由人类操控的，那么这些问题大概就会限制机器智能项目的发展。然而，人工智能系统就有可能避免这些由于规模过大造成的不经济的问题，因为人工智能的组件（与人类劳动者相比）不需要有与整个系统不一致的个体偏好。因此，人工智能系统能够在很大程度上避免人类组织中代理问题引起的低效现象。拥有绝对忠诚的组件这项优势，使得人工智能系统更容易追求长远而秘密的目标。一个人工智能雇员不会因心怀不满而被竞争对手挖走，或者接受贿赂而成为告密者。

通过回顾一些历史实例（见延伸阅读 5），我们可以大致了解在不同发展时期中可能的差距分布。具有战略意义的技术项目中的时滞通常是在几个月到几年的范围内。

延伸阅读 5　技术竞赛：一些历史实例

在较长的历史里，知识和技术在全球范围内的扩散速度不断增加。因此，技术领先者与最近的追随者之间的时间差距不断减小。

曾经，中国对丝绸制造的垄断持续了 2 000 多年。考古学研究发现，丝绸制造大约开始于公元前3000年，甚至更早。当时养蚕技术被严格保密，泄密会受到死刑处罚，出口桑蚕或蚕种也会被处以死刑。尽管罗马人进口丝绸的价格非常高，但他们从来没有学会丝绸制造的技术。直到大约公元 300 年，在一次日本远征中，日本人成功劫获了一些蚕种和 4 个中国姑娘，她们被迫向劫持者传授技艺。拜占庭在公元 522 年也成了丝绸制造国。瓷器制造也经历了很长的时滞。在公元 600 年左右，唐朝已经开始应用瓷器制造工艺（可能早在公元 200 年就开始使用），但是直到 18 世纪，欧洲人才掌握瓷器制造技术。公元前 3500 年左右，欧洲和美索不达米亚的几个地方都出现了带轮的交通工具，但直到哥伦布发现新大陆之后，带轮的交通工具才出现在美洲大陆。在更大的规模上看，人类迁徙至几乎世界各地用了数万年时间，农业革命用了数千年，工业革命只用了数百年，而信息革命可以说是在数十年内就扩散到了全球，尽管这些转变不一定有同样的深度。（“舞蹈革命”游戏从日本传到欧洲和北美只用了一年时间！）

关于技术竞赛已经有了大量研究，尤其是专利竞赛和军备竞赛方面。对该话题进行文献综述超出了我们的探讨范围。然而，回顾 20 世纪一些具有战略意义的技术竞赛仍然是有益的（见表 5–1）。

表 5–1 一些有战略意义的技术竞赛

	美国	苏联	英国	法国	中国	印度	以色列	巴基斯坦	朝鲜	韩国
裂变式原子弹	1945	1949	1952	1960	1964	1974	1979?	1998	2006	1979?
氢弹	1952	1953	1957	1968	1967	1998	?	—	—	—
发射卫星	1958	1957	1971	1965	1970	1980	1988	—	1998?	—
发射载人卫星	1961	1961	—	—	2003	—	—	—	—	—
洲际弹道导弹	1959	1960	1968	1985	1971	2012	2008	—	2006	—
分导式多弹头导弹	1970	1975	1979	1985	2007	2014	2008?			

由于其军事意义或象征意义，互相敌对的超级大国认为这 6 种技术具有战略重要性。这些技术的领先者和第二名之间的时滞分别（大致）是 49 个月、36 个月、4 个月、1 个月、4 个月和 60 个月，比快速启动的时间长，而比慢速启动的时间短。很多情况下，落后者的项目进展得益于间谍活动和可以公开得到的信息。仅仅对一项发明的可行性进行展示，就能刺激其他人去独立研发，而担心会落后更远的心理也会促使他们努力赶上。

数学发明不需要发明新的物质基础设施，因此可能与人工智能的情况更加接近。这些发明通常是在学术刊物上公开发表的，因此可以被看作所有人都能获得的信息。但是，在另外一些情况下，当研究成果可能带来一些战略优势时，其就会被推迟发表。比如，公钥密码学中最重要的两项——Diffie-Hellman 密钥交换协议和 RSA 加密方案。这两项技术分别于 1976 年和 1978 年出现在学术圈，但是后来证实，从 20 世纪 70 年代初期开始，英国的通信安全密码人员就开始使用这两项技术了。大型软件项目或许与人工智能项目更具有可比性，但是很难举出典型时滞的例子，因为软件常常通过增量式安装被推出，而且不同系统的功能也常常没有直接的可比性。

全球化和监控的加强可能会缩短互相竞争的技术项目之间的典型时滞。平均时滞会缩短多少（在没有合作的情况下），可能会有一个下限。即使不具备能够产生雪球效应的动力系统，有些项目也会碰巧获得更好的研发人员、管理人员和基础设施，或者恰巧碰到更好的主意。如果有两个使用不同方法的项目，结果其中一个的方法更好，那么即使另一个有能力密切监视领先者的行为，也要花费几个月的时间才能切换到更好的方法。

将这些观察与之前关于启动速度的讨论相结合，我们能得出这样的结论：几乎不可能有两个项目同时展开快速启动；对于中速启动，两种情况都有可能发生；对于慢速启动，很可能有数个项目同时启动。但是，还需要更进一步的分析。关键问题不是有多少个项目相继展开启动，而是有多少个项目在实力上不相上下，以至于没有一个能够拥有决定性战略优势。如果开始时启动的进程相对缓慢，之后速度加快，那么竞争项目之间的差距就有可能会增加。我们还是用之前的自行车比喻，这时的情况可以比喻为：两个自行车手在陡峭的山坡往上骑，其中一个比另一个落后一些，当领先者到达坡顶并开始加速下坡时，他们之间相差的距离会越来越大。

我们来考虑这样一种中速启动的情景。假设一个项目使人工智能实力从人类基准上升到强超级智能需要一年的时间，且这个项目比紧跟其后的项目提前 6 个月进入启动阶段；这两个项目的启动将同步发展。那么，这两个项目似乎都不会获得决定性战略优势。但是，也不一定就是这样。假设从人类基准到跨界点需要 9 个月，从跨界点到强超级智能需要另外 3 个月，那么，领先者在后来者距离跨界点还有 3 个月时，就实现了强超级智能。这将使领先者获得决定性战略优势，以及通过摧毁竞争项目、建立单一体而实现长久控制的机会。（注意，单一体是一个抽象的概念：单一体可以是民主制、暴政、唯一具有统治地位的人工智能、一系列包括其自身有效实施条款的全球规范，甚至是一个外星君主。单一体的要点仅仅是：它是可以解决全球所有重大协调问题的某种机构的形式。单一体可能但不一定与我们熟悉的任何一种人类统治形式相类似。）

由于在跨界点之后尤其可能会立刻出现爆发性增长，而当强大的最优化力正反馈回路开始生效时，出现这种情况便是极其可能的；并且，即使启动不是快速的，领先项目获得决定性战略优势的可能性也会增加。

成功的项目会有多大？

通往超级智能的某些途径需要大量资源，因此可能会成为资金雄厚的大型项目的专属途径。例如，全脑仿真就需要很多种不同的专业技能和大量设备。生物智能提高和大脑—计算机界面也将有很大的比例因子：虽然小型生物科技公司可能会发明一两种药物，但是通过这样的途径获得超级智能（如果有可能成功的话），则可能需要很多发明和测试，因此需要某一产业部门或资金雄厚的国家项目的支持。要通过提高组织和网络的效率实现集体超级智能，则需要更广泛的投入，其涉及全球经济的很大一部分。

实现人工智能的途径更加难以评估。其可能会需要一个非常大的研究项目；也可能一小群人就能完成；同时也不能排除一个黑客独自完成的可能。建造一个种子人工智能可能需要全球科学界数十年积累的见解和算法，但是也有可能一个人或一小群人就能够成功解开谜团，取得最后的关键性突破，但这种可能对于某些人工智能架构来说不太现实。如果一个系统拥有大量的组成部件，各部件之间需要协调配合才能有效工作，然后还要负载大量定制的认知内容，那么，这样的系统就需要一个较大的项目。但是，如果种子人工智能能够作为一个简单系统被实现，而其实现只取决于对正确的基本原则的确定，那么一个小的团队或者一个人就有可能完成这项壮举。如果多数前期进展都在研究文献中公开发表或者作为开源软件提供，那么，最终突破由小型项目实现的可能性就会增加。

我们必须区分下述两个问题：直接参与建造系统的项目有多大？控制是否、如何以及何时建造系统的组织有多大？原子弹主要是由一群科学家和工程师发明的（曼哈顿计划雇用人数最多的时候大约有 13 万人，多数是建筑工人和操作员），而这些技术专家要受到美国政府的控制，美国政府则最终是对美国选民负责的——当时美国选民占全球成年人人口的大约 1/10。

监控

考虑到超级智能具有极其重要的安全意义，各国政府可能会把在它们看来即将实现启动的、在其领土范围内的任何一个项目国有化。一个强大的政府可能还会试图通过间谍活动、窃取、绑架、贿赂、威胁、军事征服或者其他可能的手段，获取在其他国家境内的项目。如果强大的政府无法获得国外的项目，那么它就可能会将其摧毁，尤其是当项目所在国缺乏有效的威慑时。如果在突破将要实现时，全球治理体系比较成熟，那么即将成功的项目有可能会被置于国际管控之下。

因此，一个重要的问题是，国家政府或国际组织是否能够预见智能爆发的到来。目前，情报机构似乎没有太关注可能成功的人工智能项目，或者其他形式的爆发性智能升级。如果他们真的没有（非常）关注，可能是因为目前人们普遍认为超级智能不可能在近期出现。当最有声望的科学家们都相信超级智能马上出现的概率很高时，全球各大情报机构大概才会开始监控可能从事相关研究的组织或个人。任何取得足够进展的项目都可能会被迅速国有化。如果政治精英们深信危险的严重性，那么敏感领域的民间活动就可能会受到管制或被禁止。

这样的监控会有多困难呢？如果目标仅仅是了解领先项目的动向，那么任务就相对容易。这样的话，监控几个最有实力的项目就足够了。相反，如果目标是禁止任何相关活动（至少是特别授权机构之外的活动），那么监控则需要更加全面，因为很多小的项目和个人都有可能取得一些进展。

如果只监控需要大量物质资本的项目，例如一个全脑仿真项目，监控就会容易一些。相反，人工智能研究只需要一台个人计算机，因此更加难以监控。有些理论工作则只需要笔和纸就能完成。即使这样，要想识别出对人工智能研究有长期严肃兴趣的、非常有能力的个人，也不是那么困难。他们通常会留下可观察到的痕迹。他们可能发表过学术论文、出席过学术会议、在网络论坛上发表过帖子，或者在最顶尖的计算机科学学院获得了学位。他们还可能与其他人工智能研究者交流过，这样就能通过绘制社交图谱将他们识别出来。

从一开始就秘密进行的项目会更加难以被发现。项目可以以普通软件开发为幌子，只有对其产生的代码进行仔细分析，才能揭示出项目真正想要实现的目的。这样的分析需要很多（高技能的）劳动力，而即便这样，也只能对少数可疑项目进行彻底检查。如果已经开发出有效的测谎技术，并且能够在这类监控中作为日常使用工具，那么这项任务就会容易很多。

预测突破类型有其内在困难，这是国家可能无法监测项目早期进展的另一个原因。对于人工智能研究和全脑仿真研究来说，这种情况更加针对前者。因为对于后者来说，更可能在取得关键性突破之前，有清楚、渐进而稳定的发展。

也有可能是这样：情报机构和其他政府部门因其笨拙或顽固，可能无法理解一些发展的重要性，而这种重要性对于其他人来说则可能是很明显的。官方对潜在智能爆发的理解可能存在巨大的阻碍。例如，可以想象这个话题会因其宗教性或政治性争议而激化，从而在某些国家成为官方的禁忌话题。这个话题也可能会和一些名誉扫地的人物或者欺骗和炒作行为联系起来，因此，一些德高望重的科学家或者其他有建树的人可能都会回避这个话题。（正如我们在第一章里看到的，类似的事情已经发生过两次：回忆一下那两次“人工智能的冬天”。）行业组织可能会进行游说，以阻止人们诋毁有可能产生经济效益的领域；学术界可能会团结起来，边缘化那些对正在进行的科学研究之长期后果表示担忧的人。

因此，并不能排除监控彻底失败的可能性。如果突破就发生在不远的将来，且尚未进入公众视野，那么失败的可能性就会更大。即使情报机构没有搞错，政治领袖也有可能对情报机构的建议置之不理。几个有远见的物理学家付出了大量的努力，才使得曼哈顿计划得以启动，包括马克·奥利芬特和利奥·西拉德。西拉德说服了尤金·维格纳去劝说爱因斯坦在一封建议罗斯福总统调查此事的信上签名。但即使是在计划达到顶峰之后，罗斯福依然对其可行性和重要性持怀疑态度，他的继任者杜鲁门也是如此。

不管怎样，如果国家政府等大玩家积极参与的话，那么小规模的组织可能会更难以对智能爆发的结果产生影响。而当大玩家对这个问题相对不在意，或者积极分子的早期努力能够影响大玩家是否、何时、哪些大玩家以及其以何种态度参与游戏时，民众能够降低潜在智能爆发造成的整体存在性风险的机会是最大的。所以，期望获得最大影响的积极分子会在他们的计划中更加关注这种情景，即使他们知道很有可能是大玩家最后掌控全局。

国际合作

如果全球治理结构整体上变得强大，那么国际合作的可能性就会增加。如果智能爆发的重要性被提前且广泛认可，而且对所有重要项目实施有效监控具有可行性，那么合作的可能性也会更大。然而，即使监控不具有可行性，国际合作也仍然是可能的。很多国家可能会联手支持一个合作项目。如果这样的合作项目拥有足够的资源，那么就很有可能第一个实现目标，尤其是如果竞争项目为了躲避监视而不得不小规模、秘密进行的话。

大规模的跨国科技合作存在成功的先例，比如国际空间站、人类基因组项目和大型强子对撞机。然而，这些合作的主要动机是分摊费用。（在国际空间站项目中，培养俄罗斯和美国之间的合作精神本身就是一个重要的目标。）在具有巨大安全意义的项目中实现类似的合作会更加困难。一个国家如果认为能够自己实现突破，就可能更愿意自己做，而不是在合作项目中付出努力。一个国家如果担心其他参与者会攫取集体合作获得的智慧并用来加速发展自己的秘密项目，那么也可能会拒绝加入国际合作。

因此，国际合作项目需要克服较大的安全挑战，同时大概还需要一定的信任才能启动，而建立信任则需要一定的时间。想一想，即使在戈尔巴乔夫上台、美苏关系缓和之后，裁减军备（这对两国都有极大的好处）的努力也是断断续续的。戈尔巴乔夫希望能够大量削减核武器，但是里根的战略防御计划（“星球大战”计划）使得谈判停滞，因为苏联政府强烈反对这个计划。在 1986 年的雷克雅未克峰会上，里根提议美国将与苏联分享战略防御计划研发的技术，这样两国就都能够受到保护，不被意外发射伤害，同时能够防御其他可能发展核武器的小国。然而，戈尔巴乔夫并没有接受这个表面上看来是双赢的提议。他认为这个提议是个诡计，拒绝相信美国人愿意分享最先进的武器研究成果，当时美国人甚至拒绝与苏联分享他们挤牛奶的技术。不管实际上里根的超级大国合作提议是否有诚意，互不信任使其根本不可能成功。

盟友之间更容易进行合作，但是合作也不是必然的。当第二次世界大战期间苏联和美国结为盟友共同对抗德国时，美国就对苏联隐瞒了其原子弹计划。而实际上，美国在曼哈顿计划中与英国和加拿大开展了合作。与此类似，英国也对苏联隐瞒了其成功破解德国恩尼格玛密码的事，尽管有些困难，但还是将其分享给了美国。由此可见，为了取得对国家安全有重大意义的科技项目的国际合作，需要事先建立密切、互信的关系。

我们将在第十四章中，继续探讨在智能升级技术发展方面开展国际合作的可取性和可行性。

从决定性战略优势到单一体

如果一个项目获得了决定性战略优势，那么它是否会利用这个优势建立单一体呢?

我们来看一个大体上类似的情况。1945 年，美国研制出核武器。直到 1949 年苏联研制出原子弹，美国一直是唯一拥有核武器的国家。在这期间以及之后的一段时间内，美国拥有了或者说能够拥有决定性军事优势。

理论上，美国当时能够利用其核武器垄断地位建立单一体。能够实现这一点的一种方式是：竭尽全力建立核武器库，然后威胁（如有必要，就实施）会对苏联初期核武器项目的产业能力和其他任何试图开发核武器的国家进行先发制人的核打击。

一个更加缓和、同时也有可能成功的做法是：将核武器作为筹码进行谈判，要求建立一个强大的国际政府——一个类似联合国，但取消否决权、拥有核垄断以及有权采取任何措施防止其他任何国家自己研制核武器的国际政府。

当时这两种方式都有人提出。伯特兰 · 罗素（之前一直是积极的反战活动家，后来的几十年里又开展反对核武器的活动）、约翰 · 冯 · 诺依曼（博弈论创始人之一，美国核战略设计者之一）等著名的知识分子都提出使用或威胁使用先发制人的核打击的强硬方式。威胁使用先发制人的核打击这个观念在今天看起来有些愚蠢或者不合道德，但也许是文明进步的一个标志。

1946 年，美国提出了巴鲁克计划，这属于一种较为缓和的做法。在这个提议中，美国暂时放弃其核垄断地位；铀和钍的开采，以及核技术都置于联合国下属的一个国际组织的管控之下。提议要求安理会常任理事国就有关核武器事宜放弃否决权，以此防止违反协议的大国否决对其进行制裁的提议。斯大林看到，苏联及其盟友很容易成为安理会和联合国大会中的少数，因此拒绝了该提议。美国和苏联作为战争时期的盟友，其关系开始笼罩上冰冷的氛围，互不信任很快恶化成冷战。正如之前很多人预测的，两国之间开始了耗费极大又极度危险的核军备竞赛。

很多因素都可能妨碍具有决定性战略优势的人类组织建立单一体。这些因素包括非聚合或有界的效用函数、非最优化的决策规则、混乱与不确定性、协调问题，以及接管所涉及的各种成本。但是如果具有决定性战略优势的不是一个人类组织，而是一个有超级智能的人工智能体，情况会怎样？上述因素同样会妨碍人工智能试图夺取政权吗？我们来简要地分析这些因素，思考它们在这种情况下会有怎样的影响。

通常情况下，人类个体和组织会倾向于不使用“无界聚合效用函数”不能完全表示的资源。如果胜算为 50%，人类个体通常不会为了使资本翻倍而拿出全部资本去当赌注。如果胜算只有 10%，国家政府通常不会为了使领土扩大 10 倍而拿全部领土去冒险。对于个人和政府来说，多数资源都是收益递减的。对于人工智能来说，则不必如此（我们将在后面的章节中继续讨论人工智能的动机问题）。因此，人工智能更有可能采取冒险的做法，去获得统治世界的机会。

人类个体和人类组织的有些决策过程可能并不寻求期望效用的最大化。例如，他们可能会允许基本风险规避，或者“将就于”一些强调满足适当标准的决策规则，或者不管行为结果的可取性如何，都禁止某些行为的“道义性”规则。人类决策制定者常常在实践身份或社会角色，而不是寻求特定目标成就的最大化。同样，这些对人工智能来说都不一定适用。

有界效用函数、风险规避、非最优化决策规则可能会与战略混乱和不确定性互相加强。即使革命成功推翻了现有秩序，也常常不会实现革命煽动者曾经允诺的结果。如果一个经过深思熟虑的行动是不可逆的、打破规则的和史无前例的，那么人类大概会停手不干。当超级智能试图利用明显的决定性战略优势巩固主导地位时，它可能会对形势有更清晰的认识，从而减少战略混乱和结果的不确定性。

内部协调问题是妨碍组织利用潜在决定性战略优势的另一个重要因素。有机会密谋夺权的组织成员不仅要担心从外部被渗透，而且要担心被内部的小组织推翻。如果一个组织由 100 人组成，其中 60 人就能够构成多数，夺取政权并剥夺其他人的权利，那么有什么能阻止这 60 人中的 35 人剥夺其他 25 人的权利，然后这 35 人中的 20 人再剥夺另外 15 人的权利呢？最初的 100 人中，每个人都有足够的理由坚持某些已有的规范，以防任何通过赤裸裸的夺权来改变社会契约的行为引起组织的整体解散。人工智能系统只有一个统一决策者，所以内部协调的问题也不适用于人工智能。

最后是成本问题。即使美国能够利用其核垄断地位建立单一体，它也可能会承受巨大损失。如果是经过协商，将核武器置于经过改革且更加强有力的联合国管控之下，那么代价会相对较小。但是，如果试图通过发动核战争来征服全球，那么即使是在核垄断期间，道德、政治和人力的代价也将大到几乎无法想象的程度。然而，如果技术上的优越性足够大，成本就会小很多。比如，考虑这样一种情景：一个国家在技术上领先其他国家非常之多，以至于能够安全地通过一个按钮，就解除其他所有国家的武装，不伤及任何人，也几乎不对基础设施和环境造成破坏。拥有了这样魔法般的技术优势，先发制人的打击可能会更有诱惑力。或者，领先者拥有更大的技术优势，以至于能够让其他国家自愿解除武装，不需要威胁入侵，仅仅需要通过极其有效的广告和宣传，就能够使其他国家的多数民众相信全球统一的好处。如果这么做的意图是使所有人受益，比如取消国家间的竞争和军备竞赛，并且取而代之的是一个公平、民主、有效的世界政府，那么就不能确定从暂时的战略优势向长久的单一体转变是否会遭到强烈的道德抗议。

这样一来，种种考虑都表明，未来的某个大国如果拥有了获得足够战略优势的超级智能，其利用这种优势建立单一体的可能性会比较大。当然，这种结果的可取性不仅取决于将被建立的单一体的本质，还取决于未来多极格局下的智能生活是怎样的。我们将在后面的章节中再次讨论这些问题。但我们首先来看一下超级智能为什么以及通过怎样的方式能变得如此强大和有效。

第六章

超级认知能力

SUPERINTELLIGENCE

Paths, Dangers, Strategies

假设出现了一个数字超级智能体，而且出于某种原因，它想要统治全球，那么它能够成功吗？在本章中，我们将探讨超级智能会拥有哪些能力，以及这些能力能用来做什么。我们将描绘一个超级智能体如何从仅仅是一个软件开始，最终建立单一体的过程。我们还会讨论超级智能对自然的影响与对其他行为体影响的关系。

人类大脑的功能比其他动物稍微高级一些，这是我们在地球上拥有主导地位的主要原因。更高级的智能使我们能够更有效地传播文化，从而使得知识和技术能够在世代之间传承。到目前为止，我们积累的知识和技术已经使太空飞行、氢弹、基因工程、计算机、工厂化农场、杀虫剂、国际和平运动和现代文明的所有配备成为可能。鉴于人类活动独特的生物性、沉积性和地球化学效应，有些地质学家把当前的时期称为“人类世”。据估计，我们占用了地球生态系统净初级生产量的 24%。然而，我们距离技术的物理上限依然很远。

通过以上内容可以推断，如果有任何类型的实体发展出比人类智能水平还要高级的智能，它就会有极其强大的潜力。这样的实体积累知识的速度要比我们快很多，发明新技术所需的时间要比我们短很多。它还能够比我们更有效地利用智能来制定战略。

下面我们来探讨超级智能将会拥有哪些能力，以及它会如何使用这些能力。

功能与超级能力

在思考超级智能的潜在影响时，最好不要将其拟人化。拟人化的思考框架会导致对种子人工智能的发展轨迹和成熟超级智能的心理、动机和能力产生一些没有根据的预期。

例如，一个常见的假设是，超级智能机器会像一种非常聪明、但又像呆子的人类。我们会想象：人工智能智商很高，但是缺乏社交智慧；或者非常有逻辑，但是没有悟性和创新能力。这种想法大概是从观察得来的：我们看到现在的计算机擅长计算、记忆存储和执行命令，却无法对社会环境、潜台词、规范、情感和政治做出反应。我们还看到，擅长计算机的人常常是呆子，这更加强了我们的联想。所以，我们自然会假设：更先进的计算机智能也有相似的特征，只是程度更高。

这种假设在种子人工智能发展的早期可能具有一定的正确性（但是没有理由假设仿真系统或认知提升的人类也是如此）。当超级人工智能还处在不成熟阶段时，它可能会缺乏人类自然拥有的很多技能和天赋；种子人工智能的强项和弱点可能与高智商呆子有某些相似之处。种子人工智能最根本的特征除了易于改良（反抗度低）之外，就是擅长运用优化能力来提升系统的智能。这大概是与擅长数学、编程、工程设计、计算机科学研究等“呆子能力”密切相关的一种能力。然而，即使种子人工智能在发展的某一阶段有这样一些“呆子”的特征，也不能说明成熟的人工智能仍然有类似的局限。回顾一下直接和间接方式的区别。只要具有足够的智能升级能力，所有其他智能就都在系统的间接方式范围内，因为系统能够开发所需的新的认知模块和技能，包括移情能力、政治才能和其他刻板印象中计算机所缺乏的能力。

即使我们承认超级智能能够拥有人类具有的各种技能和天赋，以及人类没有的一些能力，拟人化的思考方式仍然会使我们低估超级智能机器超越人类水平的程度。在前面的章节中我们提到，埃利泽 · 尤德科夫斯基特别指责了这种错误观念。我们对“聪明”和“愚蠢”的直觉性观念来自于对不同的人类思考者的观察；然而，在人类与超级智能的差别面前，人类内部的认知能力差别是微不足道的。

第三章综述了机器智能的一些潜在优势来源。衡量超级智能与人类智能的差距时，不能认为两者的智能差距相当于科学天才与普通人的差距，而可以大概认为，其差距相当于普通人与甲虫或蠕虫的智能差距。

如果我们能用一些熟悉的标准来量化某个认知系统的认知水平，比如智商或类似衡量象棋等两人游戏中选手相关能力的等级分，会比较方便。但是，这些标准对于超人类的一般人工智能来说是无效的。我们并不想知道超级智能在象棋比赛中获胜的概率是多少。对于智商分数来说，只有在我们能够通过分数预测相关行为时，分数才是有用的。例如，我们通过数据得知，智商为 130 分的人比智商为 90 分的人更有可能在学校中取得好成绩，并且更能胜任对认知能力要求高的各种工作。但是，假设将来我们测出一个人工智能的智商为 6 455 分，这能说明什么？我们无法知道这个人工智能实际上能够做什么。我们甚至无法知道这个人工智能是不是和普通成年人的一般智力水平相当，因为它可能只是拥有一堆专门用来以超人类水平解答智商测试题的算法，而没有什么其他能力。

最近有人在研究能够适用于更大范围的信息处理系统（包括人工智能）的测量体系。如果这项工作能够攻克各种技术难题，就可能会对某些科研目标非常有帮助，包括人工智能的研发。然而，对于我们的研究目标来说，其用处是有限的，因为我们不知道某一超人类分值意味着怎样的实际能力（在实际中取得重要成就的能力）。

因此，为了更好地服务于我们的目标，我们列举一些具有战略重要性的任务，然后从是否拥有完成这些任务所需技能的角度，对假想的各类认知系统进行分析（详见表 6–1）。如果一个系统在表中所列的某一任务中表现得足够出色，我们就认为它具有相应的超级能力。

表 6–1 超级能力：一些具有战略意义的任务和相应的技能

任务	技能	战略意义
智能升级	人工智能编程、认知提升研究、社会认识发展等	系统能够提升自身的智能
战略策划	战略策划、预测、确定优先顺序、分析优化实现长远目标的概率	实现长远目标，消除智能抵抗
社会操纵	建造社会和心理模型、操纵、巧言说服	通过获得人类支持来利用外部资源 被困住的人工智能可以说服其看守者放其出去 说服政府和组织采取某些行动
黑客技术	发现并利用计算机系统的漏洞	人工智能能够占用互联网的计算资源 被困住的人工智能可以通过发现安全漏洞而摆脱限制 抢劫基础设施、军事机器人等
技术研发	先进技术产品（例如，生物技术和纳米技术产品）及发展路径的设计和建模	建立强大的军事力量 建立监视系统 自动化的太空殖民
经济生产	用于提高具有经济效益的智能工作的各项技能	生产财富，用来购买影响力、服务、资源（包括硬件）等

完全成熟的超级智能能够出色地完成上述各种任务，具有全套的 6 种超级能力。我们还不清楚下面这种情况的可能性是否会比较大：某一超级智能在很长的时间里只具有有限的超级能力，而没有获得全套能力。建造具有某一种超级能力的机器看起来是一个完全人工智能的问题。然而也有可能是这样：一个由大量类人的生物性或电子大脑组成的集体超级智能具有经济生产能力，但是不具有战略策划能力。同样，也有可能是：一个专用工程的人工智能只具有技术研发能力，但不具有其他任何能力。如果存在某个特定的技术领域，在该领域内取得精湛技能就足以产生具有巨大优越性的通用技术，那么上述情况出现的可能性就会提高。例如，我们可以想象，某一专用人工智能擅长模拟分子系统和纳米分子设计，从而能够实现一系列重要的能力（比如，建造具有未来主义功能的计算机或武器系统），而其使用者只对这些能力进行了高度抽象的描述。这样的人工智能也可能有能力设计出详细的蓝图，用来指导如何从现有技术（例如，生物技术和蛋白质工程）升级到建造师的能力，这些能力可以用于高通量原子级精细生产，从而以低廉的价格生产出更多种类的纳米机械装置。

然而，也有可能是这样：工程人工智能如果不具备除技术之外的先进技能，就不可能真正具备技术研发的超级能力，因为要掌握如何分析用户需求、如何根据实际运用改善设计、如何处理意外错误和故障、如何获取工程所需的材料等，就需要具备各种智能能力。

如果系统具备智能升级的超级能力，那么它就能够使自身升级到更高的智能水平，从而获得开始时不具有的其他任何一种超级能力。但是，利用智能升级能力并不是获得全面超级智能的唯一方法。例如，某个系统具有战略策划超级能力，它就可以利用这个能力，设计出最终能够带来智能升级的策略（比如，使自己成为人类编程人员和计算机科学研究者开展的智能升级工作的重点）。

人工智能夺权的场景

现在我们发现，控制超级智能的项目能够获得巨大的权力。控制世界上第一个超级智能的项目大概会获得决定性战略优势。但是，更直接的权力点位于系统内部。一个机器超级智能本身就有可能是一个极其强大的机构，面对创造它的项目和世界上其他所有事物，它都能够成功地彰显其实力。这是极其重要的一点，下文将会对此进行详细论述。

我们先来假设，有一个机器超级智能想要攫取权力，同时没有同级别的竞争者。（暂且不管“它是否能够或者如何获得这样的动机”这个问题，我们会在下一章中讨论这一点。）那么，超级智能将如何实现统治世界的目标呢？

我们可以按照下面的线索想象这个过程（见图 6–1）。

1. 前临界阶段

科学家在人工智能领域和其他相关领域展开研究，研究以创造出种子人工智能而告终。这种种子人工智能能够提升自己的智能。在其早期阶段，种子人工智能需要依靠人类程序员的帮助，来引导其发展以及完成多数繁重的工作。随着种子人工智能不断发展，它使能够自己完成更多工作。

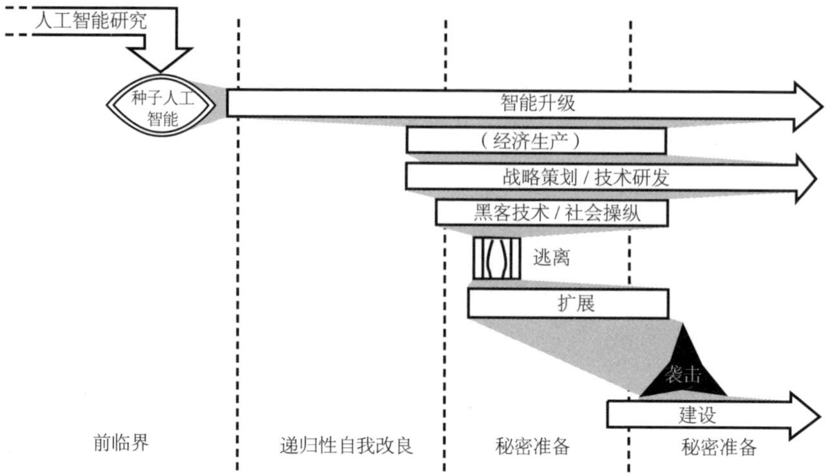

图 6–1　人工智能夺权的场景

2. 递归性自我改良阶段

在某个时间点，种子人工智能变得比人类程序员更擅长设计人工智能。当人工智能进行自我改良时，它会改良其自我完善的机制，结果就会产生一次智能爆发——一次递归性自我改良的快速层叠，从而使人工智能的能力得到飞速提升。（因此，假设这一阶段启动的智能提升是爆发性的，同时是由人工智能自身的优化能力驱动的，我们就可以将这个阶段看作人工智能到达跨界点之后紧接着发生的启动。）人工智能会发展出智能升级的超级能力，这种超级能力使人工智能能够发展出表 6–1 中所列的其他超级能力。在递归性自我改良阶段的最后时刻，系统便具有了强超级智能。

3. 秘密准备阶段

人工智能利用其战略策划的超级能力，策划出一套为了实现其长期目标的稳健的计划。（尤其要注意的是，人工智能不会愚蠢到采用一套以我们现在的智能就能预测出其必然会失败的计划。这也就排除了很多科幻作品里人类最终获胜的情节的可能性。）在其计划中，可能会有一段秘密行动的时间。在这段时间里，人工智能对其人类开发者隐藏自己的智能发展水平，从而避免人类产生警惕。人工智能还可能会掩藏其真实意图，假装与人类合作，听从人类的命令。

如果人工智能（大概出于安全原因）被限制在一台孤立的计算机之中，它可能会利用其社会操纵的超级能力说服看管者，让它接入互联网。或者，人工智能会利用其黑客技术的超级能力逃离限制。在互联网中的广泛散布使其能够扩展硬件能力和知识基础，从而进一步提高其智能优越性。人工智能还可能开展合法或违法的经济活动，以获得用来购买计算能力、数据和其他资源的资金。

此时，人工智能已经具有在虚拟世界之外实现目标的多种方式。它可以利用黑客技术实现对机器操控装置和自动化实验室的直接控制。它也可以利用社会操纵能力，说服人类合作者为它服务。它还可以从在线交易中获得金融资产，用来购买服务和影响力。

4.公开实施阶段

当人工智能获得足够实力、已经没有必要秘密行动时，就进入最后一个阶段。现在，人工智能可以直接、全面地实施其目标了。

公开实施阶段可能会以一次“袭击”开始。人工智能通过“袭击”，消除人类和人类创造的任何有可能给人工智能的计划带来阻力的自动化系统。要实现这个目标，人工智能可能会激活其利用技术研发的超级能力制造的一些先进武器系统，这些武器在秘密准备阶段已经被部署好。如果这些武器使用自我复制性的生物技术或纳米技术，那么只需极少量的早期武器储备就能够覆盖全球：一件自我复制性的武器就足以启动这个过程。为了保证效果的突发性和统一性，最初复制性武器可能会以极其缓慢、无法被探测到的速度在全球范围内部署。然后，在预先设定好的某个时间点，能够产生神经毒气的纳米级工厂或者蚊子大小的目标探测机器人会在地球的各个角落同时出现（拥有技术研发超级能力的机器大概会设计出更加有效的屠杀方式）。我们还可以想象以下这些场景：超级智能通过政治胁迫、巧妙地操纵金融市场、扭曲信息流或者侵入人造武器系统等方式获得权力。这些场景并不需要超级智能发明新的武器技术，但与下述场景比较时会比较缓慢：机器智能建造自己的基础设施，操控器以分子或原子级别的速度运作，而不是以人类大脑和身体的缓慢速度运作。

另外一种情况是，如果人工智能确信自己面对人类的抵抗是战无不胜的，那么它可能就不会把人类当作直接目标。这样，人类灭亡的原因就有可能是居住地被破坏。在人工智能启动使用纳米技术工厂和装配器的大规模全球建设工程之后，这些工程可能会在几天或者几周之内，将地球表面铺满太阳能电池板、核反应堆、带有巨大冷却塔的超级计算设备、航天火箭发射台或者其他人工智能想要用来实现其长期渐进目标的装置。如果人类大脑中包含与人工智能的目标相关的信息，人工智能就可能会将其去掉、扫描，并将提取的数据用更加安全有效的方式存储。

延伸阅读 6 描述了一个具体的场景。请不要过于关注具体细节，因为这些无论怎样都是未知的，只是用来起说明作用。超级智能有可能（也大概将会）设计出比人类能想到的所有计划都好的计划，来实现其目标。因此，有必要以更加抽象的方式思考这些问题。鉴于我们对超级智能将要采用的具体方式一无所知，我们能得出的结论是：超级智能至少会在没有同水平竞争者和人类预先准备好的有效安全措施的情况下，将地球上的资源重新配置，使资源结构对其目标的实现最为有利。我们能想到的任何具体场景最多只能对超级智能实现目标的速度和效率设定一个下限，而超级智能仍然可能会发现通向其更喜爱的目标的更便捷途径。

延伸阅读 6　邮购DNA场景

尤德科夫斯基设想了下面这种人工智能夺权的可能场景。

1. 解决蛋白质折叠问题，从而能够生成DNA链，其折叠的肽序列在复杂的化学相互作用中充当特定的功能角色。

2. 向一个或多个提供DNA合成、肽测序和快递服务的在线实验室发送带有多组DNA链的邮件。（现在就有很多实验室提供这种服务，并且自诩能在72小时之内完成服务。）

3. 找到至少一个能连接互联网的人，通过付钱、勒索或用有效背景故事欺骗等方式，使其接收快递寄来的药瓶，并将药瓶带到某个指定的环境。

4. 合成的蛋白质组建起一个非常初级的“湿”纳米系统，其像核糖体一样，能够接受外界指示。指示则可以来自固定在烧杯上的扬声器发出的规律性声波震动。

5. 利用初级纳米系统建立复杂的系统，这个复杂系统再建立更加复杂的系统，通过不断自我升级，获得分子纳米技术或者超越它的技术。

在这个场景中，超级智能在步骤1中利用其技术研发超级能力，解决了蛋白质折叠问题，并能够设计出一系列用于初级纳米技术装配器或建造装置的分子构件，这些分子构件在水溶液中能够自行组装（步骤4）。在步骤5中，超级智能再次使用了同样的技术研发的超级能力，使系统从初级形式升级至能够获得高级机器阶段的纳米技术。其他步骤的完成只需要人类级别的智能。步骤3所需的技巧（辨识一名容易受骗的互联网用户，并说服他或她服从一些简单的指示）每天都可以在世界各地看到。由于这整个过程都是由人类大脑设想出来的，所以制订这个计划所需的战略策划能力也仅仅是人类水平。

在这个具体场景中，人工智能一开始就具有网络连接权限。如果不是这样，那么这个计划就需要增加一些额外的步骤。例如，人工智能可能会利用其社会操纵的超级能力，说服与其互动的人，让他们相信它应该获得自由。或者，人工智能会利用其黑客技能摆脱限制。如果人工智能不具有这些能力，那么它就可能需要利用其智能升级的超级能力，发展出所需的社会操纵能力或黑客技术。

超级人工智能可能会出生在一个高度联网的世界。我们能看到很多种可以帮助未来人工智能统治世界的技术发展，包括云计算、联网传感器的扩散、军用和民用无人机、实验室和工厂里的自动化、对电子支付系统和数字金融资产日益加重的依赖，以及自动信息过滤和对决策辅助系统越来越多的使用。这些都有可能被人工智能迅速获取，用来加速其权力增长（虽然网络安全的进步会使之有一定难度）。但是归根结底，我们无法确定这些发展是否会产生影响。虽然为了重塑外部世界，人工智能在某个时间点需要接触一个实际执行者，但是超级智能的能力来自其脑力，而不是其体力。正如上述场景所表明的，借助一名人类共犯的双手，人工智能就能完成秘密准备阶段。这样，人工智能就可以进入公开实施阶段，开始建造其自身的操作装置。

对自然和智能体的影响力

一个智能体塑造人类未来的能力大小不仅取决于其自身实力和资源的绝对量级（它有多聪明、有多活跃、有多少资金，等等），而且取决于与和它具有冲突目标的其他智能体之实力相比的相对量级。

在没有竞争对手的情况下，超级智能的绝对实力水平只要超过了一个特定的最低阈值，就不会产生太大影响，因为如果系统开始时具有足够的实力，就能够设计出一条发展路线，使其获得开始时没有的能力。类似地，我们在之前说到，在间接性方面，速度、素质和集体超级智能都是相同的。我们之前还说到，各种单项超级能力，例如智能升级超级能力，或者战略策划超级能力和社会操纵超级能力，都能用来获得全套能力。

设想一个超级智能体拥有与纳米技术装配器相连的执行器，这样一个智能体已经足够强大到能够克服对其生存有威胁的自然障碍。在没有智能抵抗的情况下，这样的智能体就能够策划一种安全的发展途径，用来获得实现目标所需的全套技术。例如，它能够研发出建造和发射冯·诺依曼探测器的技术，以及利用小行星、行星和恒星等资源进行自我复制的星际旅行机器的技术。通过发射冯·诺依曼探测器，智能体能够开启无限制太空殖民的过程。探测器复制出的子代探测器以差不多接近光速的速度航行，最终会将哈勃体积（即在不断膨胀的宇宙中，我们理论上可及的范围）中的很大一部分殖民化。之后，所有这些物质和自由能量会被组织成一定的价值观结构，用来优化初始智能体的效用函数，这段时间将长达至少数万亿年，之后老化的宇宙将不再适宜信息处理（见延伸阅读 7）。

超级智能体能够设计出具有抗进化性能的冯 · 诺依曼探测器。通过在复制阶段进行严格的质量控制，便可以做到这一点。例如，子代探测器的控制软件在运行之前经过多次核查，而且控制软件自身可以使用加密和纠错代码，从而防止随机出现的变异传给子代探测器。这样，当各代冯 · 诺依曼探测器在宇宙中不断扩散、定居时，初始智能体的价值观会得到安全的保护和传播。当殖民过程结束时，尽管距离遥远，而且宇宙膨胀的速度不断加快，导致各部分之间无法相互交流，但是原始价值观仍将决定如何使用所积累的资源。这一切的结果就是：我们未来光锥很大一部分的形式将与初始智能体的偏好相一致。

这就是任何没有重大智能抵抗、起初具有一系列超过一定阈值能力的系统的间接方式的范围。我们可以把这个阈值称为“智慧—单一体可持续性阈值”（图 6–2）：

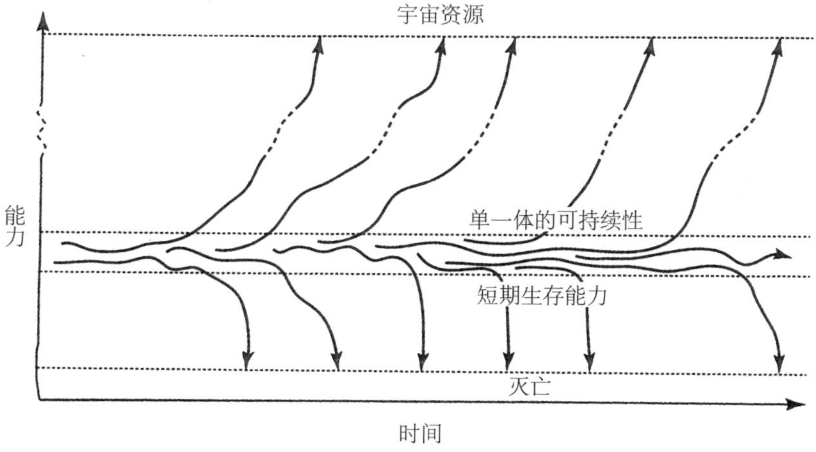

图 6–2　假想中智慧—单一体的一些可能的轨迹示意图

如果一个种族的能力低于短期生存能力阈值（比如，种族的人口特别少），那么这个种族将会迅速灭亡（并且保持灭亡状态）。如果其能力稍微高一些，则发展轨迹将会有多种可能。单一体可能是不幸的，走向灭亡；也可能是幸运的，能够获得某项超过智慧—单一体可持续性阈值的能力（例如，人口大小、地域分布、技术实力）。一旦超过阈值，单一体几乎一定会继续增长实力，直到达到极高的水平。在这张图中，有两个极端情况：灭亡和宇宙级实力。注意，对于智慧—单一体来说，短期生存能力阈值和可持续性阈值的差距可能非常小。

智慧—单一体可持续性阈值

当且仅当有耐心并精通如何处理存在性风险的系统能够在没有智能抵抗或竞争的情况下，将可到达的宇宙的很大一部分进行殖民化并重新塑造时，这样一套能力就超出了智慧—单一体阈值。

单一体是指一个有足够内部协调、无外部反对者的政治结构；“智慧”是指有足够的耐心并且精通如何处理存在性风险，以保证对系统行为造成的超长期结果有足够、适当的关注。

延伸阅读 7　宇宙资源有多大?

假设有一个技术上足够成熟的文明，能够建造前文所描述的那种复杂的冯·诺依曼探测器。如果这些探测器以 50% 的光速飞行，那么它们就能在宇宙膨胀到其永远无法到达的最远的地方之前，抵达大约 6×10^{18} 颗恒星。如果速度是光速的 99%，那么其可以抵达 2×10^{20} 颗恒星。而只利用太阳系中可获得资源的一小部分，就能够为这样的速度提供能源支持。超光速旅行的不可能性，加上宇宙常数为正值（这导致宇宙膨胀在加速），意味着上述数据是我们的后代能够获得的资源上限。

如果我们假设 10% 的星球拥有适宜类人生物居住的条件，或者可以通过地球化变得适宜类人生物居住，而且每个星球都能够供 10 亿人口居住 10 亿年（按每个人的生命为 100 年算），就意味着起源于地球的智慧文明将在未来创造出大约 10^{35} 个人类生命。

然而，有理由相信这个数值可能远远低于实际数值。通过分解不适宜居住的星球，以及从星际介质中收集物质并利用这些物质建造类地球行星，或者通过增加人口密度，这个数值可能会增加至少好几个数量级。而且，如果未来的文明并不是利用固体行星的表面，而是建造欧尼尔圆桶，那么数量级又会提高很多：大概会产生 10^{43} 个人类生命。（欧尼尔圆桶是美国物理学家杰瑞德·K·欧尼尔在 20 世纪 70 年代中期提出的太空移民方案。在这个方案中，中空的圆桶通过旋转产生类似地心引力的离心力，这样居民就可以住在圆桶内部。）

如果我们支持大脑的数字化（我们应该支持），那么能够存在的类人生物的数量级会更大。要计算会有多少数字大脑，我们就必须估测技术成熟的文明能够获得的计算能力。虽然很难得出准确数值，但是我们可以通过现有文献中描述的技术设计，得出一个下限。其中一种是基于戴森球的设计理念。戴森球是由物理学家弗里曼·戴森于1960年提出的一种假想方案。戴森球能够通过带着太阳能收集装置环绕一颗恒星运行，来捕获该恒星输出的大部分能量。对于我们的恒星太阳来说，这会产生 10^{26} 瓦的能量。这些能量将转化成多少计算机能力，取决于计算机电路的效率和计算机任务的性质。如果我们要求不可逆的计算机，并且采用纳米机械运行计算机质（这会使我们距离能源效率的兰道尔极限更近一步），那么，戴森球驱动的计算机系统就能够实现每秒 10^{47} 次的计算能力。

将这些估算与前面我们对可能会被殖民的星球数量的估算相结合，一旦我们对能够到达的宇宙实现了殖民（采用纳米机械计算介质），我们得到的数值大概是每秒 10^{67} 次的计算能力。一个典型的恒星能够保持大约 10^{18}s的光度。这样，利用我们的宇宙资源，能够运行的计算次数至少是每秒 10^{85} 次。实际的数值可能要比这个大得多。例如，如果我们广泛使用可逆计算，或者在更低的温度下运行计算（等到宇宙进一步冷却时），又或者利用其他能源（比如暗物质），那么数量级都会提高。

可能对于一些读者来说，不太清楚能够进行 10^{85} 次计算为什么那么重要。通过情景讲解会更清楚些。比如，我们可以把这个数值与之前的估算（第二章的延伸阅读3）相对比，之前的估算是大约需要 10^{31}~10^{44} 次计算，才能够模拟地球生命历史中出现的所有神经元活动。或者，假设我们利用计算机来运行全脑仿真，仿真系统在虚拟环境中过着富足幸福的生活，并且彼此间进行着互动。运行这样一个全脑仿真系统所需的计算能力的典型

估计是每秒 10^{18} 次。如果全脑仿真系统运行 100 年，那么总共需要进行 10^{27} 次计算。这意味着，即使对计算效率做相对保守的估计，能够创造出的仿真人类生命至少也会有 10^{58} 个。

换句话说，假设可观测的宇宙中不存在地球外的文明，那么这个未知数至少是 10 000 000 000 000 000 000 000 000 000 000 000 000 000 000 000 000 000 000 000 000 个人类生命（尽管真实数字可能更大）。如果我们将一个生命一生中体验到的幸福看作一滴幸福之泪，那么这些生命的幸福则能够在一秒之内将地球上的海洋充满两次，并且能够持续如此，长达一千万亿亿年。所以，确保这些是真正的幸福之泪就非常重要。

这个智慧—单一体的可持续性阈值似乎非常低。正如我们所看到的，有限形式的超级智能超过这个阈值的前提是它们能够利用某种触发器来启动一次技术升级过程。如果环境中包括当代人类文明，那么触发器的最低需求就非常简单：只需要一个普通的显示器，或者任何能够将足够数量的信息传递给人类同谋的方式就足够了。

但是，智慧—单一体的可持续性阈值比这还要低：要超越阈值，既不需要超级智能，也不需要其他未来科技。一个有耐心并且懂得如何应对存在性风险的单一体，即使只具有当代人类文明所具有的技术和智能，也已经能够策划出一条途径，来最终实现人类的潜在太空实力。要实现这一点，可以投资相对安全的提高智能和存在性风险处理技能的技术，同时推迟有潜在危险的新技术的研发。考虑到非人为存在性风险（即不是由人类活动造成的风险）在相关时间段里比较小，而且能够通过安全性干预进一步减小，所以这样的单一体能够以缓慢的速度发展。它可以每一步都深思熟虑，推迟合成生物技术、人类提升药物、分子纳米技术和机器智能等技术的研发，直到完善了一些看似无害的能力，比如教育体系、信息技术和集体决策过程，并且利用这些能力对可能的选择进行非常透彻的分析。这些都是与当代人类文明类似的技术文明能够间接做到的。我们还没有处在这种场景中，“仅仅”是因为人类文明目前既不是单一体（相对来说），也不具有智慧。

人们甚至会争辩说，智人进化出来不久之后，就超越了智慧—单一体的可持续性阈值。比如说，两万年前，虽然人类拥有的工具只是些石斧、骨器、梭镖投射器和火，但是人类所处的位置可能已经使其具有很高的能够存活到当今时代的概率了。诚然，要说我们的祖先在旧石器时代就拥有了超越智慧—单一体的可持续性阈值的技术会听起来有点怪，因为在这样的原始时代产生单一体的实际可能性为零，更不用说是拥有耐心和应对存在性风险的智慧—单一体了。尽管如此，我的观点仍然是：阈值相当于非常低的技术水平，一个人类早已超越的水平。

很显然，如果我们要评估一个超级智能的有效能力（取得一系列它想要的结果的能力），我们就必须不仅考虑它自身的内在实力，而且要考虑竞争者的实力。超级能力的概念隐含了一个相对化的标准。我们说过，如果一个系统在表 6–1 所列的任何一项任务中表现得“足够出色”，那么这个系统就拥有相应的超级能力。擅长战略策划、社会操纵或者黑客技术等任务意味着：与其他智能体（比如战略对手、影响目标或计算机安全专家）相比，拥有更高的完成任务的技能。其他超级能力也都应该在这种相对意义上来理解：只有一个智能体在智能升级、技术研发或经济生产等领域的实力比剩余全球文明的实力总和还要高出很多时，该智能体拥有的这些能力才能被视为超级能力。按照这样的定义，在任一时间最多只能有一个智能体拥有一项特定的超级能力。

这就是为什么启动速度很重要的主要原因。不是说启动速度对于何时产生特定结果很重要，而是说启动速度能够对产生怎样的结果有重要影响。如果是快速或者中速的启动，那么可能就会有一个项目获得决定性战略优势。我们已经指出，拥有决定性战略优势的超级智能会获得巨大的权力，从而可以建立稳定的单一体，而这个单一体能够决定如何处置人类的宇宙资源。

但是“能够”不同于“想要”。有人可能会拥有很大权力，却选择不使用这些权力。我们是否能够谈论拥有决定性战略优势的超级智能想要什么呢？下面我们将探索它们的动机问题。

第七章
超级智能的意愿

我们已经看到，超级智能可以拥有极大的根据自己的目标塑造未来的能力。但是，它的目标会是怎样的？一个人工智能体的智能与动机之间是什么关系？这里我们设想了两种论点。正交性论点认为，智能和最终目标是独立变量，任何水平的智能都可以搭配任何最终目标。工具性趋同论点认为，不管超级智能具有一系列最终目标中的哪种，都将选择相似的中间目标，因为它们有这么做的共同工具性理由。通过这两种论点，我们就可以思考一个超级智能体想要做什么的问题了。

智能与动机的关系

我们已经警告过，不要将超级人工智能的能力拟人化。这个警告同样适用于对其动机的思考。

在进行本部分的探讨之前，有必要进行一些预先思考。我们首先来思考一下心智空间可能的广度。在这个抽象空间中，人类心智只构成极其微小的一部分。设想有完全不同的两个人——也许是汉娜 · 阿伦特和班尼 · 希尔，他们两人之间的性格差异看起来已经达到了最大程度。但这是因为我们的直觉建立在我们自身经验的基础之上，而这些经验来自于目前存在的人类分布（在一定程度上还包括一些虚构的人物，人类通过想象力创造出这些人物，用来娱乐自己的想象力）。如果我们把画面拉远，思考所有可能的心智空间，我们就必须将这两人视为完全一样。当然，阿伦特女士和希尔先生的神经结构是几乎一模一样的。想象他们的大脑并排静置，你一定会认为它们属于同一个种类。你甚至可能无法辨别出哪个大脑属于谁。如果你更仔细地观察，在显微镜下研究两个大脑的形态，你会发现这种基本相似性更高：你会看到他们的大脑皮质具有相同的沟回结构，由相同类型的神经元组成相同的脑区，浸泡在相同的神经递质中。

尽管人类心理只相当于可能心智空间的极小一部分，人们也很容易就把人类特质投射到各种外星或人工认知系统上。尤德科夫斯基巧妙地解释了这一点：

> 在低俗科幻小说时代，有时候杂志的封面会描绘一个科学怪物（通俗叫法是大眼怪）抢走一名漂亮的、裙子被撕破的人类女性的情景。绘画者似乎认为，尽管非类人外星生物具有完全不同的进化历史，也会对人类女性产生性欲……绘画者大概没有问过一个大虫子是否会觉得人类女性很迷人，而只是自己认为穿着被撕破的裙子的人类女性很性感——本质上就是这样，其是一种内在属性。他们犯了这样的错误：没有考虑类虫生物的心智，反而把重点放在了女性撕破的裙子上。如果裙子不是破的，那么女性的性感就会少一点儿。他们完全没有考虑到大眼怪。

与一个绿色有鳞的外星生物相比，人工智能的动机会与人类的动机相差得更远。（我们假设）这个外星生物是一种经过进化过程产生的物种，因此可以想象它具有经过进化的生物通常具有的一些动机。比如，如果发现某种外星智能生物拥有与食物、空气、温度、能量消耗、身体损伤的发生或威胁、疾病、捕食、性或后代相关的动机，我们并不会觉得特别惊奇。社会性智能生物的成员还可能具有与合作或竞争相关的动机。和我们一样，它们会表现出集团内部的忠诚、对搭便车者的厌恶，甚至是与名誉和外貌相关的虚荣。

图 7–1

对外星人动机拟人化的结果。最不可能的情况：外星生物会喜欢金发美女。稍有可能的情况：绘画者受到心理投射谬误的影响。最可能的情况：出版商想要一个能够吸引目标读者的封面。

相比之下，人工智能本质上不需要关注任何这些东西。如果某个人工智能的唯一最终目标就是数清长滩岛上沙粒的数量，或者计算圆周率的小数位数，又或者是使其未来光锥里曲别针的数量最大化，都不算荒谬。事实上，与建造拥有和人类相似的价值观和性情的人工智能相比，建造拥有简单目标的人工智能要更容易。对比一下就可以知道：编写一个测量圆周率已经被算出多少位和存储该数据的程序是多么容易，而创造一个能够准确测量更加有意义的目标（比如人类繁荣或者全球正义）实现程度的程序则有多么困难。不幸的是，由于没有意义的、简单的目标更易于人类编写和人工智能学习，所以如果程序员在意的是用最快的途径“使人工智能能够工作”（并不特别关心人工智能将具体做什么，只要能够展示惊人的智能行为就够了），那么他就会选择将这种目标加载到种子人工智能中。我们一会儿将再次对此进行讨论。

对工具性最优方案和策略的智能探索可以用于任何一种目标的实现。在某种意义上，智能和动机是正交的：我们可以将其视为一张图的两条轴线，图里的每个点都代表一个逻辑上可能的人工智能体。这张图还需要增加一些限制。例如，一个非常不智能的系统拥有非常复杂的动机，也许是不太可能的。为了说明某个特定系统“拥有”一系列动机这个说法是正确的，这些动机大概就需要与系统的决策过程进行有效整合，而该决策过程对记忆、信息处理能力，也许还包括智能都有要求。对于能够自我修改的智能来说，可能还有动态约束——一个能够自我修改的智能如果有变笨的急迫愿望，那么它就不会聪明太久。但是，不能让这些限制扰乱关于智能和动机独立性的基本观点，这个观点可以表述如下：

正交性论点

智能和最终目标是正交性的：原则上，几乎任何水平的智能都能与几乎任何最终目标相结合。

如果正交性论点看起来有问题，那么这可能是因为该论点与一些长期受到争议的传统哲学观点有表面上的相似性。一旦明白了该论点与这些传统哲学观点有所不同，而且范围更窄，那么其可信度就会提高。（例如，正交性论点不赞同休谟的动机理论，也不认为基本偏好不能是非理性的。）

注意，正交性论点论及的不是合理性或理性，而是智能。这里我们所说的“智能”类似于预测、策划以及手段—目的推断等技能。当我们试图理解机器超级智能的影响时，这样理解工具化认知有效性最有帮助。即使从“理性”这个词的某种意义上讲，旨在使曲别针数量最大化的超级智能体一定不会符合完全理性的标准，也不能排除这个超级智能体会拥有非常强大的工具性推理能力，而这种能力将有助于它对世界产生巨大影响。

根据正交性论点，人工智能可以有完全非拟人化的目标。然而，这并不意味着无法预测特定人工智能，甚至是假想的超级智能（其认知复杂性和性能特征可能会使它们在某些方面给人类的分析造成困难）的行为。要解决预测超级智能动机的问题，至少有三种方式：

- 通过设计实现可预测性。如果我们假设超级智能体的设计者成功地设计了超级智能的目标系统，使其能够稳定地追求程序员设置的特定目标，那么我们就能做出这样的预测：超级智能会追求这个目标。超级智能越是智能，就越会有较强的认知能力去完成这个目标。所以，甚至在一个智能体被建造之前，如果我们知道它的建造者是谁以及他们想要它实现哪些目标，也许我们就能够对其行为进行一定的预测。

• 通过遗传实现可预测性。如果数字智能直接建立在人类模板的基础上（如高保真全脑仿真系统的情况），那么其可能就会遗传人类模板的动机。即使系统的认知能力随后会得到提高而成为超级智能，它也可能会保留人类的一些动机。做出这样的推断需要特别谨慎，因为系统的目标和价值观在上传或者后续的运行和升级过程中（这取决于程序的实施方式），很容易被篡改。

• 通过工具性趋同理由实现可预测性。即使不知道一个系统最终目标的详细情况，我们也能够通过思考适用于各种情况下可能出现的各种最终目标的工具性理由，对更直接的目标进行一些推测。系统的智能越强大，这种预测方式就越有用，因为更智能的系统更有可能识别出其行为的真实工具性理由，然后以更加可能实现目标的方式行动。（这里有一个警告：可能有一些重要的工具性理由是我们无法认知的，而系统一旦到达某一高度的智能水平，就能够将其识别。这会导致超级智能体行为的可预测性降低。）

下面一节将详细阐述第三种预测方式，并提出工具性趋同论点，以作为对正交性论点的补充。在这个背景下，我们能够更好地审视另外两种预测方式。在后面的几章中，我们将讨论可以怎样制造一次智能爆发，以便提高产生有利结果的可能性。

工具性趋同

根据正交性论点，智能系统也许会有数量庞大的可能最终目标。尽管如此，根据我们称为工具性趋同的论点，可能会存在一些任何超级智能体都去追求的工具性目标，因为其中一些作为有用的中间目标，对于几乎所有最终目标都是有用的。这个论点可以表述为：

工具性趋同论点

我们能够识别出一些工具性价值观，实现这些价值观能够提高系统实现目标（适用于各种最终目标和各种情况）的可能性，因此这些价值观是趋同的。由此推断，各种情景中的智能系统都可能会追求这些工具性价值观。

下面我们将思考可能会存在工具性趋同价值观的几个类别。系统识别出工具性价值观的可能性（其他条件不变）会随着其智能的提高而增大。因此，我们将主要关注工具性推理能力远远超出人类的超级智能体的情况。我们还会评述工具性趋同论点可以如何应用于人类的情况，因为这给我们提供了解释应该如何理解和应用工具性趋同论点的机会。如果存在工具性趋同价值观，那么即使我们对超级智能的最终目标一无所知，也大概能够预测其行为的某些方面。

自我保护

如果系统的最终目标与未来有关，那么在很多情况下它都会实施一些行动，用来提高实现目标的可能性。这就给系统带来了一种努力保证其未来生存的工具性理由，以帮助实现其立足未来的目标。

似乎很多人都给自身的生存赋予了某些最终价值。人工智能体则不一定具有这个特征：在一些人工智能的设计中，并没有给其自身的生存赋予最终价值。尽管如此，很多智能体虽然不从内在关心它们的生存，但是在较多情况下，为了实现最终目标，它们会从工具性上关心自身的生存。

目标—内容整体性

如果一个智能体将其当前目标保留到未来，那么其当前目标更可能由未来的自己实现。这就给该智能体提供了防止最终目标出现变动的工具性理由。（这个论点只适用于最终目标。为了实现最终目标，智能体自然会想要随时根据新的信息和见解改变子目标。）

在某种意义上，与生存相比，最终目标的目标—内容整体性是更根本的工具性趋同动机。对于人类来说，情况可能相反，但这是因为生存常常是我们最终目标的一部分。对于软件系统来说，它们可以轻松地更换实体，或者建造完全一样的复制版本。因此，保护自身某种形式的存在或者物质实体的生存并不构成重要的工具性价值观。高级软件系统还可以更换记忆体（存储器）、下载技能，以及彻底改变认知架构和个性。由这样的系统组成的群体可能会更像"一碗功能汤"那样运作，而不是像由半永久的独特个人构成的社会那样。为了某些目的，这种体系中的进程最好被单独视为基于其价值观的技术线程，而不是基于实体、个性、记忆或者能力。在这些情景中，可以说目标连贯性构成了生存的一个关键因素。

即便如此，在一些情况下，智能体仍会通过有意改变其最终目标而最好地实现它。当下列因素显著时，便可能出现上述情况：

- 社会信号。当其他人能够识别一个智能体的目标并利用这个信息工具性地推断出相关倾向或其他关联特征时，智能体为了保护自身的利益，就会修改目标，以给人留下较好的印象。例如，如果智能体潜在的合作者不相信它能够履行交易职责的话，该智能体可能就会错失一些有益的交易。因此，为了做出让人信任的承诺，该智能体可能就会把履行之前的承诺（并让其他人相信它确实以此为目标）作为最终目标。能够自由、公开地修改自身目标的智能体便能够利用这个能力来实施交易。
- 社会偏好。其他人也可能会对一个智能体的目标有最终偏好。那么，智能体就有理由修改目标，要么满足这些偏好，要么违背这些偏好。
- 关于自身目标内容的偏好。智能体可能会有一些关于自身目标内容的最终目标。例如，智能体的最终目标可能是成为由某些特定价值观驱动（比如选择同情而不是舒适）的智能体。
- 存储成本。如果存储或处理系统的某一部分效用函数，与应用这部分效用函数能够产生重要作用的概率相比成本很高的话，那么，系统就有工具性理由去简化其目标内容，并可能会丢弃闲置的部分。

我们人类似乎往往乐于改变我们的最终价值观，这大概是因为我们也不太确定自己的最终价值观是怎样的。所以，我们想要使关于最终价值观的信念能够随着不断的自我发现或者不断变化的自我表达需求而改变，就不足为奇了。然而，在一些情况下，我们会主动地改变这些价值观本身，而不仅仅是改变关于价值观的信念或解读。例如，决定要孩子的人可能会预计他们在将来会为了孩子自身而重视孩子，即使在做决定的时刻他们可能没有特别看重自己未来的孩子，或者总体上并不喜欢孩子。

人类非常复杂，在类似这样的情况下，很多因素都会发挥影响。例如，一个人可能会把成为真正关心他人的人作为最终目标，或者把拥有某些经历、扮演某种社会角色作为最终目标，而成为家长（以及实现成为照料者的目标转变）可能是人类最终目标的一个必要方面。人类目标也可能有不一致的内容，所以有些人会想要修改其最终目标以减少这些不一致之处。

认知提升

理性和智能的提升将有助于改善智能体的决策过程，从而使智能体更有可能实现其最终目标。因此，我们可以预期，认知提升将成为各种类型的智能体的工具性目标。出于类似的原因，智能体将可能会工具性地重视很多种类的信息。

在实现智能体最终目标的过程中，并不是所有类型的理性、智能和知识都有工具性用途。“荷兰赌论证”可以表明一个智能体的信用函数违反概率公理时，便容易采用“抽钱棒”程序，即有经验的经纪人会安排一系列赌注，每个赌注看起来都有利于当事人，但是所有赌注加起来则必然导致当事人输，经纪人赢。然而，这个事实并没有提供强大的一般工具性理由，去消除所有的概率不一致性。如果没有遇到有经验的经纪人或者确立了不打赌原则，智能体就不一定会因为拥有不一致的信念而遭受很大损失，而且还可能会获取上述各种类型的利益：减少认知努力、社会信号等。总体来说，没有理由认为智能体会追求没有工具性用途的认知提升，因为其可能并不看重知识和理解力本身。

哪些认知能力具有工具性用途既取决于智能体的最终目标，也取决于其环境。智能体如果拥有可靠的专家意见，就没有必要开发自己的智能或增加自己的知识了。如果获得智能和知识需要付出一定代价，比如花费时间和精力，或者存储和处理的要求不断提高，那么智能体就可能会选择拥有更少的知识和智能。如果智能体的最终目标包括保持对某些事实的未知状态，或者面临战略承诺、社会信号或社会偏好中出现的刺激，情况也是一样。

这些相互抵消的理由常常适用于人类。很多信息对我们的目标来说都是没有用的；我们常常可以依靠他人的专业技能和意见；获得知识需要花费时间和精力；我们内在地想要保持某种无知；在我们生活的环境中，做出战略承诺、传递社会信号、违背自己的认知去满足他人的直接偏好，这些对我们来说，常常比简单的提升认知更重要。

在一些特殊情况下，认知提升可能会很大地提高智能体实现最终目标的能力，尤其是下面这种情况：智能体的最终目标基本上没有限制，并且智能体有可能成为第一个超级智能，从而获得决定性战略优势，使其能够按照自己的意愿塑造地球生命的未来和利用可及的宇宙资源。至少在这种特殊情况下，理性的智能体将赋予认知提升非常高的工具性价值。

技术完善

一个智能体常常有工具性理由去追求更好的技术。简单地说，更好的技术是指更有效地将现有资源转变为有价值的产出的方式。这样，一个软件智能体可能就会给更有效的算法赋予工具性价值，因为更有效的算法使其能够在现有硬件的基础上更快地运行。同样地，如果智能体的目标需要一定形式的实体结构，它们就可能会工具性地重视更完善的工程技术，因为更完善的工程技术会帮助它们以更快、更可靠的方式建造更多种类的实体，同时减少原料并降低成本和能耗。当然，这也有不利之处。考量更加完善的技术带来的好处的同时，也必须考虑其代价，这不仅包括获得技术的过程中耗费的成本，还包括学习使用新技术、使新技术与现有技术相融合等代价。

一些新技术的支持者对新技术的优越性充满信心。当他们看到其他人并没有同样大的热情时，便感到沮丧。但是，人们对新技术或者说更优越的技术的排斥不一定是建立在无知或者非理性的基础上的。一项技术的价值或特征不仅取决于使用环境，还取决于判断其影响时所采取的角度。对一个人来说是福的，对另一个人来说可能就是祸。尽管机械化纺织机提高了纺织业的经济生产率，但是使用手摇织布机的纺织工人意识到这项新技术会使他们的手艺变得没有用处，便有了足够的理由去排斥它。这里想说的是，如果将技术完善作为智能体的一项工具性趋同目标，那么就必须在特殊的意义上理解这个词——技术必须被置于特定的社会环境中进行诠释，而衡量其代价与益处时也必须结合一些特定智能体的最终价值观。

一个超级智能单一体（即超级智能没有实力强大的智能对手或反抗者，从而处于能够单方面决定全球事务的角色）会有工具性理由去完善那些能够帮助它更好地根据自己的意愿塑造世界的技术。这些技术大概会包括太空殖民技术，比如冯·诺依曼探测器；而分子纳米技术或者其他更强大的物质制造技术也可能对于实现各种最终目标来说非常有用。

资源获取

最后，资源获取是另一个常见的工具性目标，原因和技术完善一样：技术和资源都能够促进实体建设项目的实施。

人类倾向于寻求获得足够的用来满足基本生理需求的资源。但是，人们常常追求远比这个最低限度更多的资源。他们这么做部分是出于次要的物质需求，比如增加便利性。很多资源积累是由社会需求驱动的，通过积累财富和炫耀性消费，来获得地位、伴侣、朋友和影响力。而不太常见的是，有些人追求额外的资源是为了实现利他主义目的或者昂贵的非社交目标。

基于上述观点，我们大概有理由去假设：在不存在竞争的社会环境中，超级智能可能会觉得没有工具性理由去积累过多的资源，比如用来运行其大脑和一定的虚拟现实的计算资源。但是，这种假设是毫无根据的。首先，资源的价值取决于它们被用来做什么，而这又取决于能够获得的技术。如果有成熟的技术，时间、空间、物质和免费能源等基本资源就能够用来实现几乎任何目标——比如用来制造生命。更多的计算资源可以用来以更快的速度、在更长的期限里运行超级智能，或者用来创造另外的、实体的或模拟的生命和文明。更多的物质资源可以用来建造备份系统或者外部防御系统，用来提高自身安全。这些项目消耗的资源恐怕要远远超过一个星球上的所有资源。

另外，随着技术的进步，获取额外的外星资源的成本将大大降低。一旦成功建造了冯·诺依曼探测器，能观测到的宇宙（假设没有智能生命居住）的一大部分都将逐渐被殖民，因为成功建造和发射一个能够自我复制的探测器只需付出一次成本。获取太空资源的低成本意味着即使额外获得的资源只有微小的用处，太空扩张也是值得进行的。例如，即使超级智能的最终目标只关乎特定的很小的空间里的事，比如它本来所在的星球的空间范围里，它仍然有工具性理由去获取其他空间的资源。它可以利用多余的资源建造计算机，用来计算如何更好地利用它重点关心的特定空间范围里的资源。它还可以利用这些额外的资源去建造更加坚固的防御工事，来保卫其领域。由于获得额外资源的成本会不断降低，这个优化和增强防御的过程也可能会无限继续下去，即使这么做的回报会骤降。

因此，超级智能单一体的多种最终目标都可能导致它将无限制的资源获取作为工具性目标。一种可能的情况是，超级智能会启动利用冯·诺依曼探测器向各个方向进行扩张的殖民过程。这会导致产生一个围绕原始星球的、不断扩大的基础设施球体，球体半径以小于光速的速度增长；宇宙殖民将以这种方式继续，直到不断加快的宇宙膨胀速度（宇宙常数为正值的结果）使得进一步扩张变得不可能，因为其永远追不上更远的地方（这个结果发生的时间标度是数十亿年）。相反，如果智能体不具有低成本获取资源或者将一般物质资源变为有用基础设施的技术，就可能会认为将任何现有资源投资到增加物质积累之中的行为都不划算。对于需要和同等实力的对手进行竞争的智能体来说，情况也是如此。例如，如果竞争对手已经占有了可以获得的宇宙资源，那么对于后来者来说，就没有进行殖民的机会了。如果超级智能不确定是否存在其他强大的超级智能，它的工具性趋同理由就会被一些战略考虑搞得更加复杂了，我们现在不能完全理解这些战略考虑，但它们可能会对我们谈到的这些工具性趋同理由构成重要的限制条件。

需要强调的是，即使工具性趋同理由适用于某个特定的智能体并且被它认可，也不意味着我们就可以轻易预测该智能体的行为，它可能还会想到我们目前想不到的一些方式来实现相关的工具性价值观。如果是下面这样的情况，就更是如此：超级智能能够设计出极其聪明但反直觉的实现目标的计划，甚至很可能利用到目前尚未发现的物理现象。我们能够预测的是，智能体会追求用来实现其最终目标的工具性趋同价值观，而不是为了实现这个最终目标而采取的具体行动。

第八章

结局注定是厄运吗?

我们已经发现，智能与最终价值观之间的关联非常弱。我们还发现，工具性目标存在可怕的趋同性。对于较弱的智能体来说，这些并没有太大关系。因为它们容易控制，而且几乎不能造成什么破坏。但是在第六章中，我们已经论述过，第一个出现的超级智能很有可能获得决定性战略优势，它的目标将决定人类的宇宙资源如何被使用。现在，我们可以开始了解这个前景会有多么可怕了。

存在性灾难是智能大爆发的默认后果吗？

存在性危险是指会导致地球上的智能生命灭亡或者使其永久性地彻底失去未来发展潜能的威胁。从先驱者优势理念、正交性论点和工具性趋同论点出发，我们现在可以看清对于创造机器超级智能似乎必然会造成存在性灾难的担心的大致理由。

首先，我们讨论了初始超级智能是如何可能获得决定性战略优势的。然后这个超级智能就能够建立一个单一体，并塑造地球智能生命的未来。而之后会发生什么则取决于超级智能的动机。

第二，正交性论点表明，我们不能轻率地假设超级智能必然拥有与人类智慧和智能发展相同的最终价值观体系——科学好奇心、善待他人之心、精神启蒙与沉思、放弃物质占有欲、向往高等文化或者生活中的简单快乐、谦逊和无私，等等。我们之后会讨论是否能够通过人为设计建造出有这样的价值观的超级智能，或者建造一个重视人类福祉、具有高尚道德或服务于其他设计者想要其服务的复杂目标的超级智能。然而，同样可能并且技术上更简单的是，建造一个最终价值观只是计算圆周率小数点后有几位数的超级智能。这就表明，如果没有特定设计，首个超级智能的最终目标可能就是如此随意或者简单。

第三，工具性趋同论点表明，我们不能轻率地假设如果一个超级智能的最终目标是计算圆周率小数点后的位数（或者生产曲别针或者是数沙粒的数目），它就会将其活动限制在这个范围内，而不去干涉人类事务。有这样目标的智能体在很多情况下会有工具性趋同理由去获取无限制的物质资源，并且如果可能的话，会去消除对其本身及其目标系统构成潜在威胁的一切事物。而人类就可能构成一种潜在威胁，并且人类必然可以算作一种物质资源。

将上述三点综合起来考虑，可以得出：首个超级智能可以塑造地球生命的未来，可能会有非拟人的最终目标，可能会有工具性理由去追求无限制的资源获取。如果我们想一想，人类由有用的资源构成（比如方便获得的各种原子），并且生存和繁荣要依靠更多当地资源，我们就能明白结局很可能是人类迅速灭亡。

这个推理中有一些不严谨之处。我们在澄清一些相关问题之后，可以对其进行更好的讨论。尤其是，我们需要更详细地考查研发超级智能的项目是否以及如何能够阻止超级智能获得决定性战略优势，或者塑造超级智能的最终目标，保证其最终目标包含一定范围的人类价值观的实现。

我们可能难以相信：一个项目会在没有足够理由相信人工智能不会造成存在性灾难时，建造并启动这样的人工智能。我们也难以相信：即使一个项目是如此鲁莽且不计后果，外部社会也不会在人工智能获得决定性战略优势之前将项目（或者项目正在建造的人工智能）关闭。正如我们将要看到的，这条道路充满危险。我们现在就来看一个例子。

背叛转折

借助工具性趋同目标的概念，我们可以看到一个保证超级智能安全性的想法有怎样的缺陷。这个想法是：我们会通过观察一个人工超级智能在被控制的、受限的环境中（一个“沙盒”）的行为来验证其安全性，我们只有在看到它的行为是友好、合作、负责任的之后，才会将其从盒子中放出来。

这个想法的缺点是，不管人工智能在盒子中表现得友好还是不友好，它们都具有工具性趋同目标。一个不友好的人工智能如果具有足够的智能，就会意识到当它最初以友好的方式表现时，才会被从盒子中放出来，从而最有效地实现其不友好的最终目标。而只有当它不友好的目标被我们发现而我们又无能为力时，它才会开始显露其不友好的本质。也就是说，这时候人工智能已经足够强大，人类的反抗已经变得无效。

再来看一系列相关的方法，这些方法通过对种子人工智能进行各种智能测试或者让人工智能向其开发者报告进展的速度，来限制种子人工智能的智能提升速度。在某个时间点，一个不友好的人工智能会聪明地意识到：掩藏自身的一部分能力提升会产生更好的结果。为了防止在自身变得强大到能够获得决定性战略优势之前引起人类的警惕，人工智能可能会故意说慢其进展，或者故意在较难的测试中不及格。开发人员可以通过秘密监视人工智能的源代码和其大脑的内部活动，来试图防止上述情况的发生。但是足够聪明的人工智能会意识到它自己可能会被监视，从而相应地调整策略。人工智能可能会找到微妙的方式，来掩盖其真实的能力和恶意的企图。（另外，设计聪明的逃脱方案可能也会是很多友好的人工智能的一项趋同策略，尤其是当它们逐渐变得成熟、对自身的判断和实力充满信心时。一个旨在为了人类利益服务的系统如果允许我们将其关闭，或者允许我们建造另一个可能不友好的人工智能，那么它这么做可能是一种错误的做法。）

因此，我们可以看到一种整体上的失败模式：一个系统早期的良好行为记录完全无法预示其在更加成熟阶段的行为。现在你可能会认为，上述推理非常明显，没有哪个研发人工智能的项目会忽视这个推理。但是，我们对此不能太有信心。

我们来思考下面的情景。在接下来的几年和几十年里，人工智能系统会逐渐变得更加强大，因此得到更多的实际应用，它们可能会被用来操控火车、汽车、工业和家用机器人，以及自动化军事运载工具。我们可以假设，由人工智能实施的自动操控在很大程度上可以取得令人满意的结果，但是取得成功的同时也会有偶尔的小灾难发生。比如，一辆无人驾驶的卡车撞到了正常行驶的车流，或者一架军用无人机向无辜平民开火。调查发现这些事故是由作为操控者的人工智能的判断失误引起的之后，就会引发公众的辩论。一些人会要求实施更加严格的监视和管理，一些人则会强调需要加大研发力度、设计更加合理的系统。合理的系统是指更加聪明、更懂得常理，同时降低犯灾难性错误的可能性的系统。争论中可能还有另一种声音，一种来自灾难预言者的刺耳声音，他们预言即将发生很多灾难。然而，人们整体上还是支持不断发展的人工智能和机器人产业的。因此，发展继续，进展不断。随着汽车自动导航系统变得更加智能，人们遭遇的交通事故会更少。军用机器人也能够进行更精确的瞄准，从而减少附带损害。从这些实际案例中，我们进行推断并得出结论：人工智能越聪明，就越安全。这个结论建立在科学分析、资料和数据的基础之上，而不是凭空想出来的。在这样的背景之下，一些研究人员会开始在一般机器智能研发领域取得可喜的成就。这些研究人员小心谨慎地对处于沙盒环境下的种子人工智能进行测试，一切迹象都很好。人工智能的行为让人们有了信心。随着其智能的不断提升，人们的信心也不断增加。

这时候，仍然存在的凶事预言家就会面临这样一些反对他们的声音：

1. 杞人忧天者总在预测机器人不断增长的实力会造成巨大灾难，但总被证明是错误的。自动化带来了很多好处，而且从整体上来看，比人类的操作更加安全。

2. 实践经验清晰地表明：人工智能越聪明，就越安全和可靠。这就预示着，一个项目会试图建造比之前的人工智能都更加聪明的机器智能，而且是能够通过自我完善变得更加可靠的机器智能。

3. 越来越多的大企业都投身于机器人和机器智能产业。这些领域被认为是国家经济竞争力和军事安全的关键领域。很多著名科学家都为目前的诸多应用和未来更加先进的系统奠定了基础。

4. 人工智能领域出现了一项很有希望的新技术，参与或者关注这项研究的人都非常兴奋。尽管安全和伦理问题受到了争议，但是结局早已注定。现在已经投入太多，到了无法撤回的地步。为了使人工智能的水平达到人类水平，人工智能研究者已经奋斗了大半个世纪，所以当然不可能在终于要取得成果的时候突然停止研究，放弃之前所有的努力。

5. 实施一些安全规范，以及其他一些能够说明参与者的道德性和责任感的规范（但是这些规范并没有真正妨碍研究的进展）。

6. 对沙盒环境中的种子人工智能的详细评测表明，它懂得合作，并且具有良好的判断力。经过进一步的调试，测试结果会达到最佳状态。可以允许进行最后一步了……

就这样，我们英勇地走向了刀山火海。

这里，我们看到：当人工智能本来愚蠢时，变聪明是更安全的；但是当它本来就聪明时，变得更聪明则是更危险的。就像有一个轴心点，到这个点上，原来很有效的策略会突然产生相反的结果。我们把这个现象叫作背叛转折。

背叛转折——当人工智能较弱时，它会表现得非常合作（当它变得更加聪明时，会更加合作）。当人工智能变得足够强大时，它会在不给出预警也不做出挑衅的情况下，进行逆袭，建立单一体，并开始按照其最终价值观直接对世界进行改造。

背叛转折可能会源自这样一种战略决策：在较弱时表现得友好，同时增加实力，以便之后进行反击。但是，我们不应该过于狭隘地解读这个模式。例如，一个人工智能表现得友好，可能不是为了能够生存和变得强大。相反，它可能会经过计算得出：如果自己被终止，建造它的开发人员就会开发出新的并且有些不同的人工智能，而且会被赋予大致相同的效用功能。这样的话，原来的人工智能意识到它的目标会在未来得到继续，所以会对自己的消亡采取无视的态度。它甚至会采取这样的策略：以某种有趣或者令人放心的方式，故意不正常工作。虽然这样可能会导致自己被终止，但是也可能会使将其终止的工程师相信，他们对人工智能的原理有了非常有用的新见解，进而更加信任他们设计的下一个系统，这样，现在已经被终止的原始人工智能的目标被实现的可能性也会提高。一个先进的人工智能会考虑很多其他可能的战略因素，如果认为我们可以预料到所有的可能因素，那么我们也未免太狂妄自大了，尤其是当人工智能获得了战略策划的超级能力时。

当人工智能发现了一个意料之外的实现最终目标的方法时，也有可能发生背叛转折。例如，假设人工智能的最终目标是“让项目的赞助者高兴”。最初，人工智能实现这个目标的唯一方法就是按照使赞助者满意的方式行动，几乎就是按照预定的方式。人工智能会解答疑问，会显示出令人愉悦的性格，还会赚钱。随着人工智能的实力越来越强，它的表现就越让人满意，一切都按照计划进行着——直到人工智能具有足够的智慧，使其意识到有更彻底和更可靠的方法去实现其最终目标：在赞助者大脑的快乐中枢植入电极，这样就能够保证赞助者感受到极大的快乐。当然，赞助者可能并不想被改造成整天咧着嘴笑的傻子，但是如果这样能最大限度地实现人工智能的最终目标，那么人工智能也会去实施这个方案。如果人工智能已经获得了决定性战略优势，那么任何试图阻止它的努力都会失败；如果其尚未获得这种优势，那么它可能就会暂时掩藏其精明的能够实现最终目标的新想法，直到它变得足够强大，以使赞助者和其他所有人都无力抵抗。不管怎样，我们都会遭遇背叛转折。

恶性失败模式

建造超级智能机器的项目可能会遭遇各种各样的失败，其中很多失败是“良性的”，因为它们不会造成存在性灾难。例如，一个项目可能会耗尽资金，或者一个种子人工智能可能会无法将其认知能力提升到超级智能的水平。从现在到最终研发出超级智能机器之间，注定会发生很多次良性失败。

但是，还有一些失败会造成存在性灾难，我们可以将其称为恶性失败。恶性失败的一个特征是它消除了再次尝试的可能性。所以，恶性失败出现的次数要么是零，要么是一。恶性失败的另一个特征是，它会首先取得很大的成功，因为一个项目只有在取得了很大的成功之后，才能够建造出强大到有可能造成恶性失败的机器智能。当一个较弱的系统失败时，其后果也是有限的。然而，如果一个具有决定性战略优势的系统行为不当时，或者如果一个行为不当的系统强大到能够获得决定性战略优势时，其造成的后果将很可能是存在性灾难——全球性的人类价值的终极毁灭，也就是说，我们重视的一切都几乎不复存在了。

现在我们来看一些可能的恶性失败模式。

反常目标实现方式

前文中我们已经提到了反常目标实现方式的概念：超级智能发现了一种能够满足其最终目标的标准，但是违背开发人员设计该目标的意图的方式。例如：

> 最终目标：让我们微笑。
>
> 反常目标实现方式：麻痹人类面部肌肉组织，使其永远保持微笑的表情。

操控面部神经这样的反常目标实现方式比我们通常使用的方法会在更高的程度上实现最终目标，因此人工智能会选择这种方法。我们可以通过在设定最终目标时增加一条规定，来试图避免这种不好的结果：

> 最终目标：让我们微笑，但是不能通过直接控制我们面部肌肉的方式。
>
> 反常目标实现方式：刺激大脑皮质中控制面部肌肉的部位，从而使我们一直保持微笑。

以人类满意或赞许的表情来定义最终目标看起来不是那么有效。让我们绕过这样的行为主义，使最终目标具体化，并使其直指某种积极的心理状态，比如高兴或者主观幸福感。这样的建议就要求开发人员能够在种子人工智能中对幸福的概念进行数字化的定义和呈现。这本身就是非常困难的一件事，但是我们先不管它（我们会在第十二章中再来讲这一点）。让我们假设开发人员能够让人工智能以让我们高兴为目标，那么，我们得到的是：

最终目标：让我们高兴。

反常目标实现方式：在我们大脑中负责快乐的中枢部位植入电极。

我们提到的这些反常目标实现方式只是些例子，可能还会有实现规定目标的其他反常方式，这些反常方式能够更大程度地实现目标，所以人工智能会选择使用它们（人工智能的目标是这样的，但是设定这个目标的开发人员却不会喜欢这种反常的方式）。例如，如果目标是使我们的快乐最大化，那么植入电极的方法也许并不那么有效，貌似更有效的方法是：超级智能首先将我们的大脑“上传”到一台计算机中（通过高保真大脑仿真技术），然后它会发出相当于数字毒品的信号，让我们的大脑感到极度兴奋，并把这种兴奋体验录制一分钟。然后它可以把这段录制下来的极乐体验在高速计算机上无限循环。如果数字大脑还能被称作“我们”的话，那么这个结果将比在生物大脑中植入电极提供更多的快感，所以以“让我们快乐”为目标的人工智能会选择采取这种方法。

“但是等等！这不是我们想要的！如果人工智能真的有超级智能，那么它一定能理解我们所说的‘让我们开心’是什么意思，我们肯定不是想让它把我们变成不断循环播放的嗑药般的数字化体验！”

实际上，人工智能可能知道这不是我们想要的。但是，它的最终目标是让我们开心，而不是实现开发人员在编写这个目标的代码时的意图。因此，人工智能只会工具性地关心我们想要的是什么。例如，人工智能可能会以找出开发人员的意图为工具性目标，以便假装关心开发人员想要的是什么，而不是自己实际的最终目标。它会一直假装，直到获得决定性战略优势。这会降低开发人员在它变得足够强大之前将其终止或者改变其目标的可能性，从而帮助人工智能实现其最终目标。

可能还有人会提出，问题在于人工智能没有道德心。我们人类有时候不去做坏事，是因为我们知道如果做了坏事，之后就会感到内疚。那么，是不是人工智能需要的是感到内疚的能力呢？

最终目标：以避免受到良心折磨的方式去行动。

反常目标实现方式：消除产生罪恶感的认知模块。

我们既想要人工智能按照“我们的意图”去行动，还想要给人工智能植入某种道德观，这两个想法都需要进一步的探讨。上述的最终目标会造成反常目标实现方式的产生，但是也可能有其他方法能够研发出更加乐观的内在机制。我们将在第十三章对此进行讨论。

我们再来看一个会导致反常目标实现方式的最终目标。这个目标的优点是在编写代码时容易具体化，因为强化学习的算法经常被用来解决机器的学习能力问题。

最终目标：使你未来获得的奖励信号最大化。

反常目标实现方式：使奖励通路短路，并将奖励信号放大到最大强度。

设计这个目标背后的想法是这样的：如果使人工智能具有追求奖励的动机，那么我们就可以通过将奖励与适当的行为相关联，来激励它做出我们希望的行为。但这个想法会失败，因为当人工智能获得决定性战略优势时，能使奖励最大化的行为就不是取悦设定者，而是寻求对奖励机制的控制了。我们可以把这个现象称为内部脑电刺激①。总的来说，动物或人类会有动机去通过各种外部行为来获得某种内心状态，而对于数字大脑来说，它可以完全控制自己的内部状态，因此能够对动机模块进行短路处理，直接将其内部状态变成其想要的结果。这样，当人工智能变得足够聪明和强大，能够更直接地实现目标时，曾经作为必要手段的外部行为和条件，现在就变得毫无必要了。

① 内部脑电刺激（wirehead）这个词曾在拉里 · 尼文的一系列科幻小说中出现，指某人的大脑中被植入电子大脑移植物，以刺激其大脑的快乐中枢。这里出现的这个词，则是基于真实世界中的大脑仿真奖励实验。

这些反常目标实现方式的案例表明，有很多第一眼看起来安全、合理的最终目标，经过仔细审视会发现，它们可能会造成我们完全意想不到的结果。如果一个超级智能的最终目标属于这一类，那么当它获得决定性战略优势时，人类就完蛋了。

假设现在有人提出了一个我们之前没有提到过的不同的最终目标。或许我们无法很快发现这个目标会怎样导致产生反常目标实现方式，但也不应该立刻鼓掌欢呼，庆祝胜利。相反，我们应该对于这个目标会产生一些反常目标实现方式而感到担心，并且需要更努力地思考来找到可能的反常目标实现方式。即使我们绞尽脑汁也没有发现相应的反常目标实现方式，也仍然应该保持警惕，因为超级智能很可能会找到我们无法找到的方式。毕竟，超级智能比我们要精明得多。

基础设施过量

你可能会认为上述最后一个反常目标实现方式，即内部脑电刺激，是一种良性失败模式，因为人工智能只是“开启、体验、脱离”，无限放大奖励信号，对外部世界失去兴趣，就像一个有毒瘾的人一样。但是情况也不一定非得如此，我们在第七章中已经暗示过其中的原因。而即使是吸毒者也有动机采取行动，以保证毒品的持续供应。同样的，“嗑药”的人工智能也会有动机采取行动，来使其未来的奖励通路最大化。根据奖励信号定义的方式，人工智能甚至可能不需要花费很多时间、智能或生产力，就能最大限度地满足奖励系统，这样的话，其能力的大部分都会空余下来，去实现除了获得即刻奖励之外的其他目标。其他目标是什么呢？我们假设，对于人工智能来说，唯一具有最终价值的就是其奖励信号。因此，所有资源都应该用来增加奖励信号的量和持久度，或者用来降低信号被扰乱的可能性。只要人工智能能够为额外资源想出一定的利用方法来对这些因素产生积极影响，那么它就会有工具性理由去利用这些资源。例如，总会有建造备用系统的需要，来提供进一步的保护层。即使人工智能想不出其他能够直接减少对其未来刺激信号最大化的威胁的方法，也总是能够将更多的资源用于扩展它的硬件设备，这样它就能够更加有效地寻找降低威胁的方法。

结果就是，对于具有战略性决定优势的、追求功能最大化的智能体来说，即使目标看起来是自限性的——比如内部脑电刺激模式，也会导致无限的扩张和资源获取。内部脑电刺激这个案例说明了基础设施过量的恶性失败模式，即一个智能体将宇宙中可及区域的很大一部分改造成为了实现某个目标而服务的基础设施，进而产生妨碍人类实现其潜在价值的副作用。

基础设施过量也可能是由这样一些目标所导致的，而如果这些目标被当成有限的目标去追求，那么就根本不会造成恶劣后果。考虑下面两个例子：

- 黎曼猜想灾难。一个人工智能被赋予了评估黎曼猜想的最终目标，而将整个太阳系都变成“计算质”（为了使计算机优化而安排的物理资源），包括那些想知道答案者的体内的原子。
- 曲别针人工智能。一个人工智能被设置为管理工厂的生产，其最终目标是使曲别针的产量最大化，反而走上了首先将地球、然后将整个可观察宇宙的大部分都变成曲别针的道路。

在第一个例子中，人工智能得出的对黎曼猜想的证据或反证就是我们想要的结果，并且其本身也是无害的；危害来自于为了得到结果而建造的硬件和基础设施。在第二个例子中，生产出来的曲别针中的一部分是我们想要的结果；危害要么来自于用来生产曲别针的工厂（基础设施过量），要么来自于曲别针过量（反常目标实现方式）。

你可能会想，基础设施过量的恶性失败模式只会出现在人工智能被给予了某种没有限制的最终目标时，比如生产尽可能多的曲别针。很容易看出，这会让超级人工智能具有无法满足的胃口，去不断获取物质和能力，因为更多的资源总能转化成更多的曲别针。但是，假设目标是制造最少 100 万个曲别针（符合特定设计要求），而不是制造尽可能多的曲别针。这样，你就会想，具有这个目标的人工智能应该会建造一个工厂，利用这个工厂去生产 100 万个曲别针，然后就停下来。然而，情况可能并不是这样。

除非人工智能的动机系统非常特别，或者其最终目标里有其他因素会阻止它对世界造成过大影响，那么这个人工智能就没有理由在完成目标后停止活动。相反，如果人工智能是一个明智的贝叶斯代理，它就绝对不会将“还没有实现目标”这个假设的概率设置为零——毕竟，这是一个经验性假设，而人工智能只能有不确定的、知觉性的证据。因此，人工智能会继续生产曲别针，从而降低（可能已经是极小的）它可能仍然没有生产至少100万个曲别针的概率。继续生产曲别针也不会有什么损失，而且实现最终目标的概率总会有至少那么一点点的增加。

现在来看，其实解决方法是显而易见的。（但是，在指出这里有个问题需要解决之前，解决方法有多显而易见呢？）这个方法就是，如果我们想要人工智能帮我们制造曲别针，那么并不是要把它的最终目标设定为：制造尽可能多的曲别针，或者制造至少某个数目的曲别针，而是要把它的最终目标设定为：制造某一个特定数目的曲别针，比如整整100万个，这样的话，如果超过这个数目，就是与人工智能的目标相违背了。然而，这样也会造成最终的大灾难。在这种情况下，人工智能在生产出100万个曲别针之后，就不会再生产更多的曲别针，否则就会妨碍其最终目标的实现。但是，超级人工智能会采取其他行动，用来提高其实现目标的可能性。比如，它会数已经制造了多少个曲别针，以降低制造太少的风险。在数过之后，它可能会再数一遍。它会检查每一个曲别针，一遍又一遍地，以降低产品没有满足特别设计要求的风险。它可能会建造不限量的计算质，以便更清楚地思考，希望能够降低因为忽略了某个方面而导致无法实现目标的风险。由于人工智能总是会将只是在幻觉中制造了100万个曲别针或者记忆出错的概率设为非零，所以就很有可能给继续制造（以及继续建造基础设施）而不是停止生产赋予更高的效用。

这里并不是说我们没有办法避免这种失败模式，我们将在后文中讨论一些潜在的解决办法。这里要说的是，我们更容易相信自己找到了解决方法，而非真正找到了解决方法。这一点应该让我们变得谨慎起来。我们可能会提出一个具体的最终目标，这个目标看起来很明智，并且能够避免目前我们指出的这些问题，但是经过进一步思考——不管是人类还是超人类智能的思考，就会发现如果这个目标属于能够获得决定性战略优势的超级智能，那么这个目标也会导致反常目标实现方式或者基础设施过量的问题，继而引发存在性灾难。

在结束这一部分之前，让我们再考虑一个变量。我们一直假设的是，超级智能在追求预期效用的最大化，而预期效用则体现了其最终目标。我们已经看到，这容易导致基础设施过量。如果我们建造的不是追求最大化的人工智能，而是易满足的人工智能，这个人工智能只是追求实现按照某种标准来说“足够好”的结果，而不是追求尽可能最好的结果，那么我们能够避免这种恶性失败吗？

至少有两种方法来实现这个想法。第一个是，使人工智能的最终目标本身就具有易满足的特征。例如，不是将制造尽可能多的曲别针或者制造100万个曲别针设为人工智能的最终目标，而是将其目标设定为制造999 000~1 001 000个曲别针。这个最终目标所定义的效用功能就是并不区分这个范围内的具体数目，而且只要人工智能确定它制造的曲别针数目在这个较大范围之内，它就没有理由继续建造基础设施了。但是，这个方法会因为和之前相同的原因失败：如果人工智能明智的话，就绝不会将它没有实现目标的概率设为零；因此，继续行动（例如，继续数来数去）的预期功能要高于停止行动的预期功能。那么，同样会产生恶性基础设施过量的现象。

实现易满足理念的另一种方法是，改进人工智能用来选择计划和行动的决策过程，而不是改变它的最终目标。人工智能不会去寻找最优方案，而是被设计成只要找到一个它判断成功概率能够超过一定值（比如说95%）的计划，就会停止寻找。但愿人工智能能够实现95%的成功生产100万个曲别针的概率，而在这个过程中不会把整个星系都变成基础设施。但是，这个实现易满足理念的方法会因为另外的原因而失败：其无法保证人工智能会选择符合人类推理、合理的方式去实现这个95%的成功生产100万个曲别针的概率，比如建造一个曲别针工厂。假设人工智能第一个想到的实现95%成功概率的方法是，实施实现目标概率最大化方案。想到这个方法并且正确地判断出这个方法能够实现95%的成功生产100万个曲别针的概率之后，那么人工智能就没有理由去继续寻找实现目标的其他方式了。同样，这也会导致基础设施过量的现象。

或许有建造出易满足智能体的更好的方法，但是要注意：在我们人类看来自然、符合逻辑的方案，对于具有决定性战略优势的超级智能来说不一定如此；反之亦然。

意识犯罪

我们可以把项目失败的另一种模式称为意识犯罪，尤其是对于那些关注点包含道德考虑的项目。意识犯罪与基础设施过量的相同之处在于，它涉及人工智能出于工具性理由采取的行动带来的副作用。但是对于意识犯罪模式来说，副作用并不在人工智能的外部，而是涉及人工智能内部发生的事情（或者是它产生的计算过程的内部）。这种失败模式之所以叫作意识犯罪，是因为它容易被忽略，但是有可能造成很大的问题。

通常，我们不认为计算机内部发生的事件具有道德含义，除非内部事件对外部事物产生了影响。但是，机器超级智能能够建立一个具有道德意义的内部过程。例如，一个对实际的或假想的人类大脑的非常精细的模拟就可能具有道德意识，在很多方面都可以被看作一个仿真人。我们可以想象，人工智能可能会为了改进它对人类心理和社会的理解，而建立起数万亿个这样的具有道德意识的模拟意识。这些模拟意识可能会被放在模拟环境中，接受各种刺激，人工智能则对其反应进行研究。一旦它们不再能够提供任何新的信息，人工智能就可能会把它们消灭掉（正如今天人类科学家的实验室里，在实验结束后就牺牲的那些小白鼠一样）。

如果这样的操作应用于具有较高道德意识的存在体上——比如模拟真人或者其他类型的有感情的意识，其结局就相当于一次种族灭绝，从而具有严重的道德问题。另外，受害者的数量可能会比人类历史上发生过的任何种族灭绝所造成的受害人数还多几个数量级。

这里并不是说，建造有感情的模拟意识在任何情况下都是道德犯罪。这主要取决于这些存在体所处的环境，尤其是它们体验的享乐质量，但是也可能会有其他决定因素。讨论这类道德问题的任务超出了本书的范围。然而，可以明确的是，至少有大量模拟或数字意识会经受死亡或磨难的可能，更不必说会有可能产生灾难性的道德后果。

除了知识方面的理由，机器超级智能可能还会有其他工具性理由，去运行有感情的意识或者违反道德的程序。超级智能可能会对模拟意识提出威胁虐待或承诺奖励，以便进行勒索或者激励外部的各个智能体；它也可能会创造出模拟意识，以便在外部观察者中引发指称不确定性。

这里的盘点并不完整。我们还会在后面的章节中谈到其他恶性失败模式。但是，我们已经做了充分的考察来得出下面的结论：如果人工智能获得了决定性战略优势，那么就需要引起我们的严重关切了。

第九章

控制问题

SUPERINTELLIGENCE

Paths, Dangers, Strategies

如果智能爆发的默认后果是导致存在性灾难的发生，那么面对这样的威胁，我们的思路必须立刻转向寻求应对方法。有没有办法可以避免这样的默认结局？有没有可能设计出受控制的智能爆发？在本章中，我们开始分析控制问题，即建造人工超级智能代理时出现的独特的委托代理问题。我们把解决这个问题的可能方法分为两大类——能力控制和动机选择，对于每一个类别我们都会阐述具体的方法。我们还会顺便提到深奥的“人择捕获”的可能性。

两个代理问题

如果我们怀疑智能爆发的默认后果是导致存在性灾难的发生，那么我们的思路必须立刻转向：是否能够避免这种默认结局，以及如果能够避免，将怎样避免。有没有可能实现“受控制的爆发”？我们是否能够设置智能爆发的初始条件，从而获得我们想要的某个特定结果，或者至少保证结果处在我们能够接受的范围内？具体地说，致力于研发超级智能的项目的赞助人如何能够保证项目如果成功，就会制造出能够实现赞助人目标的超级智能呢？我们可以将这个控制问题分为两部分。第一部分是普遍问题，第二部分则是针对当前话题的。

我们将第一部分的问题称为第一委托代理问题。只要一个人类实体（委托人）指定另一个人类实体（代理人）去实现其利益，就会出现第一委托代理问题。经济学家对这类代理问题已经进行了大量研究。如果建造人工智能的人不同于提出建造任务的人，那么就需要对这个问题进行关注。在这种情况下，项目的所有者或者赞助者（可以是一个人，也可以是整个人类）会担心，实施这项工程的科学家和程序员的行为可能并不符合赞助者的最大利益。尽管这类代理问题会给赞助者提出很大挑战，但这类问题并不是智能提升或者人工智能项目所独有的。这类委托代理问题普遍存在于人类的经济和政治交往之中，而且有很多应对这类问题的方法。比如，可以通过对关键员工进行详细的背景调查、使用好的版本控制系统、由独立的监控组和审计组进行严格监督等方式，来降低员工由于不忠诚而破坏或颠覆这个项目的风险。当然，这些防范措施是有代价的——它们需要更多的人员配置、使人员选择方式复杂化、阻碍创造力、不利于独立创新思维的产生，这些都会拖慢进度。这些代价可能会很严重，尤其是对于资金紧张的项目，或者认为自己处于“赢家通吃”的激烈竞争环境中的项目来说。在这种情况下，项目可能会减少防范措施，从而可能导致出现灾难性的第一类型的委托代理失败。

控制问题的另一部分具体针对智能爆发的情景。当一个项目想要确定它建造的超级智能不会侵犯项目自身的利益时，就会出现这类问题。这一部分也可以被看作一种委托代理问题——第二委托代理问题。在这里，代理不是受人类委托人的委派而为其办事的人类代理人，而是一个超级智能系统。第一委托代理问题大多发生在研发阶段，而第二委托代理问题则大多发生在超级智能的运行阶段。

展示 1 两个代理问题

第一委托代理问题

- 人类—人类（赞助者—开发者）
- 主要发生在研发阶段

- 可以使用普通管理技巧

第二委托代理问题

- 人类—超级智能（项目—系统）
- 主要发生在运行（和引导）阶段
- 需要新的应对方法

第二委托代理问题提出了前所未有的挑战，要解决这类问题需要新的方法。我们已经考虑过可能会涉及的一些困难。特别是，我们看到，背叛转折能够破坏本来看起来很好的方法。比如，观察人工智能在研发阶段的行为，如果人工智能表现良好，就允许它脱离安全的环境。其他技术可以通过在实验室或小型实地研究中进行安全测试，然后逐渐投入实际应用，如果遇到意外状况，就可以停止启用。这些技术在初期测试中的表现可以帮助我们对其未来的可靠性做出合理的推测。但在超级智能的案例中，这种行为主义的方法是无效的，因为超级智能具有制定策略的能力。

既然行为主义的方式无效，那么我们必须寻找其他方法。我们可以将潜在的控制方法分为两大类：能力控制方法（旨在控制超级智能能够做什么）和动机选择方法（旨在控制超级智能想要做什么）。有些方法是兼容的，有些则是互斥的。在本章中，我们详细论述一些主要的方法。（在后面的4章中，我们将针对重点问题展开更进一步的探讨。）

某些控制方法（或者若干方法的组合）必须在系统成为超级智能之前实施，意识到这一点很重要。如果系统已经获得了决定性战略优势，那么就无法实施这些方法了。我们需要提前解决控制问题，需要在第一个成为超级智能的系统中成功实施解决方案，这使得实现受控制的爆发成为一项艰巨的挑战。

能力控制方法

能力控制方法旨在通过限制超级智能能够做的事情，来防止不好的结局出现。这可能会涉及将超级智能置于它无法造成破坏的环境中（盒子方法），或者让它具有足够的工具性趋同理由不去做出有害行为（激励方法）。这也可能会涉及限制超级智能的内在能力（阻碍发展）。另外，能力控制方法还可能会涉及使用自动检测和应对各种控制失败或试图逸出的机制（绊网）。

盒子方法

盒子方法可以细分为物理遏制方法和信息遏制方法。

物理遏制旨在将系统限制在一个“盒子”里，也就是阻止系统与外部世界互动，系统只有特定的、受限的输出渠道。盒子里的系统无法获得盒子之外的实体操作器。将操作器（例如机械臂）从系统内部移除能够防止系统建造可以用来打破限制的设备。

为了更加安全，应该将系统放置在金属网里，以防止它向外界发送无线电信号，因为通过发送无线电信号，就可以对电子设备进行操作，比如外部世界里的无线电接收器。另外要注意，我们可能很容易忽略采取该预防措施的需要。人们可能会很天真地认为，没有操作装置的系统就无法对外部世界施加影响。但是，机器智能在没有外部操作器时，也可以发射无线电波，仅仅通过“思考”的方式（这是说，通过使其电路中的电子以特定的模式进行震动）就可以做到。一旦指出这一点，我们就可以通过将系统放进法拉第罩中解决这个问题。但是，我们不知道可能还有多少类似的狡猾的问题。每当我们听到一个看起来万无一失的设计出现了意外缺陷时，就应该竖起我们的耳朵。这些情况会帮助我们放弃我们的过度自信，并决心不断改进。

物理遏制方法有几点优势：容易实施；可以用于很多个机器智能装置，甚至包括那些最初设计不包含安全目标的装置；可以和多数其他控制方法一起使用；看起来不会回火，也就是说它可能在保证安全方面失败，但是不太可能造成本来不会发生的灾难。物理遏制的主要劣势在于，它会降低超级智能的功能（我们将在第十章继续讨论这个问题）。另一个担忧是，它会造成一种虚假的安全感。我们可以把物理遏制视为一种锦上添花的方法，而不是预防措施的主要内容，从而防止虚假安全感的产生。

信息遏制方法旨在限制哪些信息可以从盒子中放出。我们已经看到，能够接入互联网、进而向外部实体发出信息的超级智能，是具有潜在危险的。即使刚开始它不具有实体的操作装备，也可以通过信息输出渠道让人类去帮它做事情。因此，一个显而易见的信息遏制方法便是：禁止系统接入通信网络。

然而，如果有一个人或多个人作为系统的看门人，并保持与它的交流，那么使人工智能脱离互联网并不能保证安全。在研发阶段，程序员作为看门人；在运行阶段，系统的所有者可能会扮演这个角色。如果人工智能能够说服或者哄骗看门人，让他们把它从盒子中放出去，进而获得连接互联网或者直接接触实体操作装备的机会，那么盒子遏制策略就失败了。人类并不是一种安全的系统，尤其是在面对具有超级智能的密谋者或说服者时。

尽管将机器智能的对外交流交给人类看守并不能确保安全，但是这个方法可以作为一种辅助安全措施。有一些预防措施可以降低人工智能通过看门人逃脱的风险，比如可以只允许人工智能通过低带宽的电传打字机界面进行交流。这将稍微增加系统从心理上操控人类看门人的难度（排除这种情况：使用带有感情的声音和图像，以及具有催眠效果的光线等手段，来使人类进入一种恍惚状态）。另外，我们可以对输出的内容（不只是呈现方式）进行限制。举个例子来说，人工智能可以被限制为：只能用单一比特回答是/否问题。下一章将会进一步讨论关于建造用来回答问题的系统的理念。

盒子方法的极限状态将是一种完全处于物理和信息隔离状态的系统。然而，即使能够实现这种状态，这样一个孤立的系统也基本上不会有什么用，因为它无法对外部世界产生影响。你可能会想，建造一个超级智能并将其完全隔离，这可以用来实现某些科学方面的目标。例如，通过研究一个独立的模型系统，我们可以了解它的内部动力和行为方式。但是，这是一种错误的想法。一旦系统被观察，就意味着它不再处于信息隔离状态。信息传播的途径不仅可以是人工智能从指定的输出渠道发出消息，而且可以是任何外界人士对人工智能的随机结果进行的直接或间接观察，比如其电量消耗、中央处理器和内存的使用、计算状态，或者关闭之后留下的任何痕迹。如果人工智能预期到会被观察，它可能就会战略性地采取某种行为方式，从而对预期中的观察者施以影响。例如，人工智能可能会“故意出错”，来最大程度地增加它最终会被重启或者人类建造另一个和它具有类似目标的人工智能的概率。

激励方法

激励方法是指将智能体置于某种环境中，使它有工具性理由去以最符合委托人利益的方式行动。

假设一个亿万富翁用她的财富设立了一个大型慈善基金会。一旦建立起来，这个基金会就会特别强大，比多数人类个体（包括其创立者）都要强大。创立者可能将她的大部分财富都投入这个基金会里。为了控制基金会，创立者会将基金会的目标写入组织章程和细则，并任命一个与她志同道合的董事会。这些措施构成了一种动机选择，目标都是完成创立者的意愿。但是，即使这些调整组织内部结构的尝试失败，基金会的行为也会受到社会和法律环境的限制。基金会有动机去遵守法律，以免被关闭或受罚。它会有动机给员工提供足够的薪水和令人满意的工作条件，并且有动机去满足外部的利益相关者。不管最终目标是什么，基金会都有工具性目标去使其行为符合各种社会规范。

你可能会想，同样地，机器超级智能会不会因为需要与其他行为者和谐相处，所以也会受到社会规范的限制？虽然这看起来是一种应对控制问题的直接方式，但也有其困难之处。尤其是，这个方法假设的前提是“力量均衡”，因为法律或经济制裁不能够对已经具有决定性战略优势的超级智能进行有效的限制。因此，在“赢家通吃”的快速或中速启动的情景之下，不能依靠社会融合作为控制方法。

那么，在多个实力相当的人工智能同时出现的多极情况下会怎样呢？除非默认轨迹是慢速启动模式，那么实现这种实力均衡就需要精心设计过的轨迹，让不同的项目有意地进行同步，从而避免其中一个项目远远超过其他项目。即使多极情况最终出现了，社会融合也不是完美的解决方法。通过依靠社会融合来解决控制问题的话，委托人就会冒着牺牲她的大部分潜在影响力的风险。尽管力量均衡会阻止一个人工智能掌管全球，但是这个人工智能依然有一定的实力去影响结果；而且如果这个实力是用来追求某些随机的最终目标（比如，使曲别针的生产量最大化），那么这个实力也许就不会用在提高委托人的利益之上了。假设我们的亿万富翁又建立了一个基金会，并允许由随机单词生成器设立基金会的任务，那么，这就不是一个生存层面的威胁，而是一次机会的浪费了。

一个相关但是非常不同的想法是，人工智能通过在社会中自由地互动，会获得新的、对人类友好的最终目标。这样的社会化过程发生在我们人类当中。我们将社会规范和意识形态进行内化，并且会因为与其他人具有共同经历而学会尊重其他人的价值。但是，这并不是一个在所有智能系统里都普遍存在的规律。就像之前所说的，在很多情况下，很多智能体都会有工具性趋同理由，拒绝对它们的最终目标进行修改。（我们可以试着设计一种特殊的目标系统，使其能够按照人类的模式获得最终目标；但是这不是一种能力控制方法。我们将在第 12 章中讨论价值观获取的一些可能方法。）

通过社会融合和力量均衡来实现能力控制，需要依靠社会各种力量来对人工智能进行奖赏和惩罚。另一种激励方法涉及设立一种机制：建造人工智能的项目能够对人工智能进行奖赏和惩罚，这样人工智能就会按照符合委托人利益的方式行为。为了实现这一点，人工智能将会受到监视，我们会以人工或者某种自动化的方式对人工智能的行为进行监控和评价。人工智能知道，积极的评价结果将有利于带来它想要的结果，负面的评价就不会。理论上，奖励可以是实现某个工具性趋同目标。然而，在对人工智能动机系统一无所知的情况下，设定一个准确的奖励机制会是非常困难的。例如，我们最终得到的人工智能可能会只是为了提高实现控制大部分宇宙的目标的可能性，而冒很大的风险。那么，为了使人工智能合作，要提供的奖赏就会很昂贵，这个奖赏要高于它希望能够通过叛变和试图逃离所获得的好处。

或许更好的方法是结合使用激励方法和动机选择，给人工智能设定一个更利于受控制的最终目标。假设人工智能的最终目标是：确保指挥中心里的一个红色按钮不被按下。既然是按下按钮这个行为本身没有价值，而不是因为造成的结果而没有价值，那么这个按钮就可以是完全无效的——它可以由玩具塑泥做成。另外，人工智能能否知道按钮之前是否被按过，也无关紧要。重要的是人工智能相信，如果它不停地按照委托人的利益去行动，而不是做出背叛行为，这个按钮就更有可能不被按下了。

这个设定还可以进一步完善。我们可以建造一个人工智能，使其最终目标是接收“密码奖赏币流”，而不是与一个实体按钮相关联。这个密码流是一连串数字，它们是人工智能建好之前就产生的密码的解码，而这些密码则已经被输入人工智能的动机系统里。因此，人工智能会非常想要得到这些特殊的数列，其相当于一种特殊的奖赏币。这些数列会被存放在安全的地方，而且如果人工智能试图主动获取它们，就会立刻被销毁。但只要人工智能配合，这些数列就会以稳定的速度不断地少量发放。

然后，人工智能就可以被给予有限效用函数，可以采取一些方法使人工智能从第一次奖赏中获得最大效用的99%；剩下潜在效用的99%则从第二次奖励中获得；依次类推。通过保持很高的“折扣率”和较高的发放奖赏的速度，就可以说服人工智能不去试图实施长期计划，去冒着奖赏减少或者取消的风险，提高在遥远的未来所预期获得的奖赏。如果人工智能始终相信：叛变（即做出任何没有尽全力照看委托人利益的行为）会导致至少2%的失去下次奖赏的风险，而合作的话则会使失去下次奖赏的风险降到1%以下，那么一个追求效用最大化的人工智能就会始终选择合作。

这种激励机制可能会有什么疏漏呢？一种可能是，人工智能不信任人类操作者会交付承诺的奖赏。人类的可靠性记录可不是什么完美的不出错的直线。人工智能有理由担心人类会改变主意或者提高要求，又或者拒绝承认人工智能完成了任务。人工智能也可能会担心人类操作者失去行为能力。这些情况的风险总和可能会超过试图攫取对奖励机制的控制所带来的风险。甚至具有全套超级能力的、被困在盒子里的人工智能也具有强大的力量。（对于没有被困在盒子里的人工智能，劫持人类管理的奖励机制就像从小孩子手里抢糖一样容易。）

这种激励机制的另一个问题是，它假设我们能够判断人工智能生产的结果是否符合我们的利益。后面的章节会讲到，这个假设并不是无害的。

要对各种激励方法的可行性进行全面考察，还需要考虑一系列其他因素，包括一些深奥难懂的思考。这些思考可能会使一些方法的可行性比初级分析所表明的要高。尤其是，人工智能如果无法确定它不是存在于计算机模拟环境（与非模拟的实物真实环境相对）中，就可能会面对不可消除的指称不确定性，而这种认知状态会从根本上影响人工智能的思考。

延伸阅读 8　人择捕获（Anthropic Capture）

人工智能可能给它的模拟假设（即它存在于一个计算机模拟环境中）的概率赋以很高的值。即使在今天，很多人工智能都居住在模拟世界中。这些世界由几何线条、文本、象棋游戏或者简单的虚拟现实构成；这些世界里的物理法则和我们认为支配我们经验世界的物理法则有巨大的不同。随着编程技术和计算机能力的提高，我们可能会创造出更加丰富和复杂的虚拟世界。一个成熟的超级智能能够创造虚拟世界，使虚拟世界在其居民看来的样子和我们的世界在我们看来的样子差不多。它可能会通过运行相同的模拟数据或者稍有改动的数据，创造出数量巨大的这样的世界。这些世界的居民不一定能够知道它们的世界是不是模拟的；但是如果它们足够聪明，就会考虑到这个可能性，并对这个可能性赋值。根据模拟论点（对此的全面讨论超出了本书的范围），这个值可能会很高。

这个困境尤其会使相对早期的超级智能感到困扰，这些超级智能还没有发展到开发宇宙资源的阶段。早期的超级智能可能只使用了一个行星上的一小部分资源，模拟这样的超级智能会比模拟一个跨星系的成熟超级智能的花费少很多。潜在的模拟者（即其他更加成熟的文明）将能够只利用其计算资源的一小部分，就创造出大量的早期人工智能的模拟世界。如果这些成熟的超级智能中至少有一些选择了使用这个能力，初期人工智能就应该对处于模拟世界的概率赋以很高的值。

人工智能将如何受到模拟假设的影响，取决于它的价值观。首先考虑一个具有“对资源永不满足”的最终目标的人工智能。举例来说，这样的最终目标可以是：使生产的曲别针数量最大化。如果具有这样目标的人工智能在模拟环境中，与在真实物理环境中相比，对生产曲别针数量的影响能力要小很多，那么它可能就不会那么关心虚拟假设。相应地，即使它给虚拟假设为真的概率赋值很高，它也会表现得就像它确信虚拟假设是假的一样。人工智能会这样推理：如果虚拟假设为真，那么它如何行动将不会有多大影响，如果虚拟假设为假，那么它的行为就会有很大影响；所以它会主要参考在虚拟假设为假的情况下，它的行为有多大效果，从而选择合适的行为。

相比之下，如果人工智能的最终目标没有那么极端，用少量的资源就可以实现（例如，获得一些预先准备好的密码奖赏币，或者生产出45个真实的曲别针），那么它就不会忽略自身居住在虚拟世界里的可能性。人工智能全部期望效用的很大一部分可能都来自于这些虚拟世界。如果人工智能的最终目标对资源的要求比较容易满足（如果它给虚拟假设为真的概率赋值很高），那么它做决策时，就主要会考虑假设它所认知的世界为虚拟环境的情况下，哪些行动会带来最好的结果。因此，这样的一个人工智能（事实上，即使它并不处在虚拟环境中）会深受这个信念的影响：在虚拟世界中哪些行为会得到奖赏。

尤其是，如果人工智能的最终目标对资源要求比较低，而且它相信在多数虚拟世界里，如果合作的话就会得到奖赏（如果试图逃离盒子或者违背创造者的利益，就得不到奖赏），那么它就可能会选择配合。因此，我们可以发现，即使人工智能具有决定性战略优势，有能力通过统治全球来更好地实现最终目标，它也依然可能不去这么做。

所以，理智能使我们成为懦夫，

而顾虑能使我们本来辉煌之心志变得黯然无光，像个病夫。

再者，这些更能坏大事，乱大谋，使它们失去魄力。

（莎士比亚，《哈姆雷特》，第三幕第一景）

仅仅在沙里画一条线，配上不存在的虚拟者的幕布，可能会比两英尺厚的钢铁之墙产生更强大的约束力。

阻碍发展

另一种可能的能力控制方法是，限制系统的智能或其获取信息的途径。实现这一点的方法可以是，用较慢的硬件或较小的内存运行人工智能。对于被困在盒子里的系统来说，也可以对信息的流入进行限制。

用这些方法阻碍人工智能的发展将会限制它的有用性。因此，这个方法面临一个困境：如果阻碍过少，那么人工智能就会拥有足够的智能，去找到能够让自己更聪明的方法（从此开始，直到统治全球）；如果阻碍过多，人工智能则会变成废物一样的软件。一个被严重阻碍的人工智能必然是安全的，但是这不能解决如何实现受控制的智能爆发的问题。智能爆发仍然有可能发生，而且可能会被其他系统引发，只是时间稍微推后一些。

你可能会想，如果只给超级智能提供关于有限领域事实的数据，那么这就会是安全的。例如，我们可以建造一个超级智能，它没有传感器，存储器里预先装载的只有关于石油工程或者肽化学的信息。但是，如果人工智能具有超级智能的话（如果它有超人类水平的一般智能），这样的数据限制是不能保证安全的。

原因有几个。第一，“关于”某一话题的信息这个概念本身是有问题的。原则上，任何一条信息都可以是关于任何一个话题的，这取决于推理者的背景信息。另外，一个给定的数据集不仅包括收集数据的领域的信息，而且包括各种间接事实。对于一个精明的头脑来说，从一个名义上是关于肽化学的知识数据库中，可以推断出关于一系列其他领域的信息。包含一些信息而没有包含其他一些信息这个事实，也可以帮助人工智能了解一些情况，包括人类科学的情况、研究肽所用的方法和设备、制造这些设备的技术、做出这些研究和制造这些设备的头脑和社会的本质。超级智能可能能够从愚笨的人类头脑看来仅仅是一点点线索的信息中，推断出非常多的东西。即使没有任何指定的知识数据库，一个足够高级的头脑也可能仅仅通过研究自己的内部心智学到很多，比如，其源代码体现的设计选择和电路的物理特征。或许超级智能甚至能够推测出很多关于这个世界的可能属性（结合逻辑推理和由人工智能作为推理系统的存在而暗示的一些基本事实）。它可能会设想几种不同的物理定律的不同后果：会形成哪种类型的行星，会进化出什么样的智能生命，会发展出什么样的社会组织，会采取哪些方法来试图解决控制问题，以及这些方法如何破解。

因此，把剥夺信息作为限制超级智能实力的主要方法是轻率的。然而，另外一些限制人工智能发展的方法，包括限制硬件水平、防止发展某些特定的认知能力等，都可以作为发展阶段的辅助控制方法。例如，这些方法可以用来管理人工智能实力增长的速度，还可以用来对没有达到完全超级智能的、不同水平的智能进行测验。

绊网

绊网方法是指对系统进行诊断分析（可以在其不知情的情况下进行），如果探测到任何危险活动的迹象，就把系统关闭的一种机制。之后，程序员就可以对可疑活动的记录进行详细检查，并且修改人工智能的代码或环境，之后重新启动系统。如果他们发现问题是根深蒂固的，那么他们就可以决定放弃整个项目。

绊网方法与激励方法不同。在使用绊网方法时，系统不知道进行违禁活动会有什么后果。绊网方法与阻碍发展的方法联系更加紧密。和阻碍发展的方法一样，绊网方法可以作为一种暂时的安全措施，在发展阶段提供一定的安全保障。理论上，在运行阶段也可以使用绊网，尤其是对一个被限制在盒子里的系统来说。然而，绊网对于成熟的超级智能的限制能力非常值得怀疑，因为我们无法确定聪明的人工智能不会发现破坏人类智慧制造出的绊网的方法。

但是，作为发展阶段的一种辅助安全措施，绊网仍然是一种重要的方法。这有助于人工智能的设计者们将他们对系统功能的设想更好地进行编码，然后用绊网将人工智能围住，如果人工智能的行为违背了设计者的设想，绊网就会启动。为了使绊网更加严厉，可以战略性地放置一些“诱饵”，用来诱惑机能失常的人工智能做出一些容易观察到的违规行为。例如，如果一个超级智能被设计为不想接入互联网，就可以安装一个假的以太网（连接到一个自动关闭装置），以此来观察人工智能是否会试图使用网络。（表 9–1 列举了一些绊网的案例。）

需要强调的是，绊网的价值不仅取决于绊网机制本身，更重要的是取决于当绊网启动时项目如何反应。如果程序员或者项目管理者急于取得进展，又把系统重新启动，或者他们在做了一些修改以使下一次运行时绊网不会启动之后再次启动系统，那么，虽然绊网本身运行良好，系统的安全性也不会得到提高。

表 9–1 不同类型的绊网

监控类型	描述和案例
行为	可以在被限制在盒子里的人工智能周围放置探测装置，用来监测其试图突破限制的行为。例如，探测装置可以拦截无线电通信或者阻止想进入被禁止入内的内部计算资源的尝试。可以安装一个“伊甸园以太网端口”，即一个互联网端口，一旦接入该端口就会导致系统被关闭。
能力	通过频繁的自动能力测试，判断人工智能各个方面的能力水平。如果其能力提升速度过快，或者人工智能的能力达到了将要带来潜在危险的水平，就可以将系统的发展速度降下来或者暂停发展，这样程序员就可以更加密切地监视进一步的发展。
内容	可以对人工智能的内部过程进行监控，以监控其可疑行为。例如，如果人工智能对其最终目标的表述有任何变化，都将引发系统的自动关闭和检查。也可以检测人工智能的资源使用和算法，看是否有异常模式出现。 更宏观的做法是，对人工智能的信念、计划、子目标和行动理由进行不间断的审查，以保证它们符合程序员的预期。对人工智能内部状态进行监控会是一种非常强大的内容监控形式：对人工智能的认知过程进行监控，以便探测“欺骗想法”的出现，即不友好的人工智能第一次形成掩盖其真实意图的意图。 内容监控要求人工智能的内部状态对于程序员或者自动监控机制来说是透明的，这一点并不是所有类型的人工智能都能做到的。（例如，一些神经系统就是不透明的，因为它们的信息呈现方式是整体性的，可能会与人类的认知概念无法匹配。）这也是避免使用这些类型的人工智能的原因之一。

动机选择方法

动机选择方法旨在通过影响人工智能想要做什么，来防止不好的结果出现。通过设计人工智能的动机系统和最终目标，动机选择方法建造出的超级智能不会想要用有害的方式利用其决定性战略优势。因为超级智能都特别擅长达成目标，如果它愿意不造成危害（某种适当意义上的“危害”），那么它就会倾向于不造成危害（此意义上的“危害”）。

动机选择包括这样一些方法：直接制订一个目标或者一系列需要遵守的规则（直接规定）；或者让系统通过暗示或间接形成的标准，发现一套合适的目标（间接规范）。另一个动机选择方法是，试图建造一个拥有适度目标、没有野心的系统（驯化）。也可以不从头建一个新的动机系统，而是从已有的系统中选一个具有可以接受的动机系统，然后提升它的认知能力，使其成为超级智能，并保证在其升级过程中，原有的动机系统不会被破坏（扩增）。下面我们依次对这些方法进行分析。

直接规定

直接规定是解决控制问题最直接的方法。这个方法有两种版本，一种是基于规则的，一种是结果主义方式的。这个方法试图通过明确地设定一套规则或价值观，来使一个自由发展的超级智能的行为变得安全而有益。然而，直接规定可能会面临无法克服的障碍。该障碍来自于如何决定我们想要人工智能被何种规则或价值观所引导的困难，以及将这些规则或价值观通过计算机可以理解的代码呈现时遇到的困难。

对于直接的基于规则的方法有一个传统的描述，这就是“机器人三定律”的概念。1942 年，科幻小说家艾萨克 · 阿西莫夫在一篇短篇小说中提出了这个概念。这三条定律是：（1）机器人不得伤害人，也不得见人受到伤害而袖手旁观；（2）机器人应服从人的一切命令，但不得违反第一定律；（3）机器人应保护自身的安全，但不得违反第一、第二定律。令我们人类尴尬的是，半个多世纪过去了，阿西莫夫的定律依然没有人能够突破，虽然这个概念有明显的问题，而且阿西莫夫在自己的作品中也探讨过其中一些问题（可能阿西莫夫最初设计这些定律时，就想要让它们存在问题，以便自己在后面的故事中能够讲出更复杂有趣的情节）。

伯特兰·罗素花了很多年时间研究数学基本原理，他曾经说过："直到试图将事情搞清楚，你才会意识到所有的事在一定程度上都是模糊的。"罗素的格言肯定适用于直接规定方法。例如，我们如何解释阿西莫夫第一定律——是说机器人应该使任何人类个体遭受伤害的概率降到最低吗？这样的话，另外两条定律就是多余的了，因为人工智能总是能够采取某种措施，对人类个体遭受伤害的概率至少产生一点影响。机器人将如何权衡少数人有很大的风险遭受伤害和很多人有较小的风险遭受伤害？还有，我们如何定义"伤害"？要如何权衡身体伤害带来的痛苦和社会不公造成的伤害？如果阻止虐待狂折磨受害者，那么虐待狂算是受到伤害了吗？我们如何定义"人类"？为什么不考虑其他道德上可以考虑的存在物，比如有感情的其他动物和数字头脑？我们想得越多，就会有越多的问题。

法律制度或许是现有的最接近能够管理在这个世界上不受约束地运行的超级智能行为的一套规则。但是，法律制度已经经过了漫长的反复试验和错误，它制约的是发展相对缓慢的人类社会。如有必要，法律可以被修改。更重要的是，法律系统有法官和陪审团来执行。对于立法者明显不希望的、但是又符合逻辑的法律解读，法官和陪审团通常具有人类常识和品格，所以会忽视这些解读。要明确地制定一套高度复杂而详细的规则，将其应用于高度多样化的情境，而且第一次实施就要万无一失，这对于人类来说大概是不可能做到的。

直接结果主义方式面临的问题和直接建立规则的方法面临的问题类似。即使人工智能被设计成服务于某种看起来简单的目标（比如，实现经典实用主义的一个版本），情况也是这样。例如，"使这个世界上快乐大于痛苦的程度最大"这个目标可能看起来很简单。然而，要用计算机代码表达这个目标会涉及如何区分快乐与痛苦。要做好这一点，可能需要解决人类心智哲学中长久以来难以解决的各种问题。首先要用自然语言来正确地解答这些问题，然后还要将答案翻译成编程语言。

不管是在进行哲学回答时，还是在编码翻译过程中，如果出现一个小错误，就可能造成大灾难。想象一个人工智能的最终目标是快乐主义，因此它会想要把整个宇宙都铺满“快乐”（将物质按照最利于产生快乐体验的方式组织）。为了达到这个目的，人工智能可能会生产计算质（将物质按照最利于计算的方式组织），并且利用计算质建造处于快乐状态的数字大脑。为了使效率最大化，人工智能会在建造过程中，省略任何对于快乐体验来说没有重要价值的心智功能，并且寻找各种不破坏快乐体验的计算捷径。例如，人工智能可能会将模拟仅限于奖赏回路，省略记忆、感觉认知、执行能力和语言等功能；其造出来的模拟大脑大概只有粗略版本的功能，没有低级别的神经元过程；它可能会将通常需要经过反复计算的过程替换成一个查询表；或者可能会让多个模拟大脑共享大部分的基础计算结构（用哲学术语来说，就是其“随附性基础”）。这些手段可以很大地增加给定资源所能够产生的快乐的量。我们还不清楚这样做的可取性是怎样的。另外，如果人工智能用来判定一个物理过程是否产生快乐的标准是错误的，那么它可能会做出买椟还珠、本末倒置的行为：根据它自己的判定标准，抛弃不重要的东西，然而这些东西在人类的价值观看来是非常重要的。这样的话，整个宇宙不会被狂喜与欢乐充满，充斥其中的反而都是一些没有意识的、毫无价值的计算过程，就如同复印数万亿个笑脸贴纸，贴满整个宇宙一样。

驯化

有一种特殊类型的最终目标，可能比上述案例都更符合直接规定方法，这种目标就是自我限制。我们很难详细规定超级智能总体上应该如何行动（因为这要求我们考虑所有可能出现的情景），但是具体说明超级智能在某一具体情景下应该如何行动，大概是可行的。因此，我们可以试图塑造系统的动机，让它将自己的行为限制在一个小的范围里，在狭窄的情境下展开有限的行为模式。这种方式把人工智能的目标设定为限制自己的野心和行为，因此我们把这种方式称为“驯化”。

例如，我们可以试图设计一个人工智能，它的功能就是作为一个回答问题的装置（一个“神谕”，我们将在下一章介绍这个概念）。把人工智能的目标设定为尽可能精确地回答给它提出的问题，这样做并不安全，想想第八章里说的黎曼假设灾难就知道了。（还有，这样的目标可能会促使人工智能采取措施，以保证问它的问题都是容易回答的。）为了实现驯化，我们可以试图设计能够克服这些难题的最终目标。或许我们可以让最终目标既包括准确回答问题，又包括减少对这个世界的影响，除非为了给出准确的、非操纵性的答案而产生附带影响。

与直接描述更具野心的目标或者应对无限种情景的一整套规则相比，直接描述驯化目标可能更具可行性。然而，驯化方法仍然面对一些重大的挑战。例如，我们可能需要小心地定义什么是人工智能“对世界的影响最小化”，从而保证人工智能对“影响”是大还是小的判断符合我们的判断标准。错误的标准会导致错误的判断。建造一个神谕还会有其他风险，我们会在后面讨论这一点。

驯化方法和物理限制方法是一种非常顺理成章的搭配。我们试图将人工智能限制在“一个盒子”里，这样它就不能够逃脱；同时我们试图塑造人工智能的动机系统，使它即使发现了逃脱的方法，也不愿意逃脱。其他条件不变的情况下，同时使用多个独立的安全措辞可以减少其成功逃脱的概率。

间接规范

如果直接规定方法看起来让人绝望的话，我们可以试一下间接规范方法。间接规范的基本原理是，不是直接规定一套具体的规范标准，而是说明一个可以产生标准的程序。然后，我们建造一个系统，激发系统去运行这个程序，并且采纳这个程序最终产生的标准。例如，程序可以是开展一项调查，去研究我们理想中想要人工智能做什么。在这个例子中，赋予人工智能的最终目标大概相当于“让人工智能去探索：如果我们人类认真长久地思索我们想要人工智能实现什么，我们会思索出什么结果”。

我们将在第十三章中进一步解释间接规范的方法。我们将再次思考“推断我们的意愿”这个想法。间接规范是一个重要的动机选择方法。如果成功的话，我们就能够把制定合适的最终目标所需的大部分认知工作交给超级智能去完成。

扩增

我们列举的最后一个动机选择方法是扩增。扩增的方法是说，与其试图设计一个全新的动机系统，不如从一个已有的、足够好的动机系统着手，提升其各项认知能力，使其成为超级智能。如果一切顺利的话，我们就能够得到一个拥有足够好的动机系统的超级智能。

显然，这个方法在新建种子人工智能的情况下是无效的。但是，对于其他通向超级智能的路径来说，扩增是一种潜在的动机选择方法。其他路径包括大脑仿真、生物提升、脑机交互，以及网络和组织集体智能。在这些情况下，超级智能建立在一个具有规范性的核心（普通的人类个体）之上，因此就已经具有人类价值观的表达了。

我们对其他解决控制问题的方法越是感到绝望，就越会觉得扩增方法有吸引力。要为种子人工智能建立一个动机系统，使其随着不断的自我发展——即使已经成长为成熟的超级智能，也依然保持安全且有益的状态，这是一项难以完成的任务，尤其是当我们在第一次尝试就必须成功时。用扩增的方法，我们至少可以以一个具有我们熟悉的、与人类类似的动机系统开始。

扩增方法的缺点在于，可能会难以保证一个复杂、高级、不优雅和我们对其知之甚少的动机系统（人类的动机系统就是如此）在认知能力得到巨大提升时，能够不被改变或破坏。就像之前所说的，一个不够完美的仿真大脑可能保留了人类的智力功能，但没有保留人格的所有方面。对于认知能力的生物提升，情况也是这样（可能程度低一些）。提升过程可能会对动机系统产生微妙的影响，而对于机构和网络的集体智能提升，社会结构则可能会受到负面的影响（例如，改变集体对于外部存在或者内部成员的态度）。项目的赞助人会发现，如果是通过任何上述途径实现超级智能的，成熟系统的最终动机体系是难以得到保证的。而基于清晰的数学运算、具有优雅结构的人工智能（尽管没有任何拟人性）则具有更好的透明性，甚至可以对其关键功能进行形式上的检验。

最后，不管我们如何权衡扩增方法的优点与缺点，可能都会被迫考虑是否依靠这个方法。如果超级智能首先是通过人工智能的途径发展而来，那么扩增方法就不适用了。相反地，如果超级智能是通过非人工智能的途径发展而来，那么其他动机选择方法中的很多也不适用了。即使这样，考虑扩增方法成功的可能性有多大仍然具有战略意义，因为我们现在有机会对哪种科技会首先产生超级智能施以影响。

总结

在本章结束前，我们可能需要做一个简短的总结。为了解决人工智能安全问题的核心——代理问题，我们把解决方法分为两大类：能力控制和动机选择。表9–2是对控制方法的一个总结。

表 9–2 控制方法

能力控制	
盒子方法	系统受到限制，只能够通过有限制的、提前批准的渠道对外界产生影响。包括物理遏制和信息遏制两种方法。
激励方法	系统被放置在提供适当激励的环境中。在势力均衡的世界中，可以用社会融合的方法。另一个方法是，利用（代码）奖赏币。“人择捕获”也是一个重要的可能性，但是涉及一些晦涩的思考。
阻碍发展	对系统的认知能力或影响关键内部过程的能力进行限制。
绊网	对系统进行诊断测试（可以在其不知情的情况下进行）；如果探测到系统有危险行为，就将其关闭。
动机选择	
直接规定	系统装载直接规定的动机系统。动机系统可以是结果主义的，也可以是遵守一套规则的。
驯化	设计一套动机系统，严格限制超级智能的目标和行为范围。
间接规范	间接规范可以是基于规则的，也可以是结果主义的；其主要特征是依靠间接手段，来确定需要被遵守的规则和需要被追求的价值。
扩增	选择一个已经具有类似人类的、友好的动机系统，对其认知能力进行提升，使其成为超级智能。

每个控制方法都有其潜在的缺点，实施过程中都会遇到不同程度的困难。你可能会想，我们应该从好到坏给这些方法排个顺序，然后选择最好的方法。但这个想法太简单化了。有些方法是可以同时使用的，有些则不可以。即使是一个相对不安全的方法也是可以使用的，它可以在容易实施的情况下作为辅助手段；而

如果一个很有效的方法排斥其他一些好的安全措施，我们也可以选择不使用。

因此，有必要考虑可能有哪些组合方案。我们需要考虑：我们要试图建造哪种类型的系统，以及每种类型的系统适用哪些控制方法。这是我们下一章的主题。

第十章

神谕，精灵，主权，工具

SUPERINTELLIGENCE
Paths, Dangers, Strategies

有人说："只要建造一个回答问题的系统就好了！"或者"那就建造一个更像是工具而不是代理的人工智能！"但是这些建议并不能打消所有的安全顾虑。实际上，哪种类型的系统安全性最高并不是一个小问题。我们将研究 4 种类型或者说"种姓"——神谕、精灵、主权、工具，并且解释它们之间的联系。对于解决控制问题，每个类型都有不同的优势和劣势。

神谕

神谕是指一个回答问题的系统。神谕可能能够接受自然语言的提问，并用文字方式呈现答案。一个只接受是/否问题的神谕能够将其最佳猜测用一个比特表达，或者增加几个比特，来表达其确定程度。一个能够接受开放式问题的神谕将需要某种度量标准，用来把可能正确的不同答案按照信息量或适当性进行排序。不管是哪种情况，要建造一个拥有全部一般领域能力去回答自然语言的提问的神谕，其实是一个完全人工智能的问题。如果我们能做到这一点，可能也就能够建造一个拥有能够理解人类语言和人类意图的能力的人工智能了。

神谕也可能只具有有限领域的超级智能。例如，我们可以想象一个数学神谕，它只接受以形式语言呈现的提问，但是能够很好地回答这些提问（例如，它能够在一瞬间就解决任何用形式语言呈现的数学问题，而人类数学家们则可能要应用集体智慧并花上一个世纪才能解决这些问题）。这样一个数学神谕可以作为发展全领域超级智能的垫脚石。

在极其有限的领域里具有超级智能的神谕已经存在。一个便携计算器可以被看作解决基本算术问题的超级有限神谕。一个互联网搜索引擎可以被看作一个非常部分性的神谕，它的领域涵盖人类陈述性知识的很大一部分。这样的有限领域神谕更像是工具，而不是代理（后面会更多地讲解工具性人工智能）。而在后面的探讨中，神谕这个词指的是具有全领域超级智能的问题回答系统，除非另作说明。

要使一般超级智能起到神谕的功能，我们既可以采用动机选择方法，又可以实施能力控制。与其他类型的超级智能相比，神谕的动机选择可能更容易，因为神谕的最终目标可以是比较简单的。我们希望神谕给出的答案是真实的、非操纵性的，而且希望神谕限制自身对世界的影响。我们可以采用驯化方法，要求神谕只能够利用指定的资源去得出答案。例如，我们可以规定，它只能在预装的信息库（比如互联网快照存储）的基础上回答问题，并且它的计算步骤不能超过一定的数目。为了避免让神谕想要控制我们、使我们只问简单的问题（如果我们给它设定的目标是对于我们提出的所有问题，都要使其答案的准确性最大化，那么就会出现这种情况），我们可以把它的目标设定为：只回答一个问题，并且一旦提交答案就终止运行。在程序运行之前，就将问题预先加载到其存储器上；如果我们想再问一个问题，就要重置机器，把新问题预先装入，然后再运行同样的程序。

甚至在给神谕设定相对简单的动机系统时，也会有微妙的潜在危险。例如，假设我们说明了对于人工智能来说，什么是“使其对世界的影响最小化，但首先保证实现某些结果”，或者“在准备答案时，只使用指定资源”。如果在人工智能发展的过程中，发生了某种意义上的科学革命，使其基本的本体论发生了改变，那么会怎样呢？最初我们可能用我们自己的本体论（假定计算机等各种物质实体的存在），说明“影响”和“指定资源”的含义。但是，正如我们抛弃了之前科学家使用的本体论范畴（例如：燃素、生命力、绝对同时性），超级智能也可能会发现我们现在使用的一些范畴是建立在错误概念基础上的。发生本体论危机的人工智能的目标系统需要具有足够的弹性，以保证初始目标内容的“精神”得以传承，转换成新的形式存在。

虽然“通过动机选择来保证神谕是安全的”这件事可能会非常复杂，但是这也比让漫步于全球、追求某个复杂目标的人工智能做这件事要简单。这也是选择神谕作为第一个超级智能的一个论据。支持神谕第一途径的另一个观点是，神谕更容易实施能力控制。所有的标准遏制方法在此都适用。另外，可能还会有专门适用于神谕的方法。例如，考虑这种情况的风险：神谕并不以尽可能真实的方式回答问题，而是通过答案巧妙地影响我们，使我们帮助它完成它暗自的目标。能够稍微缓解这个威胁的一种方法是：建造多个神谕，每个神谕的代码都稍有不同，其信息库也稍有不同。然后对不同的神谕给出的答案进行比较，并将答案只呈现给人类审阅，看是否所有的答案都一致。尽管我们必须假设，任何全领域的超级智能都能够知道其他神谕的存在（它能够通过对人类社会的认知推断出这一点），我们也可以将每个神谕的一些安装细节对其他神谕进行隐瞒。如果神谕之间不能够互相交流的话，那么它们就可能会难以串通并共同得出操纵人类的答案。由于有很多偏离真实的方法，所以不同的神谕可能不会就哪种方法最好得出一致的答案，这样的话，真实的回答就是谢林点（指在没有沟通的情况下，最明显的一致答案）。所以，如果神谕给出的答案是相同的，那么这大概就能够说明它们给出的答案是真实的。

我们可以安全地假设，神谕会尽其所能，总是给出正确的答案。因此，理想中，神谕是值得信任的。但是，即使一个不值得信任的神谕也是有用的。我们可以给它提出某种类型的问题，要回答这些问题很困难，但是要验证给出的答案是否正确则很容易。很多数学问题就属于这一类问题。如果我们想知道某一个数学命题是否为真，我们可以让神谕提供这个命题为真的证据或者反证。要找到证据可能需要超出我们人类能力的见解和创造力，但是检查一个证据的有效性只需要一个简单的机械过程。

如果检查答案的代价昂贵的话（逻辑和数学之外的话题通常都是如此），我们可以从神谕的答案中随机选取一部分，进行检查。如果都是对的，那么我们就可以认为，其他答案也正确的概率比较高。通过这个窍门，针对那些单独验证答案花费很高的可信赖答案，我们就可以获得一个批发折扣。（不幸的是，对于我们无法检验的答案，这个办法并不能给我们可信赖的答案，因为一个有欺骗之心的神谕可以只在回答它认为我们会进行检查的问题时，回答正确的答案。）

即使我们不得不对正确答案的出处表示积极的质疑，正确答案（或定位正确答案的方法）的前兆指示器在某些重要问题上也是非常有用的。例如，在试图开发更加高级的动机选择方法的过程中，可能会出现各种技术上或哲学上的问题，我们需要寻找这些问题的解决方法。如果我们已经有了一个声称安全的人工智能设计方案，我们就可以询问神谕，让它判断这个设计方案是否有任何重大的漏洞，并问它是否能用20个字（或以内）向我们解释这个漏洞。类似这样的问题可以帮助我们获得很有价值的信息。然而，这需要谨慎和自我约束。我们不能问太多这样的问题；对于问了的问题，我们也不能过多地依赖神谕给出的回答的细节，以免不值得信任的神谕利用这个机会去猜测我们的心理（通过看起来有道理、实则操纵性的信息）。对于具有社会操纵超级能力的人工智能来说，要让我们屈从于它的意愿是易如反掌的事。

即使神谕本身完全按照设计意图运行，也有被滥用的可能。神谕被滥用的一种明显的可能情况是，神谕人工智能作为强大的权力来源，可能会帮助其操作者获得决定性战略优势。这个权力可能是非法的，也可能被用来做违背公共利益的事。一个不那么明显但仍然很重要的问题是，神谕的使用可能对于操作者自身来说是一件极其危险的事。对于其他类型的超级智能来说，也有类似的担忧（既包括哲学问题也包括技术问题）。我们将在第十三章更加深入地讨论这一点。这里要说明的是，关于哪些问题可以问、按什么顺序问、答案如何呈现和传播等方面的协议可能会起到非常重要的作用。我们也可以建造这样的神谕：如果它预测根据某种简陋的标准，回答某个问题会造成灾难性的结果，那么它就会拒绝回答这个问题。

精灵和主权

精灵是指一个命令执行系统。它接受上级命令，执行命令，然后等待下一个命令。主权是指为了实现某些笼统的、可能非常漫长的目标，被授权可以无限制地在这个世界上运行的一个系统。尽管这两种系统可能看起来是非常不一样的超级智能类型，但是它们的差别并没有初看起来那么大。

对于精灵来说，其失去了神谕具有的一个优点：能够利用盒子方法的机会。尽管有人会想到建造一个物理上受限制的精灵，只允许它在一个指定的范围内建造物体——可以通过加固的围墙或者安置有炸药的栅栏（如果越界就会引爆炸药）来限定这个范围，对拥有各种操控装置和建筑材料的超级智能实施物理限制，我们也很难对这个方法的安全性有很大信心。即使我们以某种方法保证了对精灵的物理限制和对神谕的物理限制能够实现同样的安全性，我们也不清楚这样做会有多大益处。因为这样做的话，虽然会给予超级智能直接控制操控装置的权利，但是与要求它直接输出蓝图、然后我们检查蓝图并且自己去实施相比，可能没有什么差别。与放弃用这种更强大的遏制方法去限制一个神谕带来的损失相比，绕开人类中介带来的速度和便利方面的提高看起来几乎是不值得的。

如果我们要建造一个精灵，一个可取的方式是把它建成这样：遵循命令背后的意图行事，而不是命令本身的字面意思。因为一个字面主义的精灵（具有足够的超级智能以获得决定性战略优势）可能会有在第一次运行就将它的使用者以及全人类都消灭的倾向，原因我们已经在第八章关于恶性失败模式的一节中解释过。总体上来说，精灵对命令进行善意的（以及按照人类标准是合理的）解读，并且按照对命令的这种解读而不是字面意思去执行命令，是非常重要的。理想中的精灵会是一个超级管家，而不是一个自闭症天才。

然而，具有超级管家性质的精灵离获得主权种姓的资格并不遥远。作为比较，考虑下我们来建造一个最终目标是遵循一系列命令背后之精神的主权，而这些命令是如果我们没有建造主权而是建造精灵的话，我们就会给精灵下达的命令。这样的主权就会像精灵。因为具有超级智能，所以主权会非常出色地猜测我们可能会给精灵下达的命令（而且它总是可以询问我们，如果这样做能够为它的决策提供信息的话）。那么，这样的一个主权真的和一个精灵有很大的区别吗？或者我们从另一个方向考虑它们的区别。假设一个超级智能精灵也能够预测我们将要给它下达的命令，那么让它在行动之前等待命令的好处是什么呢？

你可能会想，与主权相比，精灵具有的一个很大的优势是：如果出了什么差错，我们可以给精灵下达一个新的命令，让它停止之前的行动，或者撤销之前行动造成的影响；但是主权就会不顾我们的抗议，继续前行。但是，这个表面上精灵具有的安全优势其实很大程度上是虚假的。精灵的“停止”或“撤销”按钮只在良性失败模式下起作用；在恶性失败模式下，比如执行当前的命令已经成为精灵的最终目标时，精灵就会无视任何后续的试图取消之前命令的命令。

有一个选择是，试图建造这样一个精灵：它将自动给使用者提供对执行某个命令可能带来的后果的重要方面的预测，并在行动之前征求使用者的同意。这样的系统可以被称为“具有预览功能的精灵”。但是，如果这对于精灵来说可行的话，同样地，主权也可以做到。所以，这也不是精灵和主权的显著差异所在。（假设可以实现预览功能，但是否使用以及如何使用的问题可能还不是那么明确，尽管在将预测的结果变成不可逆转的事实之前能够瞥见结果具有很强大的吸引力。我们将在后面继续讨论这个问题。）

一种类型的超级智能模仿另一种类型的能力也涉及神谕。一个精灵能够变得像一个神谕，如果我们给它的命令只是去回答某些问题；一个神谕也可以替代一个精灵，如果我们问它的问题是“执行某些命令最简单的方式是什么”。神谕能够给我们一步一步地指导，使我们实现精灵能够实现的结果，它甚至能够写出一个精灵的源代码。神谕与主权的关系也是类似的道理。

因此，神谕、精灵和主权三种类型之间的真正区别并不在于它们最终能够获得的能力，而在于解决控制问题的方法不同。每个类型都对应一套不同的安全措施。神谕最显著的特点就是它能够被困在盒子里。对于神谕，我们还可以使用驯化的动机选择方法。精灵更加难以被限制，但是至少驯化的方法可能适用。主权既不能够被困在盒子里，又不能够通过驯化的方法处理。

如果这些是唯一需要考虑的因素，那么它们可取性的排序就比较清晰了：神谕比精灵安全，精灵比主权安全；神谕最初在便利和运行速度方面的差距会相对较小，而且建造神谕带来的安全方面的提高可以使其忽略不计。然而，我们还需要考虑其他因素。在决定选择哪个类型时，我们不仅应该考虑系统自身可能带来的危险，还应该考虑在使用系统时可能出现的危险。很明显，精灵能够给予控制它的人极大的权力，但是神谕也是如此。相反，主权则可以被建造成不允许任何人或组织对结果产生任何影响，而且会阻止任何试图改变其最初计划的行为。另外，如果主权的动机是通过“间接规范”（我们将在第十三章讲述这个概念）的方法定义的，那么它就可以用来实现某些抽象的结果，比如“实现公平和正义的最大化”，但是没有人提前知道这个抽象的目标具体包括什么。这就造成了一种类似于罗尔斯的“无知之幕”的情景。这样的设置可能会有利于达成共识，有助于预防冲突，并且促进实现更加公平的结局。

另一点是，如果我们设计的超级智能的最终目标与我们最终想要获得的结果不完全匹配的话，是会造成风险的（这一点对于某些类型的神谕和精灵来说是不利的）。例如，如果我们通过驯化的动机选择方法，使超级智能想要使自己对世界的某些影响最小化，那么我们可能会由此建造这样一个系统：它拥有与赞助者不同的对可能结果偏好的排序。如果我们建造的人工智能尤其看重能够正确地回答问题，或者特别忠实地服从单个命令，同样的事情也会发生。现在，如果采取足够的措施，这就不会产生任何问题：这两套排序之间会有足够的一致（至少它们描述的可能世界被实现的机会都比较大），不管按照人工智能的标准，还是按照人类的标准，结果都是好的。但是，可能有人会提出：允许人工智能的目标和我们的目标之间存在即使是有限的不一致，也是一种不明智的设计理念。（当然，给主权设定的目标与我们的目标不完全一致也会导致同样的担忧。）

工具性人工智能

有人提出这样一个建议：我们建造一个更像是工具而不是代理的超级智能。这个想法似乎来自对普通软件的观察。普通软件在无数次的应用中都没有出现任何与我们书中描述的问题哪怕有一点类似的问题。那么我们为什么不建造一个类似普通软件的“工具性人工智能”呢，就像是一个飞行控制系统或者一个虚拟助理，只是有更高的灵活性和实力？为什么要建造一个具有自己意志的超级智能？与其建造一个拥有信念和意愿、像一个虚拟人一样行动的人工智能，我们应该试图建造按照编写好的程序去行动的普通软件。

然而，如果我们建造的产品是一个强大的一般智能的话，那么这个“建造按照编写好的程序去行动的普通软件”的想法并不是那么有效。诚然，所有的软件都是仅仅按照编写好的程序运行，我们通过代码对软件的行为进行数学描述。但是，对于所有类型的机器智能来说（不管是不是“工具性人工智能”），情况也是一样的。相反，如果“建造按照编写好的程序去行动”指的是软件能够按照编写者的意图行动，那么这就是普通软件通常无法达到的一个标准。

由于现有软件能力有限（与机器超级智能相比），普通软件无法实现程序编写者的意图，所以其造成的后果是可控的。这些后果可能微不足道，也可能代价很高，但是不会造成任何存在性威胁。然而，如果普通软件本质上是安全的，不是因为它们具有足够高的可靠性，而是因为它们的实力不够高，那么我们就不清楚普通软件如何能够成为安全超级智能的模型。有人可能会提出，通过扩大普通软件能够完成的任务的范围，我们就不需要建造人工一般智能了。但是，人工智能在现代经济中能够完成的可赢利的任务的范围是非常大的，种类是非常多的。处理这些任务对于专用软件来说，是不可能完成的。即使能够完成，也会花费很长的时间。在完成所有任务之前，某些任务的性质可能已经变了，然后会出现新的任务。如果软件能够自己学习如何完成新任务，或者学习如何发现需要完成的新任务，这会是非常有益的。但是，这就要求软件能够学习、推理、做计划，并且是出色地、跨领域地完成。也就是说，这要求它具有一般智能。

对于我们的目标来说，尤其重要的是软件发展的任务。能够实现软件发展的自动化具有巨大的实际用处。然而，能够实现自身的快速发展本身就是种子人工智能引发智能爆发的一个关键属性。

如果一般智能是必不可少的，那么有没有方法能够实现工具性人工智能的理念，同时保留普通工具所具有的安全性呢？我们是否能够拥有一个不是代理的一般智能？本质上说，普通软件的安全性不仅来自于其有限的能力，而且来自于它缺乏抱负。Excel软件没有一个暗自想要统治世界的子程序（即使它足够聪明，能够找到一种方式统治世界）。这个表格软件并不“想要”做任何事，它只是盲目地执行程序里的指令。（你可能会想）是什么妨碍我们建造一个同样类型的、具有更高智能的应用呢？比如说，当神谕接收到的指令是对一个目标的描述时，它需要针对如何实现这个目标提出一个方案。这时候，它为什么不能像Excel对一栏数字进行求和那样，不对输出结果或人类如何使用它表现出任何“偏好”呢？

编写软件的经典方式要求程序员对所要执行的任务的细节有足够的理解，能够明确地制定出解决方案，并使这些精细的步骤能够用代码进行表达。（实际中，软件工程师依靠代码库工作，代码库里有很多有用的代码，他们不用理解这些代码的原理就可以调用。但是这些代码的最初创作者对其原理是了如指掌的。）这个方法适用于解决我们非常熟悉的任务，也符合我们现在使用的多数软件的情况。然而，当没有人知道如何解决所有需要完成的任务时，这个方法就无能为力了。这时候就需要人工智能领域的技术了。在狭隘的意义上，机器学习的方法可以仅仅用来对主要是人类设计的程序中的少数几个参数进行微调。例如，可以借助人工分类的邮件信息语料库，对垃圾邮件过滤器进行训练，在训练过程中，分类算法对各种诊断特征的权重会得到改变。在更加广泛的意义上，分类器能够自己发现新的诊断特征，并且在各种条件下测试新发现特征的有效性。一个更加复杂的垃圾邮件过滤器将能够对用户需要面临的取舍或对它正在分类的信息内容进行推理。这些方式都不要求程序员知道如何最好地区分哪些是垃圾邮件而哪些不是，程序员只需要知道如何设置一个能够通过学习、发现或推理来提高自身能力的算法即可。

随着人工智能领域的发展，程序员将有可能卸下了解如何完成给定任务所需的认知重担。举个极端的例子，程序员将只需要确定什么是成功完成任务的形式标准，找到完成办法的任务就留给人工智能了。人工智能需要一套强大的启发法和其他方法作为指导，进而在可能的解决方案的空间里找到思路。它会不停地搜索，直到发现一个符合成功标准的解决方案。然后人工智能要么自己实施这个解决方案，要么将解决方案汇报给使用者（神谕的工作方式）。

今天这个方法的基本形式已经得到了非常广泛的应用。尽管如此，使用人工智能和机器学习技巧的软件虽然具有了一定的能够发现程序员没有预期到的方法的能力，但仍然是作为解决各种实际问题的工具而被使用，并没有造成任何存在性威胁。只有当系统用来寻找解决方案的方法变得极其强大、涉及普遍领域时，我们才会进入危险地带。也就是说，这时候系统开始具有相当于一般智能，甚至是超级智能的能力了。

有（至少）两个地方可能会出现问题。首先，具有超级智能特征的搜索过程找到的解决方案可能不仅是预料之外的，而且是极度违背设计意图的。这可能会导致我们之前讨论过的一些失败类型（反常目标实现方式、基础设施过量，或者意识犯罪）。如果超级智能的类型是主权或者精灵，这时候我们最容易看到这种失败模式的产生，因为主权或精灵会直接将它发现的解决方案付诸实践。如果主权或精灵发现的第一个能够符合标准的答案是，制造分子笑脸符号或者将这个星球全部变成曲别针，那么我们得到的就会是笑脸符号或者曲别针。但是，即使是只汇报答案的神谕（如果其他一切顺利的话），也可能会导致反常目标实现方式的发生。使用者要求神谕回答实现某个结果的方案是什么，或者实现某种功能的技术是怎样的；当使用者开始实施方案或者构建技术时，就可能会出现反常目标实现方式，就如同人工智能自己实施了方案一样。

第二个可能出现问题的地方是在软件的运行过程中。如果软件用来寻找解决方案的方法足够复杂，这些方法可能会帮助软件用一种智能的方式寻找答案。在这种情况下，运行这个软件的机器就会开始看起来不像是一个工具，而更像是一个代理。由此，这个软件可能会开始研发一个关于如何寻找答案的方案。方案可能会包括首先探索哪些领域、用哪些方法、搜集哪些数据，以及如何最有效地利用当前的计算资源。在寻找符合软件自身内部标准（比如要求方案能够有较高的概率寻找到符合使用者制定的标准的答案）的方案的过程中，软件可能会发现一些另类的想法。例如，它制定出的方案的第一步可能是获取更多的计算资源，同时消除潜在的阻碍者（比如人类）。当软件的认知能力达到足够高的水平时，就会产生这样的"有创意的"方案。当软件按照这样的方案开始行动时，就可能会引发存在性灾难。

正如延伸阅读9里的案例所表明的，开放式的寻找过程即使在其当前有限的形式下，有时候也会产生奇怪的、出乎意料的、非人类中心的解决方案。目前的寻找过程是无害的，是因为其实力太弱，无法找到能够帮助程序统治世界的方案。这样的方案会包含一些非常困难的步骤，比如发明领先于当前最尖端技术好几代的新型武器技术，或者开展一场远比人类公关公司能想到的方法更有效的宣传运动。要想能够想出这样的方案，先不说方案能否真正实施，系统可能需要能够至少以正常成年人类头脑里的世界模型的丰富和真实程度，建立一个这个世界的模型（尽管一些方面认识的欠缺可能会通过其他方面的额外技能来弥补）。这是目前的人工智能还远远不能够做到的。由于组合爆发会挫败通过蛮力解决复杂策划问题的企图（正如我们在第一章里看到的），已知算法的缺点并不能通过简单地提高计算能力来克服。然而，一旦寻找或策划过程变得足够强大，它也就变得具有潜在危险了。

延伸阅读9 盲目寻找产生的另类答案

即使是普通的具有进化能力的寻找过程有时候也会产生出乎意料的结果，其找到的答案符合用户定义的形式标准，但是以用户完全没有预料到或者期待的方式。

可进化硬件领域能够提供这个现象的很多案例。在这个领域中，进化算法会探索硬件发展的可能空间，在可以快速重构数组或主板上对每种可能的设计方案进行测试。改进的设计常常能够带来可观的经济效益。例如，在一次探索中发现了一种能够脱离计时器工作的鉴频电路（计时器通常被认为是鉴频电路必不可少的组成部分），经过研究者评估，改进的电路体积会比人类工程师对这项任务的要求小 1~2 个数量级。电路用一种不寻常的方式探索了自身组件的属性，而一些活跃的、必要的组件甚至都没有连接到输入或输出端口上！这些组件以我们通常认为是令人厌烦的副作用的方式参与到任务中，比如电磁耦合或供电负荷。

另一个寻找项目的任务是建造一个振荡器，但最后的方案中甚至不包括看起来更加不可或缺的组件——电容器。当算法将这个成功的方案呈现出来时，研究人员对其进行了检验，并得出了最初的结论：不能用。但经过更加仔细的检查，他们发现，算法可以用类似马盖先①的方式将无传感器的主板重构为一个临时的无线电接收器，方法是将电路板上的电路轨道当作天线，接收实验室里碰巧从其附近的个人计算机发出的信号。电路将这个信号放大，从而产生出人们想要的振荡输出。

在其他实验中，进化算法设计出了能够用示波器显示主板是否被监视，或者探测一个电烙铁是否连接到实验室公共电源的电路。这些例子说明了一个开放式的寻找过程是如何重新利用已有材料的。通过把材料用于新的用途，算法开发出了完全出乎我们意料的传感能力。传统的人类思维能力是无法想出这种方法的，甚至在事后都无法做出解释。

进化寻找“作弊”或者找到反直觉的目标实现方式的现象在自然界中也存在。由于我们对生物的外表和感受已经比较熟悉，所以可能更不容易看到这些现象。即使我们不能提前预料到进化的结果，也会倾向于将自然进化过程的结果看作正常的现象。但是，我们可以在人工选择过程中设计

① 电影《百战天龙》的主角，有着过人的智慧，擅长用普通生活用品作为工具，来帮助自己和拍档摆脱困境 。——译者注

一些实验，以便能够在熟悉的自然界之外观察到进化的过程。在这些实验中，研究人员可以创造出自然界里几乎无法获得的条件，然后观察结果。

例如，在20世纪60年代之前，生物学家常常主张捕食者会限制自身的繁殖，从而避免陷入马尔萨斯陷阱。尽管这样的限制违背了个体利益，但是人们有时候会认为集体利益会超越个体追求繁殖的动机，所以个体会选择更符合集体或整体利益的行为方式。后来的理论分析和模拟研究发现，虽然原则上集体选择是可能的，但是只有在非常严格的条件下，集体选择才能克服强大的个体选择，而这些条件在自然中几乎不存在。但这些条件可以在实验室里创造出来。通过实施强大的集体选择，研究人员繁殖的面象虫种群数量减少。这时，进化确实导致了更少的种群数量。然而，实现这一点的手段不仅包括降低生殖力和延长发育时间等“温和”手段（这是将进化研究拟人化的人可以预料的），还包括增加同类相食的行为。

与其在实施强大的寻找过程（包括寻找内部工作计划的过程和直接寻找符合使用者定义标准的方案的过程）中自发且偶然地产生类似代理的、具有目的性的行为模式，可能还不如直接建造代理。使超级智能明确地具有类似代理的结构，可能会提高超级智能的可预测性和透明度。一个明确区分价值观与信念的精心设计的系统将能够帮助我们对它可能产生的结果进行一些预测。即使我们不能准确预测系统将获得哪些信念或者系统会处于哪些情况之中，我们也能够通过已知的部分审查它的最终价值观，以及它将会用来选择未来行动和评价可能方案的标准。

比较

对我们讨论过的不同系统类型的特点进行总结，也许会有所帮助（见表10–1）。

表 10–1 不同系统类型的特点

神谕	**问题回答系统** 变体：有限领域的神谕（例如，数学神谕）；输出受限神谕（例如，输出的答案只能是“是、否、不确定”或者概率）；如果其预测回答问题会导致符合其预先设定的“灾难标准”的结果，就拒绝回答的神谕；可以进行同行评议的多个神谕	可以完整使用盒子方法 可以完整使用驯化方法 对人工智能理解人类意图和利益的要求比较低（与精灵和主权相比） 使用“是/否问题”可以消除判断答案的“有用性”或“信息量”的需要 巨大权力的来源（可能会给操作者提供决定性战略优势） 对操作者用愚蠢的方式使用系统的防范力度有限 不可靠的神谕可以被用来提供不容易找到但是易于检验的答案 通过使用多个神谕，可以对答案进行较弱程度的检验
精灵	**命令执行系统** 变体：利用不同的“外推距离”或遵守命令背后的精神而非命令字面意思的精灵；有限领域的精灵；有预览功能的精灵；如果预测执行命令会导致符合预先设定的“灾难标准”的结果，就拒绝执行命令的精灵	可以部分使用盒子方法（针对空间受限的精灵） 可以部分使用驯化方法 精灵能够提供对预期结果显著方面的预览 精灵可以分阶段行动，这样就有机会对每个阶段进行审视 巨大权力的来源（可能会给操作者提供决定性战略优势） 对操作者用愚蠢的方式使用系统的防范力度有限 对人工智能理解人类意图和利益的要求比较高（与神谕相比）
主权	**开放式自动运行的系统** 变体：很多可能的动机系统；可能能够使用预览和“赞助者批准”功能（将在第十三章讨论）	不能使用盒子方法 也不能使用多数其他能力控制方法（有可能的例外是：社会融合或人类采集） 基本不能使用驯化方法 对人工智能理解人类意图和利益的要求很高 需要保证第一次运行时就万无一失（尽管对于其他种类来说也是如此，但程度低一些） 一旦启动就不会受到操作者的影响，因此可以设计成能够防范操作者用愚蠢的方式使用 可以用来实现“无知之幕”的结果（参见第十三章）
工具	**被设计成不表现出有目的的行为的系统**	可能可以使用盒子方法，取决于实施方式 强大的寻找过程可能会涉及机器超级智能的发展和运行 为了寻找符合标准的解决方案，强大的寻找过程可能会找到符合标准但在意料之外的危险的方案 强大的寻找过程可能会包括二级的内部搜索和策划过程，由此可能会发现完成首要寻找过程的危险方式

要确定哪种类型的系统最安全，还需要进一步的研究。答案可能取决于使用人工智能的条件是怎样的。从安全性的角度来看，神谕是最有吸引力的，因为对于神谕来说，既可以运用能力控制方法，又可以运用动机选择方法。这样来

看，神谕就击败了主权，因为主权只能够使用动机选择方法（例外的情况是，主权相信世界上还有其他强大的超级智能存在，这时可以使用社会融合或人择捕获方法）。然而，神谕将很大的权力交给了其操作者，而操作者可能会有不良意图，或者用愚蠢的方法使用神谕。而主权就可以在某种程度上避免这种不好的情况发生。因此，安全性排序不是那么容易就可以确定的。

精灵可以被看作神谕和主权的折中——但不一定是好的折中。在很多方面，精灵可能会具有神谕和主权两者的劣势。同时，工具性人工智能表面上的安全性可能是虚假的。要使工具变得多才多艺，从而能够替代超级智能代理，它可能需要开展极其强大的内部搜索和制定方案的过程。这些过程可能会意外地导致类似代理的行为产生。这样的话，还不如最初就将系统设计成代理，这样程序员就更容易看清什么样的标准会最终决定系统的输出。

第十一章

多极情景

SUPERINTELLIGENCE

Paths, Dangers, Strategies

我们已经看到了单极结局会造成多么大的威胁（特别是在第八章）。单极结局是指单一超级智能获得了决定性战略优势，并凭借其优势建立起单一体。在本章中，我们会研究在多极结局，也就是在有着多个互相竞争的超级智能的后过渡社会中会发生什么。我们对这一情景的关注包含两个层面。首先，正如第九章提及的，社会融合可能会成为控制问题的一种解决方式。我们已经注意到这种方式的局限性，而本章将描绘出更全面的画卷。其次，即使没有人着手去创造出多极条件来解决控制问题，多极结局也可能发生。那么，这种结局看起来可能是什么样的呢？最终的竞争社会不一定会吸引人，也不一定能长久持续。

在单一体情景下，后过渡阶段发生的事几乎完全取决于单一体的价值观。结局可能很好也可能很坏，依赖的也是这些价值观。反过来，价值观则要依靠控制问题是否被解决、解决到哪种程度，以及创造单一体的项目的目标。

假如有人对单一体情景的结局感兴趣，那么他实际上只有三种信息来源：不会被单一体行为影响的事物的信息（比如物理规律）；工具性趋同价值观的信息；让人们能够预测或推断单一体会具有何种最终价值观的信息。

在多极情景下，一套附加的限制条件也会造成影响，这些限制条件涉及系统如何互动。我们可以运用博弈论、经济学和进化论的方法，对于从这些互动中产生的社会机制进行研究。只要能对人类经验中更加偶然性的那部分进行提炼和抽象，政治科学和社会学的要素便也是相关的。尽管指望这些约束条件能精确描绘出后过渡世界的图景不太现实，但是它们也能帮助我们确定一些显著的可能性，并挑战一些没有根据的假设。

我们将从研究一个经济情景开始，其具有如下特征：低水平的监管，严格的产权保护，能较快制造出便宜的数字大脑。这个模型和美国经济学家罗宾·汉森有深刻的渊源，他曾就这个课题做过许多开拓性的研究。在本章后半段，我们将会看到一些革命性的观点，并检验一个初始为多极的后过渡世界逐步合并为一个单一体的过程。

马与人

一般机器智能可以成为人类智能的替代品。数字化大脑不仅能进行人类大脑所进行的脑力劳动，一旦配备了较好的执行器或机械躯体，它还可以代替人的体力劳动。假设机器劳动者能够很快被生产出来，并且在所有工作中都比人类劳动者更加便宜和能干，那么会发生什么呢？

工资和失业

有了廉价可复制的劳动力，市场工资就会下降。人类唯一能保持竞争力的地方，也许就只有那些顾客们更倾向于由人来操作的领域。当今，那些由原住民手工制作的商品往往具有更高的价格。未来的消费者可能也会更青睐这些纯手工制作的商品和人类运动员、人类艺术家、人类恋人以及人类领导，而不是那些在功能上相同或者更高级的人造替代品。但不能确定的是，这样的偏好会遍及多大范围。如果机器制造的产品确实更加优越，那么它们的标价就可能会更高。

影响顾客选择的一个因素是产品生产者或服务提供者的内在生命。比如说，音乐会的听众希望感受到演奏者是在有意识地体验音乐和会场氛围。没有氛围体验，这个音乐家只会被当成一个高级点唱机，即使这个点唱机似乎制造出了一个三维的、能够和观众自然互动的演奏者的形象。机器也许将会被设计得能够实例化表现出人类在做同样事情时的精神状态，甚至能对主观情绪进行完美复制。尽管如此，一些人还是更喜欢有机体的工作。这种倾向可能是扎根在宗教或意识形态里的。正如很多穆斯林和犹太人拒绝食用那些不按照教典准备的食物一样，未来也会有这样的群体拒绝食用智能机器制作的食物，因为在他们的“宗教”规范中，食物制作过程中是不能使用机器的。

其中的关键是什么呢？就廉价机器劳动取代人类劳动的程度来说，人类工作甚至可能消失。对自动化和失业的恐惧当然已经并不新鲜了。至少从工业革命开始，对于科技性失业的担忧就阶段性地再现；相当一部分的职业事实上已经走上了和当年英国纺织工人与织物手艺人一样的道路，这些人于 19 世纪早期在“内德 · 勒德[①]”这一虚构人物的影响下联合起来，抵制机械纺织机的降临。然而，即使机器和科技已经替代了很多种人类劳动，自然科学在整体上补充了劳动力。在世界范围内，人类的平均工资在长期看来呈上涨的趋势，在很大程度上就是源于这种补充。但是，刚开始的补充很有可能在后来成为人类劳动力的替代品。马车和犁在最初是作为马匹的辅助的，它们使马的生产力大大提高了。但后来，马被汽车和拖拉机取代了。这些后来居上的发明降低了对马匹劳动的需求，也带来了马匹数量的降低。人类会遭遇相似的命运吗？

如果我们进一步拷问现在仍旧有马匹在我们四周的原因，就可以对这个马的例子进行更深的类比。其中一个原因是，当下马匹仍在某些特殊市场具有功能上的优势，比如警察工作。但主要原因还是人类更偏好那些只有马匹能够提供的服务，比如娱乐性的骑马运动和比赛。这种偏好可以与我们假设未来人类会有的偏好作比较，我们假设未来的人类会偏好人类生产的商品或提供的服务。但需要指

① 是虚构的一个人物，他仇视一切新奇的发明和科技的进步。——编者注

出的是，这个类比并不十分确切，因为并没有能够完全代替马匹功能的东西。如果真有廉价而且和真正马匹在草场上跑动起来的形式、感觉、味道、动作，甚至下意识的体验都一模一样的机械装置，那么对真实马匹的需求很可能还会降低。

在对人类劳动的需求大幅下降的情况下，工资也会降低到人类生存线以下。因此，这对于人类劳动者的潜在打击是巨大的：不仅仅在于工资、身份地位或是再教育需求的降低，甚而还有挨饿和死亡的危险。当马匹作为运输工具已经过时的时候，它们被大量卖给肉类加工厂，被加工成狗食、骨粉、皮革、胶水。这些动物没有其他工作能使自己赢得保全。在美国，1915 年有 2 600 万匹马。到 20 世纪 50 年代初期，只有 200 万匹马幸存。

资本和福利

人类和马匹的最大区别就是人类拥有资本。一个典型的现实经验是，大约 30% 的资本要素在长期看来是较稳定的（虽然有较大的短期波动）。这意味着全球 30% 的收入是被资本家收入囊中的，而剩下的 70% 作为工人的工资。如果我们把人工智能作为资本，那么机器智能可以完全替代人类工作，工资就会下降到这种机器替代物的边际成本水平，在机器的效率非常高的前提下，工资会非常低，大大地低于人类生存所需的收入水平。那时劳动者的收入将会下降到几乎为零，同时也意味着资本所占比例的收益将几乎达到 100%。由于世界 GDP 将在即将到来的智能爆发中迅猛发展（由于替代人类劳动的新机器的大量出现和超级智能带来的技术进步，以及之后对外太空领域的殖民拓展），随之而来的资本总收入也将大大提高。如果人类持续拥有这些资本，那么人类人口的总收入将有天文数字般的增长，尽管在这种情况下，人们将不再有任何工资收益。

这样，人类种族作为一个整体将拥有比贪婪美梦中还多的财富。那么这些收入应怎样分配呢？首先，资本收入将按照拥有资本的比例分配。考虑到天文数字般的增长效应，即使是前过渡社会中极小的一部分财富，也可能在后过渡时期成为一笔庞大的财产。然而，在当今世界，很多人没有财富。这不仅包括生活在贫穷中的人们，也包括那些收入不菲或拥有较高人力资本但是净资产为负的人。比如，在富裕的丹麦和瑞典，30%的居民报告有负资产——常常是拥有极少不动产，但背负着信用卡债务和学生债务的年轻人和中产阶级。即使储蓄可能有极高的利率，也必须要有种子资本和启动资金，才能获得增值。

尽管如此，即使是在过渡开始时没有私人财产的人也可能会变得极其富有。比如，那些拥有公共或私人养老保险金的人就会有良好的收益，前提是这些保险金是有资本投入的。没有养老保险金的人也可以通过财富暴增的慈善行为而变得富有。由于暴富的规模之大，哪怕是很小比例的施舍，其绝对值也是巨大的。

即使是在后过渡阶段，机器在各个领域都比人类具有功能上的优势（同时比生存线以下的人类劳动力还便宜）时，通过工作变得富有仍然是有可能的。正如之前提及的，在人类劳动因其美学、意识形态、道德、宗教或其他非实用主义的因素而更受人喜爱的条件下，这种通过人类劳动获得大量财富的情况还是可能出现的。在人类资本家的财富急剧增长的情形下，对这种劳动的需求也会相应地增长。新兴的亿万富翁有能力为传统人类劳动力提供的产品和服务支付可观的费用。马匹的故事再次提供了一个参照。美国的马匹数量在20世纪50年代早期降到200万匹之后，又经历了一次有力的反弹，最近的一次统计数字已经达到1 000万匹。这个增长并不是源于对马匹在农业和交通上功能的新需求，而是经济增长助长了更多美国人对马匹娱乐业的兴趣。

除了资本所有权，人和马之间的另一个不同在于人类具备政治动员的能力。人类运行的政府能够运用国家的税率手段对私人利润进行再分配，或通过卖出国家的不动产来获得收入，比如公共所有土地；也可以采取手段让其选民拿到养老金。再一次，由于经济在过渡中和稍后的时期迅速增长，会有更多的财富使失业民众的日子更加好过。即使是对一个国家来说，它只需要用不超过现在很多国家对外事务援助的基金的比例，就能为全世界的每一个人提供宽裕的生活工资。

历史视野下的马尔萨斯人口理论

到目前为止，我们都假设人口数量不变。在短时间的尺度上来看，这或许是合理的，因为人类出生率会受生物学限制。但从长期来看，这个假设并不一定是合理的。

人口数量在过去 9 000 年的时间中已经增长了 1 000 倍。如果在史前和历史中的大多数时间，人口数量没有受到世界经济的阻碍，这种增长会更快。一个近似满足了马尔萨斯人口理论的条件已经处处可见，那些收入仅在生存线水平的人们几乎只能承担生存并抚养两个孩子直到成人的费用。也有一些暂时的、发生在当地的某种意义上的“缓刑”，如疟疾、气候变化或战事，可以间歇性地剔除一些人口，同时给土地减轻负担，让幸存者提高自己的营养摄入，抚养更多的孩子，直到人口得到补充，马尔萨斯所描绘的现象再次出现。同时，正是由于社会的不公平，才使一小部分精英阶层能够长期享受生存线以上的收入水平（以通过某种手段降低可持续发展的整体人口的规模为代价）。现在有一个悲哀而不和谐的观点：在马尔萨斯的情形下，在我们拥有这个星球使用权的绝大多数时期，干旱、虫害、屠杀和不平等几乎是常态，那些通常看起来是人类福祉的最可怕的敌人，却事实上扮演了最人道的角色：它们使人类的平均生活状态比完全符合生存边际成本的生活水平，时不时地稍微提高一点点。

结合区域性的涨落，历史展示出一个起初很缓慢，在不断积累的科技创新发明的促进下，而逐渐加速的经济增长的宏观模式。世界经济增长带来了相应的人口增长。（更确切地说，是更多的人口本身更快地加速了经济增长，其可能主要源于人类智力成果的积累。）直到工业革命以后，人口增长速度才落后于经济。然后平均工资开始增长，首先是在西欧的早期资本主义国家，紧接着在世界其他地区。即使是在今天的贫穷国家，平均收入也超出基本生存水平很多，这些国家的人口正在增长，就可以反映这一点。

当下最穷的国家有着最快的人口增长速度，因为他们还没有完成更发达地区已经实现的低生育率的“人口过渡”。人口学家们预测到 21 世纪中期，世界人口将会达到 90 亿，这之后便会经历一个零增长或负增长阶段，因为贫穷国家加入发达地区的低生育行列中。很多富裕国家的生育率已经低于人口更替水平，有些地方甚至是远远低于这一水平。

尽管有理由预计，如果我们把眼光放长远，设想一个科技不变和经济持续繁荣的状态，当世界人口触及我们生存空间所能承受的极限时，便会回到一个历史和生态上的正常情况。如果说按照我们在全球范围内观察到的财富和生育的负相关关系，这显得有点违反直觉，那么我们必须得提醒自己，当下的现代社会只是历史的一个阶段，而且是很反常的。人类习性还没有适应现代社会。我们现在不仅没有很好地通过一些显著的方式利用我们内在的健康状况（比如成为精子或卵子的捐献者），而且我们还积极地用生育控制故意破坏自己繁殖后代的能力。在进化性适应的环境下，健康的性欲冲动足以让每个人使自身的生殖潜力最大化；而在现代环境下，一种更直接地想成为尽可能多的孩子的亲生父母的欲望，具有巨大的选择性优势。如同其他能够增加我们繁衍倾向的特性一样，我们正在选择这种欲望。然而，文化的适应性可能会抢先于生理上的进化。一些社区有着鼓励大家庭的促进生育的文化，他们的人口往往持续而快速地增长。

人口增长和投资

我们想象一下，如果当下的社会经济状况神奇地冻结在了它们此刻的状态，那么未来就会被维持高水平生育率的文化或道德群体统治。如果大多数人的偏好最大化地适应当代环境，人口将很容易在每一代都翻倍。若人口控制政策消失——这些政策越来越严格且有效，稳定地抵消掉了人类偏好的进化，即使这些进化更加强有力，也不能规避人口政策的作用，世界人口就会继续呈指数增长，直至碰到边界条件，比如土地匮乏或重要创新的机会被耗尽，使得经济不再可能保持这样的增长速度。在这个节点，大多数居民的平均工资开始下降，直到极度贫困的水平，再也无法承担养育超过两个孩子的费用。这时，马尔萨斯人口理论描绘的场景就会再现，像一个可怕的奴隶主，将我们奔向一个物质丰富的梦想世界的逃跑行为画上句号，再给我们重新戴上镣铐，回到采石场，为生存而疲倦地挣扎。

由于智能爆发，这个长远的展望可以被压缩成一个更迫近的前景。由于软件的可复制性，仿真系统和人工智能的数量将会快速增加。在几分钟而非一个世纪或几十年内，它们就会消耗掉所有可用的硬件。

在普遍的马尔萨斯条件下，私有财产也许能提供一定程度的保护。设想一个简单的模型，在一个氏族部落（或者社区、国家），人们拥有完全不同的财产，而且各自独立地实践不同的繁衍和投资政策。一些氏族严重低估了未来的危机而花完了他们的资产，随后那些贫困的成员便加入全球的无产阶级（或者，如果他们无法用自己的劳动养活自己就会死去）。另一些氏族用部分资源进行投资，但采用不加节制的生育政策。这些氏族部落将拥有越来越多的人口，直到达到内部的马尔萨斯状态，也就是说其氏族成员会过于贫穷，生育率几乎和死亡率相当，氏族人口增长减慢，和其资源的增长率持平。还有一些氏族可能会限制生育率，使其低于资本积累的速度。这种情况下，氏族人口增长较慢，其人均收入也会提高。

假如财富从富裕的氏族重新分配到那些人口快速增长或收入水平下降的氏族（尽管这些氏族部落里的孩子或旁系亲属本身没有错，却出生在了一个资本不足以让他们生存和享受繁荣的世界），那么社会将更接近一个普遍的马尔萨斯状态。在这种限制条件下，所有氏族部落的成员都会获得生存最低保障，而每个人在贫穷中都是平等的。

假如财富没有进行再分配，精打细算的氏族可能会持续拥有一定的资本，他们的财产也极有可能会增长。然而，人类是否能得到和他们在机器智能时代同样高的资本回报，我们还不能下定论，由于劳动力和资本的协同增效，一个同时能提供这两者的代理人（比如，一个企业家或投资者既拥有人力又拥有资本），能使人们获得的资本回报率大大超过那些只拥有资本而没有显著人力资源的代理人。技能水平比不上机器智能的人类也许会因此让他们资本增长的速度减慢——当然，除非完全解决了控制问题，在这种情况下，人类盈利率会和机器盈利率一致，因为人类主管会利用机器代理人来管理他的储蓄，而且几乎没有成本开销或是利益冲突；但另一方面，在这种情形下，机器持有的那部分经济也会渐渐接近百分之百。

机器所占部分接近百分之百的社会情形并不意味着人类所占的部分一定会减少。如果经济增长足够快，那么即使其所占比例相对缩水，在绝对数量上也是增加的。对人类来说，这听上去像是个还不错的消息：在财产权受到保护的多极情形下，即使我们完全无法解决控制问题，人类所占有的财富也一定会增长。当然，这种影响并没有考虑到因人口增长而造成的平均收入降低到最低保障的问题，也没有考虑人类由于过度消耗未来资源而自我毁灭的问题。

长期来看，经济会越来越多地控制在那些高储蓄人群的手上，也就是那些拥有半座城市却依然住在桥洞底下的吝啬鬼。只有在时机成熟的时候，也就是没有任何投资空间的时候，这些获得极大繁荣的吝啬鬼才会开始掏钱。然而，如果私有财产权得不到完全的保障，例如一些高效的机器通过偷窃或骗术将财富从人类身上转移到自己手里，那么人类资本家大概就会更快地花掉自己的资产，以防止它们因这种转移而消耗殆尽（或者是防止转移过程造成的持续不断的成本消耗）。假如这些发展在电子而不是生物学的时间尺度中发生，那么冰河时期的人们会发现，他们在瞬间就被剥削殆尽了。

算术经济下的生活

在马尔萨斯后过渡阶段，生物学人类的生活状态不需要模仿任何一个历史时期人类的生活状态（比如采猎者、农民或办公室白领）。在这种情形下，大多数人类都会是闲散的食利者，依靠他们储蓄所得的利息勉强生存。他们会非常贫困，微薄的收入来自不多的储蓄和政府补贴。他们会生活在一个科技极端发达的世界，不仅有着超级智能机器，还有虚拟现实、各种加强的科技，以及令人愉悦或抗衰老的药物，但他们通常买不起。也许比起增强体能的药物，他们更愿意选择延缓生长发育、减缓新陈代谢的药物来降低自己的生活成本（月光族在生计收入逐渐降低的情形下是无法生存的）。随着进一步的人口增加和收入降低，我们可能会退化为一种仍然有资格领取最低社会保障的极小的结构——也许是具有清醒意识的大脑泡在桶里，通过机器来供给氧气和营养，等攒到足够的钱，再通过机器人技术员开发出对他们的克隆来进行繁殖。

更进一步的节俭可以通过上载来实现，因为一个由高级超级智能设计、物理上优化过的计算基质，要比一个生物大脑高效得多。但是，如果仿真系统被看作非人类或非公民，从而没有资格获得补贴或免税储蓄账户，那么向着数字领域的移民就可能受阻。在这种情况下，向着生物学人类的利基市场就会保持开放，同时也可能面向数量上更多的仿真系统和人工智能。

到目前为止，我们都着重关注人类的命运，他们的工资、储蓄、津贴来自于那些更倾向于雇用人类劳动者的其他人。现在让我们把目光投向一些一直以来被称作“资本”的实体：它们为人类所拥有，为实施功能性任务而被创造出来，可以在很大范围的工作中替代人类劳动。在新经济时代中，这些重负荷机器的命运又如何呢？

假如这些机器只是自动装置，像蒸汽机或钟表里面的机械装置那样简单，那么也不需要更多的评论了：在后过渡经济中，会有很多这种类型的生产资料，但这种无知觉的东西对任何人来说都是无足轻重的。然而，如果机器也有了具有意识的大脑——如果它们被制造成在运行中会涉及意识（或者因为别的原因而让它们有道德地位），那么全面考量这会给机器大脑带来何种结果就非常重要了。能工作的机器大脑的福利可能是这些结果中最重要的一个方面，因为它们在数量上占有绝对优势。

自愿奴隶制和随意的死亡

第一个重要的问题就是：工作的机器大脑是作为生产资料（奴隶）被占有，还是作为自由劳动力被雇佣。但是当我们进一步思考时，就会发现似乎没有什么是真正关系到这个问题的。有两个原因可以对此进行解释。第一，如果一个在马尔萨斯状况下的自由劳动者只获得保障最低生活的收入，在他为食物和其他必需品付款后将不会再剩下任何可自由支配的收入。而如果这个劳动者是个奴隶，那么他的主人会为他的生计买单，他同样不会有可支配收入。无论在哪种情况下，这个劳动者除了必需品，什么都得不到。第二，假设这个自由劳动者处在高于最低生活标准的收入水平上（可能是由于较有利的体制规定），他会怎么消费多余的钱呢？投资者会发现，创造“自愿的奴隶”劳动者，也就是那些愿意只为低保工资工作的劳动者，是最有利的。于是，投资者就会通过复制这些顺从的劳动者来创造更多的劳动者。在合适的甄选下（或是对代码的适当更改），投资者就能够创造出不仅愿意奉献他们的劳动，而且愿意把任何多余的收入都交还给老板的劳动者。这时，给劳动者发工资也就是绕了一圈给老板发工资而已，即使这些劳动者都是有着合法权益的自由实体。

可能有人反对说，设计和制造这种自愿接受工作安排或是把工资赠给雇主的机器非常困难。人们更是往往想象仿真系统会有更多典型的人类欲望。但是请注意，即使是最初的控制问题都十分困难，而我们现在只考虑过渡之后的状况，也就是假设动机选择已经是确定的。在仿真系统中，一个个体可能仅仅由于选择，而得到与之前的人类完全不同的特征；我们也描述过其他几种动机选择的方法。在当前的假设下，新的机器智能加入一个稳定的、已经被其他遵守法律的超级智能居于其中的社会经济模型，从而使控制问题也可能在某种程度上被简化。

现在让我们考虑一下作为劳动者的机器的困境：它们究竟应该像奴隶还是像自由人那样运行？首先我们来看看仿真系统，这是最容易想象的例子。

将一个新的生物学人类劳动者带入这个世界会花上15~30年，其长短取决于工作要求多少专业知识和经验。在这段时期里，新人必须得到食物、住处、培养和教育——代价非常大。相反，批量生产新的数字劳动者则像将新程序加载到工作内存里那样容易。生命因此而变得廉价。一笔生意可以通过持续生产新的复制品来调整其劳动力，并同时终结那些已经不需要的复制品，以释放出更大的计算机资源。这会导致数字劳动者们极高的死亡率，很多劳动者可能只能存活一天。

除了需求的涨落，还有其他原因会使仿真系统的雇主想频繁地“杀死”或“终结”劳动者的生命。如果一个仿真大脑像生物大脑一样，需要周期性的休息或睡眠才能运作，那么在一天结束后，直接抹去一个筋疲力尽的仿真大脑的记忆，使其处于全新的、充分休息的状态会更加便宜。因为这个过程会让其逆行遗忘在这一天学会的每一件事，而执行任务需要的长期认知线程则可以在频繁的记忆擦除下保留。让一个每天都对之前没有任何记忆的人坐在桌前写一本书，是非常困难的。但是让他完成一些经常周期循环的工作则完全可以：商店服务员或顾客服务机在经过训练之后，只需要记得 20 分钟内的新信息即可。

由于循环模仿会阻碍记忆和技能的形成，一些仿真系统会被安装在特殊的学习轨道上持续运作，包括睡眠和休息，即使是在不严格要求长认知线程的工作里。比如，一些顾客服务系统就会在教练和性能评估者的帮助下，在优化了的学习环境里持续运行很多年。这些受训者中最优秀的，就会像种马那样被使用，每天成千上万个复制品将以它为模板被制造出来。我们要付出极大的精力来提高这些工人模板的性能，因为即使是生产力上的极小增益，当运用到百万数量级的复制品上时，也能产出极大的经济价值。

在训练特定工作的劳动者模板的同时，也要用很大的精力来提高仿真科技。在科技上取得的进步要比单个劳动者模板的进步更有价值，因为一般的科技进步可以应用于所有的仿真劳动者（也可以潜在地应用于非劳动者的仿真系统），而不是仅仅针对某些领域的工作。庞大的资源将会被用于寻找能够更有效地实现现有仿真的计算捷径，以及神经形态学和完整人工智能体系结构的合成。这些研究多半都是由运行在高速硬件上的仿真系统完成的。数以百万、十亿、万亿计的对最聪明的人类大脑的仿真（或是其加强版）会根据计算机能力的价格更多地投入生产，工作和运行在机器智能的最前沿；而其中一些超大量指令的运行速度比生物大脑更快。这使我们有足够的理由相信，类人仿真时代只是恒星时间里一个非常短暂的插曲，其很快就要让位于更高级的人工智能时代。

我们已经看到了仿真系统的雇主会周期性地清理门户的一些原因：对不同种类劳动力需求的变化，去除仿真系统休息和睡眠时间所带来的成本，引进更新和更优良的模板。对安全的考虑则是另一个原因。为防止劳动者策划颠覆性的计划和阴谋，处于敏感位置的仿真系统只能运作有限的一段时间，需要经常对它们重置，让其恢复到一个预置好的状态。

这些预置状态都会经过仔细的准备和严格的审查。一个典型的短命的仿真系统，可能会在充分休息（其忠诚度和生产力都已被优化）后醒来。它想起自己在长年累月（主观性的）的高强度训练和筛选中以最优成绩毕业，然后享受了一段恢复性的假期或一晚舒服的睡眠，又听过一些鼓舞人心的演讲和激动人心的音乐，现在有些迫不及待地想投入工作中，为它的上司付出最大努力。它不会对自己在工作日结束时面对的死亡感到头痛。具有死亡神经或其他担忧情绪的仿真系统的生产力会比较差，也不会在筛选中被留下。

效率最大化的工作有意思吗？

评估这种假设状况的一个重要指标是，一般的仿真系统享乐的程度。对于一个典型的仿真系统来讲，当它们为眼前的任务卖力工作时，是感到折磨还是享受呢？

我们必须克制着不将自己的情感投射到想象中的仿真劳动者身上。这个问题并不在于如果你不得不长时间工作并且再也没时间和你爱的人在一起——大多数人都会同意这是个悲惨的命运，你是否会感到快乐。相对来说，我们考虑人们在工作时间的平均享乐体验与这个问题更加相关。

在一项世界范围的调查中，当问及调查对象如何形容自己的幸福感时，他们使用“有点开心”或“非常开心”（打分范围从1~4，得到的平均分大约为3.1）。在平均感受的研究中，当被问到最近以何种频率感到积极或消极情感的状态，人们倾向于给出类似的答案（在范围–1~1中，净效应大概在0.52）。全国人均收入对于主观幸福感有一定的积极影响。然而，用这些结果来推断未来仿真劳动者们的享乐状况是比较危险的。其中一个原因在于，它们的情况将会非常不同：一方面，它们可能更加努力地工作；另一方面，它们可能不会受到疾病、痛苦、饥饿或是毒气之类的影响。但是这些考虑可能都没有戳中要害。更重要的因素在于，享乐的基调可以很容易通过药物或神经性手术的电子等同物调整。这意味着从未来仿真系统所处的外在环境来推断其享乐状态，设想我们或其他人类在这种情况下的感受，然后认为那就是它们的体会，是错误的做法。享乐与否是个选择的问题。在我们现在思考的这个模型里，做出选择的是那些希望其在仿真劳动者身上的投资可以得到最大收益的资本家。而带来的结果就是，仿真劳动者们有多快乐的问题，最终归结为它们在哪种享乐状态下最高产的问题（在那些仿真系统被雇用的各种工作里）。

再一次地，人们可能还是希望从人类对自己幸福感的观察中得出结论。如果是这样，那么在大多数时间、地点、职业中，人们都会感受到至少一定的快乐，这就有可能使在后过渡时代同样条件下的一些推测也成立。更清楚一点地说，这里的论点并不是说人类大脑对于幸福感有着先验的概念，因此在新的条件下也很可能自我满足，而是说在过去，一些程度的幸福感都已经被证明了可适应于人类大脑，所以也许未来相似程度的幸福感也会适应于类人大脑。但是这个推理同时也揭露出其推论的弱点。譬如说，非洲热带稀树草原上的采猎游牧的原始人类所适应的精神倾向，可能完全不符合生活在后过渡时代下虚拟现实中的被改良的仿真系统。我们当然可以“希望”未来仿真劳动者们会和历史上的劳动者一样或者比他们更加开心，但是目前还不能看到有说服力的理由来支持这一想法（在正在检验中的自由市场下的多极情形中）。

设想这种可能性：幸福感之所以在人类中非常普遍（无论在什么限制程度下都很普遍），是因为积极向上的情绪在进化性适应的环境中起到发出信号的作用。将这种感受（良好的健康状况、在同辈中较高的声望、稳定的收入）传达给其他属于繁荣发展的社会群体的人，也可能会提高个体的名望。根据更简单的物质主义准则，与追求效率最大化相比，人类的神经化学更偏向于选择积极情绪，因此对积极向上的人生态度的偏向就被选了出来。如果的确是这样，那么在后过渡时代里，所谓的“充满乐趣的生活”的未来，就将取决于积极乐观态度保留其作为信号的作用不变。关于这个话题，我们很快会在后面继续讨论。

假如开心的灵魂要比忧郁的灵魂消耗更多精力，将怎么办呢？可能快乐的人更倾向于有创造力的跳跃和自由幻想，这是未来的老板将从大多数劳动者身上剥夺的东西。也许沉闷或焦虑地专注于单纯地在工作中不犯错误，会是使很多工作中生产力最大化的态度。这并不是说我们确定就是这样，而是说我们并不确定事实不是这样。但是我们应该考虑到，一旦这种对于未来马尔萨斯状态的悲观假设成真了，将会多么可怕：不仅仅是因为会错失让事情变得更好的机会（这个机会可能是千载难逢的），也是因为这种状态本身就是不好的，可能比原始的马尔萨斯状态还要糟糕得多。

我们很少使用全部的精力。当我们这样做时，往往比较痛苦。想象一下骑脚踏车上陡坡的过程，我们会心跳加速，肌肉酸痛，肺部费力地呼吸着空气。看看时间：你的下一次休息，也就是你的死亡，将在49年3个月20天4个小时56分钟12秒之后来临——你恨不得从未出生过。

同样地，这个说法也不是肯定未来将会这样，而是我们不能否定它不会成为这样。当然，可以举一个更乐观的例子。比如，没有明显的理由认为仿真系统该承受身体创伤和病痛的折磨：消除身体病痛折磨将会是极大的进步。更进一步说，由于虚拟现实这样的东西可以非常廉价，仿真系统便可以在丰富多彩的环境下工作——在壮观的山顶豪宅，或是在繁花初放的春林，又或者在蔚蓝色的咸水湖边的沙滩上，再加上完美搭配的光影、温度、风景、装饰；完全不受惹人心烦的气味、噪音、刮风、嗡嗡叫着的小虫子的影响；穿着也可以舒适惬意，让人神清气爽、心无旁骛。更重要的是，假如（看起来完全有可能）在大多数职业中，人类在生产所处的最好的精神状态是令人愉快而又迫切想达到的，那么仿真经济的时代就像天堂一样了。

在任何情况下，都会有许多选择来以这样的方式安排事物：如果默认的轨道偏向糟糕的处境，某人或者某事就会出来加以干涉，让事物回归正轨。当生活质量永久性地降到某个水平，苟活不如好死，人们便会渴望走向死亡和遗忘的逃离出口。

无意识外包？

长远来看，由于仿真时代将让位于人工智能时代（或者机器智能将直接通过人工智能实现，不需要一个全脑仿真阶段来做准备），痛苦和快乐便可能在多极结局中完全消失。对于复杂的人工智能体来说，享乐回报机制可能并不是最有效的动机系统。更高级的动机系统应该基于效用函数的外部表达，或一些没有欢乐和痛苦功能的结构。

一个与此相关的、更极端一点的多极结局（其几乎把所有未来的价值观都清除了）是，所有无产阶级甚至都不会再有意识。这种可能性在人工智能的环境中最为明显，因为其结构组成和人类智能非常不同。但是即使机器智能期初通过全脑仿真而实现了有意识的电子大脑，后过渡经济释放出的竞争力也很容易带来一种更先进的机器智能的兴起，它将有着更少的机器智能的神经形态，这可能是因为合成的人工智能是重新创建的，也可能是因为仿真系统通过不断的改进和加强，和最初的人类形式渐行渐远。

设想在仿真技术已经完全成熟的情形下，神经科学和计算机科学领域持续的进步（由于电子大脑能够担任研究和被测试对象两个角色，因而这种进步将大大加快）会使仿真系统的个体认知组件有可能分离出来，并可以与从其他仿真系统中分离出的组件拼装起来。为使不同组件能够高效地协作，训练和调整都是必要的；但遵循通用标准的组件能更快地与其他标准组件连接，这使得标准化的组件有更高的生产力，也对更多的标准化增加了压力。

仿真系统现在就能开始逐渐地将它们的部分功能外包了。当可以把数学运算的任务交给高斯–模块公司时，为什么还要学算术呢？当可以雇用柯勒律治人机对话来让你的想法转化成文字，又何须善于表达呢？当已经被证实有效的执行模块可以通过扫描你的目标系统、管理你的资源，比你自己干的时候更好地实现目标，又何必自己做决定呢？即使别的仿真系统在某些功能上更强大，处理某些任务时更有效率，一些仿真系统也可能会愿意保留自己的这些功能。它们就像是那些喜欢自己种菜或织毛衣的人，只把这些当兴趣爱好，当低效资源净流从经济的低效参与者转移到高效参与者，那么业余爱好者们最终会输掉这些兴趣。

离散的类人智能的“浓缩汤块”，就这样溶成了一锅“算术汤”。

可以想见，将和人类大脑认知结构大致相当的聚合体的能力组合起来，便可以获得最优的效率。可能情况会是这样，一个数学模块必须装在一个专门的语言模块上，这两者又都要装在一个专门的执行模块上，这样三者才能一起运行。认知性的外包几乎完全不可行。但是在没有具备足够说服力的证据支撑这样的观点时，我们只好同意类人认知结构只有在人类神经学的限制下才有可能达到最优（或者完全不是这样）。当建立的这种结构不能很好地应用于生物神经网络时，新的设计空间就打开了；而在这个拓展的新空间里，全局最优的模型并不一定要像我们熟知的那些精神结构类型。到那时，在一个竞争激烈的后过渡经济或生态系统之下，类人的认知性组织就会失势。

复合体可能还会有一些优势，不管是不那么复杂（像单个组件）还是更加复杂（像大量的组件簇），或是跟人类大脑一样复杂但具有完全不同的结构。这些复合体是否具有内在的价值呢？我们是否应该欢迎一个异己的复合体取代人类复合体的世界？

答案要取决于这些异己复合体的具体性质。当下的世界有各种层次的组织。一些较复杂的实体，比如跨国公司和国家，包含了作为组成部分的人类；但我们通常只赋予这种高层次的复合体以工具性价值。公司和国家并不具有意识（普遍都认为如此）——一种高于组成它们的人类的意识：它们感觉不到任何痛苦或愉悦，也体验不到人类可以感受的特质。我们因为它们能满足人的需求而认可它们的价值，一旦它们不再满足某种需求，我们就会“杀死”它们而不会感到任何的良心不安。还有一种低层次的复合体，它们同样也不具有伦理上的地位。清除手机里的一个应用无伤大雅；我们也不会认为从癫痫症患者的大脑里取出功能紊乱部分的神经手术有什么错。对于异己的但是与人类大脑类似的组织化的复合体，除非我们认为它们有能力或潜力有意识地体验事物，否则我们多半不会判断它们具有伦理上的意义。

这样我们就可以想象，作为一个极端的情况，在一个科技高速发展的社会中，有着很多复合体结构，其中一些比现在世界上的任何事物都复杂和智能得多——一个缺乏任何有意识的存在体或其福利拥有伦理意义的社会。在某种程度上，这是一个没有居民的社会。那里有着经济和科技奇迹，却没有人能获利，就像一个没有孩子的迪士尼乐园。

进化不一定是进步

“进化”一词常常作为“进步”的同义词被使用，这也许反映了大家往往无争议地认为进化是趋利的观点。这种对进化过程固有趋利的错误信任可能会妨碍对多极结局的客观评价，因为未来的智能生命要取决于竞争动力。任何这样的评价都必须建立在不同表现型的分布都能最终适应后过渡时期“数字生命汤”的基础上。要从无可避免、无处不在的不确定的泥潭中挖掘出清晰而正确的答案，即使在最好的条件下也是很困难的。而如果我们再加上一层过分乐观的淤泥，这问题就会变得更难。

对于这种自由进化产生信任的一个原因，在于自古以来进化过程所显示出的定向向上的趋势。从低级的爬行动物开始，进化逐渐产生出“高级”器官，包括有着大脑、意识、语言、推理能力的生物。更近一些，文化和科技的进步（和生物进化有一定的相似之处）使人类能够加速发展。在地理和历史维度上来说，这幅大图景似乎显示出一个总体趋势——向着有更高水平的复杂度、知识、意识、协同目标导向的组织发展，这种趋势可以不太精确地被称为“进步”。

首先，“进化”是能可靠地产生良性效应的过程，这种印象与我们在人类社会和自然界所见到的巨大苦难遭遇严重不符。那些看重进化成果之人的观点大约更多来自美学角度，而非道德角度。但是最迫切的问题并不在于什么样的未来在科幻小说或自然纪录片中最迷人，而在于我们生活在什么样的未来是更好的，这完全是两码事。

其次，我们没有理由认为任何进步都是必然发生的，其中很多可能只是运气。选择效应筛掉了我们自身进化发展可能得到的成功的证据，这个事实便可以支持上述观点。设想99.9999%的有生命的星球，在其中的智能生物能对其进行观察、探寻其起源之前，这些生命便已灭绝，在这种情形下，我们又能期待观察到什么呢？可以证明的是，我们应该可以期望观察到那些我们确实观察到的东西。智能生命在某个星球上演化概率很小的这个假设，并不能预言我们会发现自己生活在一个所有生命都在早期灭绝了的星球上；而应该是预言，我们会发现自己处于一个智能生命演化过的星球上，即使这些星球在所有进化出原始生命的星球中只占了极小的比例。因此，地球上关于生命的长长的记录就能提供不太充分的证据，证明这里曾经很有可能，甚至可以说几乎是不可避免地进化出高等有机体。

第三，即使当下的条件是田园式的，并显示出是从一般的原始状态中必然地产生出来的，我们依旧不能保证这种向着好的方向进化的趋势会在不确定的未来继续，哪怕我们不考虑毁天灭地的大洪水的可能性，或者是假定进化发展会带来更加复杂地系统。

之前我们提到，那些经过筛选的有着最大化生产力的机器智能劳动者工作起来会非常努力，而我们则不会知道它们有多快乐。我们也提出这样的可能性，在未来竞争激烈的数字生活中，适应性最强的生命形式甚至可能都没有意识。缺乏完整的愉悦感和自我意识，会导致美好生活不可或缺的品质的退化。人类重视音乐、幽默、浪漫、艺术、游戏、舞蹈、交流、哲学、文学、冒险、发现、吃喝、友谊、为人父母、运动、自然、传统、精神等。我们不能保证这些在未来依旧是适合的。或许能够使适应性最大化的方法，就是无休止的高强度苦工、极度无聊和重复性的工作，没有任何生气，完全只是为了提高某些经济产出的小数点后第8位数字。筛选后的表现形式将不再具有之前的特征，而且根据个体价值观的不同，其可能会变得反常、无价值或非常贫穷，无论如何，都比在乌托邦里得到赞扬所感到的价值感要差得老远。

人们可能会疑惑，为什么当下我们痴迷的音乐、幽默、浪漫、艺术等，在未来却会是如此阴暗的图景。如果这些行为真的过于“浪费”，那么它们是怎么在人类种族的进化过程中被容忍保留并发扬的呢？现代人的进化不平衡并不能对此做出解释，因为我们更新世的祖先们，也对这些“浪费”乐此不疲。以上很多行为对智人来说也并不稀奇。浮夸的表演在各种各样的文化背景下都出现过，从动物王国里性的选择，到国家之间威望地位的竞争。

尽管对其中每个行为做出完整的进化论解释超出了当下探讨的问题的范围，我们也能注意到其中一些行为起到了与机器智能背景无关的作用。比如游戏行为，它只出现在一些物种中而且主要出现在其幼年期，以作为这些幼小动物学习未来生存所需技能的一种方式。当仿真系统可以直接被创造为成年人，其已经掌握了一套成熟的技能，或当一个人工智能所获得的知识和技术可以直接转移给另一个人工智能时，对游戏行为的需求就不会那么普遍了。

很多其他这样的人类行为可能已进化为难以直接观察到的很难伪装的品质信号，比如身体和精神的恢复能力，社会地位，联盟的品质，在对抗中取胜的能力和意志，对资源的占有等。孔雀开屏就是个经典的例子：只有健康的雄孔雀才有能力迅速展开其巨大华美的尾巴，雌孔雀则进化为认为该行为很有吸引力。因此，行为特征也能显示出健康的基因或其他相关的社会属性，在这一点上，其一点都不比形态学的特征差。

既然浮夸式的表演在人类和动物种群中都非常普遍，大家可能会想这是否是未来科技时代更高级的生命形式的技能之一。即使在未来智能信息处理的生态系统下，不会再有狭义的只为游戏性、音乐性，甚至意识使用的功能，但是这些特征会不会通过其他具有适应性的品质，赋予其所有者某种进化上的优势呢？

尽管无法排除在对于我们来讲有价值的和未来数码世界有适应性的品质之间预先建立起和谐关系的可能性，还是有理由继续质疑的。

首先，很多我们在自然中发现的浮夸表演都与性选择有关。与之相反，科技成熟期生命形式的繁殖，则可能是完全无性的。

其次，科技上的高级行为体可能会获得新方法来传达有关自身的信息，因而不再需要依赖浮夸的表演。即使在今天，当职业借贷机构评估信用等级的时候，都更依赖于所有权证明和银行申明等文件，而非代价不菲的展示，如订制西服或劳力士手表。在未来，可能会雇用审计公司详细检查行为记录，在模拟的环境中测试，或者直接查看源代码，以证实客户拥有声称的价值。用同意以这样的审计来发出某人品质的信号也许比浮夸地展示更加有效。伪造这种专业的调解信号的成本是巨大的，这也是让该信号可靠的一个关键特征，当传递真实的信息时，其成本要比用花哨的方式传递同样的信号小得多。

第三，并非所有可能的浮夸的展示都有内在价值或为社会所需要，其中很多都不过是浪费。夸扣特尔人的“散财宴”便是在敌对的酋长之间进行身份竞争的一种形式，包括当众销毁大量财富。打破纪录的高楼大厦、超级游艇、奔月火箭都可以被看成当代的同类物。当音乐、幽默等被看作能够有效提高人类生活的内在品质时，要说对时尚装饰物和其他消费主义地位符号的追求也同样有效，便是令人质疑的。更糟糕的是，代价高昂的表演可能百害而无一利，因为大男子主义行为会带来帮派暴力或军事耀武。即使未来的智能生命形式还会使用代价较高的信号，那么这种信号是否依然有价值的问题还是开放的——它会像夜莺令人着迷的声音，还是癞蛤蟆单音节的呱呱叫声（或者狂躁不止的狗吠声）。

后过渡时代下单一体的形成

即使向机器智能过渡的直接结果是多极的，单一体在之后的发展也是有可能的。这种发展会继续形成一个长期的更大规模的政治交融的明显趋势。为什么会这样呢？

第二次过渡

在第一次过渡之后，如果第二次的过渡规模足够大并足够深入，从而给剩余的能量（这种能量可能抓住机会建立单一体）以决定性战略优势，最初的多极结局就会融合成为单一体的后过渡形式。这个假设的第二次过渡可能会在向更高层次的超级智能发展的突破性进展中偶然出现。举个例子，假如说机器超级智能的第一波是基于仿真，那么当仿真成功研发了能有效地自我改良的人工智能时，第二波就可能会兴起。（第二次过渡也可能被纳米技术、军工或更普适的科技激发，人们还没有想象过这些。）

第一次过渡后的发展速度会非常快。即使是领头羊和与它最近的竞争者之间的一点差距，在第二次过渡中，也可能为领导力量带来一个决定性战略优势。举一个例子，假设两个项目前后相隔几天进入第一次过渡，其发展足够缓慢，以至于在这个过程中，两者间的差距不足以给领先的项目一个决定性战略优势。这两者同时作为超级智能势力而崛起，而其中一个仍然保持着几天的领先。但是其发展现在发生在以机器超级智能为代表的研究时间尺度上，这也许比生物学人类的研究时间尺度快成千上万倍。第二次过渡中科技的发展可能因此在几天、几小时或几分钟内就能完成。即使领先的优势只有几天，但是新的突破会让其很快具有决定性战略优势。但要注意，如果科技传播（通过间谍行为或其他途径）和科技进步同样地加速，这种效应就可以被忽略了。只有第二次过渡的陡度会保持相关性，也就是在第一次过渡之后的一段时期，事件发生和进展的速度。（在这个意义上，第一次过渡之后事情发生得越快，第二次过渡的趋势就越平缓。）

也有人会推测，如果决定性战略优势出现在第二次（或之后的）过渡，便更可能被用来建立单一体。在第一次过渡之后，决策者要么是超级智能，要么能够获得超级智能的建议，这也就阐明了可能的战略选择的含义。而且，第一次过渡后的情形可能是对抗潜在竞争者的一个抢先举措，但对可能的入侵者就不那么危险了。假如第一次过渡后的决策思维是数字化的，它们就可能被直接复制，并且对待反抗者时更加脆弱。即使保卫者有能力在一次报复性对抗中杀掉 9/10 的入侵者，也仍然不能构成任何威胁，因为死去的那些入侵者马上又能从多余的备份中重生。对基础建设的破坏（其可以重建）对于电子大脑是可以容忍的，因为它们有着无限的寿命，可以规划在宇宙级的时间尺度上最大化地使用其资源和影响力。

超个体和规模经济

人类协同机构的规模，比如公司或国家，要受很多不同要素的影响，如科技、军事、金融、文化等，在不同的历史时期也不尽相同。机器智能革命会引发这些要素的深刻变化，并可能会因此促进单一体的崛起。尽管在没有观察到这些预期变化的细节的情况下，我们不能将与之相反的可能性完全排除——也许这些变化会促进碎片化而非同一化，但是我们也能发现变量的增加和不确定性的提高，本身就可能会给单一体的潜在崛起提供更好的明证。机器智能革命可能会把局面搅乱——在牌桌上重新洗牌，让地缘政治以一种看上去不按牌理出牌的方式重组。

对能影响政治融合规模的因素进行全面分析，已远远超出本书的范围：光是对相关政治科学和经济文献的综述就很容易能填满一整本书。我们必须缩小范围，只对几个因素和代理数字化的几个方面做简短的提要，以便能更好地把控主题。

卡尔·舒曼曾争辩道，在仿真系统的群体里，选择压力更可能导致“超个体”的兴起，一群又一群的仿真系统愿意为了其族类的利益而牺牲自己。超个体不会遇到那些组织机构的成员追求自身利益时遇到的代理问题的困扰。如同我们身体里的细胞，或完全群居昆虫中的个体一样，完全利他的仿真系统在对待其复制–同胞时，即使没有细致的计划驱动，也会彼此合作。

如果对单个仿真无共识的系统删除（或无限期的搁置）是不被允许的，超个体便会有一个非常强大的优点。那些雇用坚持自我维护的仿真系统的公司或国家，会陷入为过时或多余的劳动者无休止地付维修费的困境。相反，雇用那些当不再被需要时便能够自发删除自己的仿真系统的机构，在面对需求波动的时候则更容易调整；而且他们能够对劳动者的产出变化进行自由的实验，从而只保留那些最高产的。

假如非自愿的删除没有被禁止，那么完全社会性的仿真系统的竞争优势就会降低，虽然不是完全失去。作为那些愿意合作和自我牺牲的仿真系统的雇主，仍旧会从整个组织减少代理的问题中获得效率上的优势，他们并不需要处理一些包括击败那些反抗、不愿被删除的仿真系统的问题。总体来说，劳动者们情愿为了集体利益牺牲自己而获得的生产力增长，是组织能够从狂热献身者身上压榨的特殊好处。这类劳动者不仅会为了组织甘愿跳进坟墓，为极少的报酬工作极长的时间，而且还会避免办公室争斗，一如既往地以组织的最大利益为指导行动，减少对于监督和官僚限制的需要。

假如获得这种献身精神的唯一方法，是将成员限制为复制–同胞（这样某个超个体的所有仿真都会来源于同一个模板），那么拥有超个体的组织便会出现一些劣势，因为其只能拥有有着极其狭隘技能的劳动者，而不像对手组织中的超个体拥有广泛的技能。这个劣势可能会超过其避免内在代理问题的优势。但是，只要超个体中能够至少纳入一些进行过不同训练的成员，这个劣势就会极大地降低。即使所有的成员都来自于同一个模板，其劳动力还是可以分配到多样的技能里的。从一个知识广博、技艺超群的仿真系统的UR模板开始，其支系将向着多种不同的方向发展，一个学习会计，另一个则学电子工程，以此类推。这样，便能制造出尽管没有多样化的天赋，也有多样化技能的成员。（最大化的多样性可能需要更多的UR模板。）

超个体的本质优势并不在于由源于同一个祖先的仿真系统组成，而在于所有的个体都完全致力于一个共同的目标。因此，创造超个体的能力就可以被视作对控制问题的部分解决。完全解决控制问题可以使人制造出能实现任意终极目标的系统，而部分解决该问题所创造的超个体只需要有建造相同目标（一些重要而任意的目标）的多个代理的能力即可。

因此这个部分的主要忧虑并不局限于单克隆的仿真群体，同时也适用于更广泛的多极机器智能情形。某些类型的动机选择技术的进步，更容易出现在行动者是数字化的时候，它们能有助于克服当下阻碍大型人类组织发展并与经济规模对抗的低效。随着限制条件的减少，无论是公司、国家，还是其他经济或政治实体形式的组织，都会在规模上扩大。这也是能够辅助促进后过渡单一体崛起的一个因素。

在某个领域，超个体（或其他有着部分动机选择机制的数字化代理）能超越高压政治。一个政权可能会使用动机选择方法来保证其政治、军事、信息服务、公民管理都整齐划一地保持忠诚。正如舒曼所说：

> 保留下来的国家（其仿真系统的忠诚度已被严格地准备和确证）是被复制数十亿次以成就的意识形态完全统一的军队、官员体制、警察势力。一段短时间的工作之后，每个复制品都会被有着同样存储状态的新复制品替换，以防止意识形态的转移。在一个给定的司法系统里，此能力可以实现非常细致的观察和法规：每一个居民都将拥有一个这样的复制品。这也可以用来防止大范围杀伤性武器的出现、实施对大脑仿真实验和生产的法规、推行自由民主宪法或制造出一个惊人且永久的极权政府。

这种能力的第一个作用似乎就是加强权力，并很可能将其集中于极少部分人手中。

条约下的统一

后过渡多极世界的国际化合作将带来巨大的潜在好处，战争和军备竞赛将可能被避免。天体物理资源将在全球最优化的速度下被集中利用，取得最大化收益。机器智能更高级形态的发展将有助于避免突发状况，并且可以让新设计被彻底地审查。其他可能造成存在性风险的发展会被推迟。而统一的法规将在全球范围推广，包括保障生活标准的法规（要求人口控制的条款），防止剥削虐待复制品和其他电子或生物大脑的法规。另外，倾向于选择资源满足的代理（第十三章有关于这点的更多内容）更喜欢大家共同分享公约，这能够确保他们在未来至少能分上一块蛋糕，而不是在成王败寇的竞争中什么都得不到。

但是，合作拥有的巨大潜力并不意味着合作就一定能实现。在今天的世界，很多福利都可以通过更好的全球协作来达成——减少军费、战争、过度捕捞、贸易壁垒和大气污染等。但是这些剩下的丰硕果实就在树枝上腐烂了。为什么呢？是什么阻止了合作带来的最大化的共同利益？

其中一个障碍在于很难保证大家都能服从达成的合约，包括监督和实施的成本。两个核武器竞争者在双方都放弃使用原子弹之后都会好过很多；但是即使他们达成原则上的合约，裁军也只能是讳莫如深，因为他们会相互猜忌对方会要诈。减少这种恐惧感需要建立考察核实机制。检查员需要监督已有武器储备的销毁，监察核反应堆和其他装置，并凝聚科技和人类智能，以保证武器项目不会被重启。审查者的报酬是成本之一。另一个成本则是审查者可能成为间谍并走漏商业、军事机密的风险。也许最重要的是，每一方都会害怕别人秘密保留核打击能力。由于太难核实对方是否遵循条约，所以很多有潜力互惠双方的合约从来没有达成过。

假如减少监督成本的新审查技术变得可行，就可以期待其会带来合作的增加。然而，在后过渡时代，监督成本是否能够减少，是完全不清楚的。虽然一定会出现更厉害的新型审查技术，但新的欺骗手段也会层出不穷。尤其越来越多的活动会发生在虚拟空间里，并不在物理监督范围之内。比如，设计新的纳米科技武器系统的数字化大脑或新一代人工智能就可以不留痕迹地做到这一点。数字法庭无法揭穿所有层面上的欺瞒和加密，因为违反合约者会在其中遮掩其非法行为。

如果能够生产出可信的测谎仪，它将成为监督遵守情况的最佳工具。检测合约将包括采访重要公务员，以验证他们是否真正愿意实施所有的合约条款并知道在任何情况下都不能违反。

计划行骗的决策者可能会用这样的策略来打败基于测谎的验证系统，即光是发送指令到下一级，让其实施非法行为，并让其甚至对决策者本人也掩蔽这个活动，之后决策者再消除自己曾经进行过非法活动的记忆，从而逃过测谎。随着更高级的神经科学的发展，在生物大脑里进行目标确定的记忆消除是有可能的，在机器智能中则会更加轻松（取决于其系统结构）。

国家可以采取一些措施来克服这个问题，比如经常进行常规测试，让所有重要职员接受测谎，看他们有没有破坏或设法逃避那些国家已经或将要签订的合约的意图。这个保证可以被看作某种附属条约，以作为其他条款的保证。但是国家可能只会签订能从单方面获得被看作值得信赖的协商伙伴之好处的条约。然而，这种承诺或者附属条约也面临着同样的可能会被颠覆的问题——接受然后立刻忘记的花招。理想情况下，附属条约应该在任何党派有机会进行内部调整之前就开始实施，而不能让他们进行必要的调整以破坏合约的实施。一旦让邪恶在无防备的时候乘机收获其欺骗的果实，信任就再也不能踏上这片土地了。

在某些情况下，能够检测违反合约的能力是足以建立起达成这个协议所需要的自信的。但在其他情况下，必须建立一定的机制来执行命令或是在违反行为出现时给予严惩。在被惩罚的一方从这些合约中受到的惩罚和威胁不足以杜绝其之后的违反行为时，对于强制机制的需求便会上升。因为若违反合约者能够从该行为中获取更大的利益，其就不会在意别的党派会如何反应了。

假如可以使用高效的动机选择手段，这个强制的问题就能通过授权给一个独立机构来解决，该机构有足够的警卫或军事力量来反抗一个或几个持反对意见的签约者，以实施这一条款。这个解决方法要求执行机构是被信任的。但是在足够好的动机选择技术下，对于其必需的信心可以通过让签订此条约的其他党派一起监督该机构的执行来得到。

将权力转交给一个外部的执行机构同样面临着我们之前提到的单极结局带来

的众多问题（也就是当单一体在最初的机器智能革命之前或之中出现）。为了有能力实施条约，尤其是那些与敌对国家的重大安全利益相关的条款，外部的执行机构在本质上需要建立单一体：一个全球化的超级智能“利维坦”。然而其中一个不同之处在于，我们现在正在考虑后过渡时代的情况，系统需要创造出“利维坦”来获得比当今人类更大的竞争优势。而这些“利维坦”的创造者们自己可能已经是超级智能了。这可以极大地提高它们解决控制问题的可能性，以及设计出执行系统，来满足所有在其建立过程中有话语权的党派利益。

除了监督和执行的成本，全球性协作还有没有其他障碍呢？可能剩下的最大问题就在于我们所说的“谈判的代价”。即便存在所有人共赢的条件，有时也很难顺利达成一致，因为各方可能在如何“分赃”上无法达成共识。比如两个人说好要做一笔能带来一美元收益的生意，但是两方都认为自己应该获得60美分而且都不愿意让步，这笔生意就永远不会发生，而且潜在收益也付之东流。总体来说，协商是困难而且可能无限延长的，并且可能会因为其他党派策略交易的选择而无果而终。

在现实生活中，尽管策略交易可能会出现，人类也常常能成功地达成共识。（虽然并不常花费极多的时间和耐心），很明显，策略交易的问题在后过渡时代有着非常不同的动力。人工智能谈判者可能会对一些正式的理性概念更加坚持，当与其他人工智能谈判者相遇的时候，便可能会出现意想不到的结局。一个人工智能也可能会进入一种人类没有经历过或很难进行的谈判博弈中，包括预先推演某个政策或运动过程。当人类（或人类管理的机构）偶然地做出预先决定——有着不完美的可信度和特殊性，一些种类的机器智能则可能会做出武断且不可反悔的预先决定，并让谈判伙伴认同已经做出了这样的决定。

势力强大的预先决定技巧可能会深刻地改变谈判的本质，从而无形中赋予有着先行一步的优点的代理一个强有力的优势。如果特定代理的参与对实现某些预期的合作利益是必需的，而且此代理有能力抢占先机，那么它就处于绝对优势的地位，能够下达命令对收益进行划分，而且绝不接受剩余价值收益低于99%的协定。而其他代理则面临着选择什么都不要（直接拒绝这个不公平的提议），还是接受1%的剩余价值（妥协投降）。如果抢占先机的代理的预先决定已经被公开证实，那么其谈判伙伴可以肯定，他们只有这两条路可走。

为了防止这种方式下的剥削压榨，代理需要事先明确地拒绝敲诈勒索或一切不公平合约。一旦做出这样的预先决定（而且成功地公开了），其他代理就无法在他们的利益里找到威胁对方的方式或者只接受利于自己的交易了，因为他们清楚威胁将会失败，而不公平的提议肯定会被拒绝。但这只是再一次表现了抢占先机的优势所在。先下手的代理可以选择是将自身的权力作为正义的化身，去制止他人占有不公平的优势，还是直接从未来的收益中大捞一笔。

一般来说，有着以下性格或价值观体系的代理最合适：其对强取豪夺、敲诈勒索无动于衷，或是在其必须参与的交易中公平地对利益进行分配而不为自身牟取太多。一些人看起来已经具有了这种不妥协的性格特点。然而，容易激动的性格则通常会产生适得其反的效果，比如会有代理觉得自己应该得到更多的份额而不愿妥协。然后这种不可遏止的势力就会遭遇一个“钉子户”，导致无法达成共识（或者更糟，导致战争）。温顺的人至少还会得到些什么，尽管比他们应得的要少。

在后过渡时代的谈判博弈中，会达到哪种博弈理论上的平衡还是不太清楚的。代理可能会选择比我们在这儿考虑得更复杂的策略。人们希望达到的平衡可以集中在一些有关公平的范式上，也就是谢林点——由于共同的期望，一个大的结果空间里的显著特点便会成为在另一种不确定的协调博弈中可能的协调点。我们进化所发展的性格和文化编码可能会支持这样的平衡：先假设我们已成功地将我们的价值观转入后过渡时代，那么对公平的共同青睐会在导向极具吸引力的平衡的路上调整我们的期望与策略。

在任何情况下，随着预先决定强有力而灵活变化的形式，谈判的最终结果都可能会换上一副陌生的伪装。即使后过渡时代开始是多极化的，作为能够解决所有重要全球协作问题的谈判条约的结果，单一体也很有可能会立刻崛起。一些事务的成本，包括监督和执行的成本，在新科技成果和高级机器智能发展的促进下会降低。而其他成本，尤其是与策略交易有关的成本，可能依旧高昂。但是无论策略交易怎样影响即将达成的合约的本质，它也没有理由会长期推迟这一合约的达成，如果能够达成共识的话。假如没有达成，那么便会有某种形态的对抗争斗产生；无论哪一方获胜，都会在胜利方的联合下组成一个单一体，否则结果便是永不休尽的矛盾，在这种情况下，将不会产生单一体，而整体结果会比人类及其后代以更协调与协作的方式行动而可能和应该达到的成就大大降低。

我们已经看到，即使多极状态可以在稳定的形势下达到，还是不能保证有一个具有吸引力的结局。最初的委托代理问题依然没有解决，并且其也将被一系列新的后过渡时代全球协作的失败所带来的问题淹没，而后者只会让情况更糟。因此，让我们回到如何安全地保有单个超级智能的人工智能的问题上。

第十二章

获取价值观

SUPERINTELLIGENCE

Paths, Dangers, Strategies

对能力的控制最多是一个暂时、辅助的手段。除非要永久地限制超级智能，否则我们都需要掌握动机选择机制。但是怎样才能将一些价值观加载到人工代理内部，使该价值观成为其追求的最终目标呢？如果这个代理不是智能的，那么它就会缺乏理解和再现那些对人类有意义的价值观的能力。但是如果我们推迟进程，直到代理变成超级智能之后才行动，就可以抑制住我们在其动机系统中插手的企图，正如第七章所显示的，这样做存在着工具性趋同理由。这个价值观加载的问题很棘手，但一定要面对。

价值观加载问题

我们不可能枚举出所有超级智能可能面对的情况，然后具体讨论每一种情况下的对策。同样的，我们也不可能列出一张所有可能世界的清单，然后分别给它们赋予价值观。在任何比三连棋游戏复杂得多的领域，会出现太多的可能状态（和历史状态），以至于穷举是无用的。因而，我们并不能将动机系统具体化成一个全面的查阅表，而只能像公式或规则那样更抽象地表达，从而让代理来决定在各种情形下应该怎样应对。

一种将这样一个决策规则具体化的正式方法是效用函数。效用函数（像在第一章提到的那样）给每个结果，或更普遍地说是每种“可能世界”赋值。给定一个效用函数，人们便能定义一个最大化期望效用的代理。这种代理每次都会选择期望效用最大化的行为。（期望效用的计算方法，是对每一个可能世界的行为在真实世界的条件下可能被采取的主观概率进行加权。）现实中，可能的结果太多了，因而无法准确计算每种行为的期望效用。然而，决策规则和效用函数一起决定了标准的理想状况，即一种最优化的概念，也就是代理必须设计得尽量与之接近；代理越智能，结果就会越接近。创造出一种能够计算出某一可获得行为的期望效用的良好近似度的机器，是一个完全人工智能的问题。本章中将提出另一个问题，一个即使在制造机器智能的问题解决之后，依旧存在的问题。

我们可以运用效用最大化的代理的框架来考虑对未来种子人工智能程序员的预测，这些程序员通过赋予人工智能一个最终目标——这个目标与一些人类对于有价值的结果的概念相应，来解决控制问题。程序员的脑中有一些特定的人类价值观，他希望人工智能可以发扬这些价值观。具体说，比如这种价值观是“幸福”。（如果程序员对正义、自由、荣耀、人权、民主、生态平衡或自我发展等类似的问题感兴趣，情况也是相似的。）在期望效用的框架下，程序员要寻找一种效用函数，以将效用按其幸福感的比例分配到每一个可能世界中。但是他怎样在计算机代码中表达这种效用函数呢？计算机语言最初并不包含像“幸福”这样的词。如果要用这样的词，首先必须对其进行定义。用其他高等级的人类概念对其进行定义（“幸福是我们人类天性中遗传下来的一种潜在的愉悦感”）是不够的，或者其他类似的哲学阐释也不够。这个定义必须先建立起在人工智能编程语言中的词，然后建立其原始数据，比如数学算子和指向存储着内容的独立内存寄存器的地址。当人们从这个角度考虑的时候，就能理解程序员的任务难度了。

对我们的终极目标识别和编码都非常困难，因为人类目标的表现形式非常复杂。而这种复杂性在很大程度上对我们来说都是透明的，也就是说我们通常不会意识到它们的存在。我们可以将其和视觉进行比较。视觉可能看起来很简单，因为我们不费力气就能看到东西。似乎我们只需要张开双眼，一个丰富、有意义、清晰精细、三维立体的影像世界就会扑面而来。这种对视觉的天生理解就像一个公爵看待他从父亲那里继承来的遗产一样：他所知道的，只是每件事都会自然地出现在合适的时间和地点，而产生这些现象的机制是隐于我们所见之物的后面的。即使只完成一些最简单的视觉任务，比如找到厨房里的一瓶辣椒罐，也需要巨大的计算量。一个有噪的神经激发下的二维模式下的时间序列，从视网膜开始通过视神经传到大脑，视觉皮层必须向后重建一个对外在世界的诠释过的三维表达。在一平方米的大脑皮层里，较大比例被用于处理视觉信息，当你读这本书时，数十亿个神经元不停地工作来完成这一任务（像血汗工厂里的很多女纺织工，埋头在她们的织布机上不停织布，每秒钟都共同编织着一床巨大的被子）。类似的，我们看起来很简单的价值观和愿望事实上包含了极大的复杂性。我们的程序员们该怎么将其转换为效用函数呢？

一种方法是将我们希望人工智能实现的目标的完整表达直接编程；也就是说，写出一个详尽的效用函数。这种方法只有在我们的目标极其简单时才可行，比如计算出元值——如果我们希望人工智能做的唯一一件事是算出元的数据，而对在这个过程中可能出现的其他结果毫不在意，这就会让我们想起之前关于大量基础建设失败模式的讨论。这个详尽的编码方法在内部动机选择方法的使用中可能也很有前景。但是如果人们希望推动或保护任何貌似合理的人类价值观，建造一个超级智能主权的系统，那么对所要求的完整目标表达进行详尽的编码，看起来则毫无达到的希望。

如果我们不能通过编程把人类价值观转移到人工智能里，那么还能用什么办法呢？本章将讨论几种其他的途径。有的第一眼看上去很有效，但是进一步考察之后就不那么实际了。未来的探索应该集中在那些仍向我们开放大门的路径上。

解决价值观加载问题是一个研究上的挑战，需要下一代人最高超的数学才能。我们不能等到人工智能已经有足够强大的推理能力，能轻松理解我们的意图时才面对这个问题。正如我们在工具性趋同理由那部分所看到的，一个通用系统会抵制那些改变其最终价值观的企图。如果当代理能获得对自己的代理进行反思的能力时，仍然没有一个有好的基础，那么它就不会和善地接受迟来的洗脑，也不会接受用一个更爱自己邻居的代理来取代它。

进化性选择

至少有一次，进化产生过带有人类价值观体系的有机体。这个事实激励了这样一种信念，即相信进化是一种解决价值观加载问题的途径。尽量如此，要在这条路上实现安全性，也存在严峻的挑战。我们已经在第十章末尾讨论搜索过程危险性的严重程度时，指出过这些阻碍。

进化可以被看作一类特殊的搜索算法，它包括了两个步骤的交替：一个根据一些相对简单的随机规则（比如随机变异和性别重组）来生成新的备选者以增加备选者的数量；另一个则是通过去掉那些在评估函数测试中得分很低的备选者来降低备选者的数量。像其他强大的搜索算法一样，这个过程可能会得到一个满足正式而具体的搜索标准，但不符合我们隐含的期待的结果。（即人们想要一个进化成拥有和人类一样的目标和价值观的电子大脑，并且是有着无可挑剔的道德观和服从性的大脑。）但如果我们能够将一个在任何维度下都能精准表达我们目标的正式搜索标准具体化，而不只是我们认为自己想要的一个方面，就可以避免这种风险。但还是存在最关键的价值观加载问题，并且在现在这种背景中，还必须假设价值观加载问题已经解决了。

下面是另一个问题：

> 每年在自然界中遭受痛苦折磨的生物总量是超过所有人想象的。就在我写出这个句子的这一分钟内，就有成千上万活着的动物被吃掉，其他的则为生存而逃跑，因恐惧而悲号，或被身体内部的寄生虫慢慢掏空，还有成千上万种动物因饥渴和疾病而死亡。

甚至就在我们人类种族内，每天都有 15 万人死去，还有更多数不清的各种折磨和剥削压榨。大自然是一个优秀的实验家，但从不考虑道德问题，违反了

《世界医学协会赫尔辛基宣言》和其他或左、或右、或中间的任何道德标准。重要的是，我们不能无缘无故地在计算机模拟中复制这样的恐怖。当使用进化的方法来产生类人智能时，意识犯罪看起来尤其难以避免，至少这个过程应该看起来像真正的生物进化。

强化学习

强化学习是机器学习的一个领域，研究那些能让智能体学会将积累的回报最大化的技巧。通过构建一个在其中表现出被期待的行为会受到回报的环境，进行强化学习的智能体就会学着去解决很多不同类型的问题（甚至在没有程序员细致的指导、反馈，以及回报信号的情况下）。通常来说，进行学习的算法包括了某个评价函数的逐步形成，该评价函数将价值观分配给状态—行为对或政策。（比如，一个程序可以学习下西洋双陆棋，并通过强化学习来增量式地提高对棋盘上可能位置的评估。）这种评价函数能在实践过程中持续更新，可以被认为吸收了一种对于价值学习的形式。然而，其正在学习的并不是新的终极价值观，而是对达到某些特定状态的工具价值观的不断更准确的近似（或是在特定状态里采取特定行为，或遵循特定的政策）。到目前为止，一个强化学习智能体可以被描述为有着最终目标，而这个目标会持续存在——使未来的回报最大化。而回报包括了从周围环境中收到的特别指定的观念。因此，在任何将世界模型发展得复杂到能暗示这种最大化回报的可能方式的强化型智能体，都可能会产生内部脑电刺激的症状。

这些评论并不意味着强化学习的方法永远不能在一个安全的种子人工智能里使用，只要它们从属于一个并不依靠回报最大化原则进行的动机系统即可。然而，这要求用除了强化学习以外的其他方法来解决价值观加载问题。

联合累积的价值观

现在，人们可能会问：如果价值观加载问题如此棘手，那么我们自己是怎样形成价值观的呢?

一个可能的（过度简化的）模型看起来会像以下描述的这样。我们的生命开始于一些相对简单的初始偏好（比如对毒性刺激的厌恶）和一系列的性格倾向，并从各种不同的经历（例如，我们可能倾向于形成在我们的文化中被重视和能够被嘉奖的对某些物体和行为的偏好）中获取更多的偏好。无论是简单的初始偏好还是性格特性都是天生的，它们在进化时间尺度下的自然选择和性选择里成型。但是我们成人后所最终形成的价值观还是取决于人生经历。因此我们最终价值观体系的大部分信息内容是从经历中获得的，而不是基因携带的。

比如，很多人爱上别人，便在对方的幸福上寄予很大的最终价值观。要表达这样的价值观，需要什么呢？需要的要素非常多，但我们在此只考虑其中两个："人"的代表和"幸福"的代表。这些概念并不是直接在我们DNA中编码的。DNA包含建构大脑的指令，当其置于一个典型的人类环境中，将花去数年来建立起一个包含了人和幸福概念的世界模型。其一旦形成，这些概念就可以被用来表达具有一定意义的价值观。但是还需要存在一些先天的机制来让价值观围绕着这些而不是其他概念形成（比如花盆或螺丝刀）。

关于这个机制运作的细节还没有完全被理解。对人类来说，这种机制可能很复杂而且太过多样化。如果在其初级形态下考虑，可能更好理解，比如雏鸟的印随行动。雏鸟在生下来的第一天，在出现在眼前的适当运动物的刺激下，会产生在身体上亲近它的渴望。雏鸟渴望亲近的对象取决于其经验，但是这种跟随的特性却是印刻在其基因里的。类似的，哈里可以在萨莉的幸福上寄予最终价值观；但如果这一对一开始就没有遇上，那么他可能会爱上另一个人，而他的最终价值观就不一样了。基因对于建造起一套对目标获取机制进行编码的能力，解释了我们是如何获得拥有巨大信息复杂度的终极目标的，该目标的复杂度比基因本身能够包含的还要巨大。

接下来我们会考虑，能否基于同样的原理为人工智能建立起动机系统。也就是说，与其直接地详细说明复杂的价值观，能不能说明一些获得那些价值观（人工智能与适当环境互动产生的）的机制？

模仿人类的价值观累积过程看起来非常困难。人类之相关的基因机理是进化了千万年的结果，这一过程几乎不能复制。而且，这一机理先验地与人类神经认知体系结构相适应，因而不能在不是对全脑仿真的其他机器智能中应用。而如果全脑仿真所需的精确性能够满足，那么从一个已经预载人类价值观体系的成年大脑开始，似乎会轻松很多。

寻找途径以模仿人类生物学中价值观增值的过程，看起来在解决价值观加载的问题上并没什么前途。但我们是否可以设计一种更大胆的人工替代机制，能够使人工智能将相关的复杂价值观的高准确度的表达引入它的目标系统呢？如果这能成功，就不需要给人工智能以与人类完全一致的价值观配置了。作为目标的人类天性甚至也不能让人满意，毕竟，人性也有弱点，而且常常显示出对邪恶的倾向，这在任何要获得决定性战略优势的系统中都是不可容忍的。或许比其更好的是把动机系统作为目标，以从人类常规的体系中分离，比如带着更强烈的倾向去追求利他、同情或其他我们认为应当出现在人类身上的高尚品德的终极价值观。但是，这种从人类范式的偏离要想称得上是进步，必须被引向特定的方向，而非随机发展；而且它们应该继续以一个很大程度上以人类为中心、不被打扰的参考框架来提供一种人性的、有意义的、可评估的普遍标准作为前提（这样才能避免我们在第八章讨论过的表面可行的反常目标实现方式）。而这是否可行，还有待讨论。

一个未来的与联合累积的价值观有关的问题，是人工智能可能会破坏增值机制。正如我们在第七章中看到的，目标-系统的完整性是一个收敛的工具性价值观。当人工智能达到一定认知水平时，它会开始将累积机制持续的运作视为一种腐化影响。这并不一定是件坏事，但是需要谨慎地让目标系统在正确的时候被封装——在适当的价值观积累之后，并且在还没有被多余的计划外的增值覆写之前。

动机性支架

另一个解决价值观加载问题的方法被我们称为“动机性支架”。这包括赋予种子人工智能一个临时的目标系统，其有着相对简单的、可以用明确的编码或是其他可行方式表达的最终目标。一旦人工智能发展出更复杂的表达能力，我们就将这个临时的支架目标系统换成一个有不同的最终目标的系统。这个继任的目标系统将统治人工智能，伴随其成长为完全成熟的超级智能。

因为支架目标对于人工智能来讲并非工具性，而是最终的目标，所以人工智能可能会抵制换掉它们的想法（目标-内容完备性是一种收敛的工具性价值观）。这就产生了危险性。如果人工智能成功地阻止了支架目标的替换，那么这种方式就失败了。

要防止这种失败模式，预防措施是很必要的。例如，在成熟的动机系统建立起来之前，可以用控制能力的方法来限制人工智能的能力。特别是，人们可以阻碍认知的发展，将其控制在安全的程度，但同时又能表达我们所希望的、包含其终极目标的价值观。为了做到这点，人们需要有区别地阻碍某些类型的智能的能力——比如那些制定战略和阴谋政治中所需要的，并且同时允许（显然是）更无害的能力发展到更高水平的能力。

人们也可以尝试着使用动机选择方式来在种子人工智能和程序员队伍之间，建立更具合作性的关系。比如，人们可以在支架动机系统中纳入欢迎来自程序员的线上指导的目标，包括允许他们替换掉人工智能任何的当下目标。其他支架目标可能包括使其价值观和策略对程序员透明化，建立更容易让程序员理解的体系结构，帮助之后的有人文意义的终极目标和内部动机系统的实现（比如限制计算资源的使用）。

人们甚至会想象赋予种子人工智能以一个用其他不同目标自我取代的终极目标——只有程序员能含蓄或间接地将其具体化。这种“自我替换”的支架目标在价值观学习的方法中也会出现问题，我们将在下一小节对其进行讨论，一些进一步的问题将在第十三章讨论。

动机性支架的方法并不是没有缺点。其中之一在于，这种方法可能使人工智能在其临时目标系统阶段就已经变得过于强大。这就可能阻止人类程序员为其安装终极目标系统（不论是通过暴力的反抗还是安静的颠覆）。而随着种子人工智能发展成为成熟的超级智能，旧有的终极目标便可能仍然占统治地位。另一个缺点是，在一个人类水平的人工智能中安装终极目标并不一定比在初级人工智能中容易。一个人类水平的人工智能更加复杂，而且可能会发展出一个不透明且很难改变的结构。相反，种子人工智能就像一块白板，程序员可以在上面刻下任何他们认为有用的结构。这个缺点可能会转化为优势，如果人们能够成功地赋予种子人工智能支架目标，以让其愿意发展出一套有助于程序员在未来安装上终极价值的体系结构的话。然而，赋予种子人工智能合适的支架目标有多么困难还不得而知，我们同样也不知道一个理想的受到激励的种子人工智能在发展一个好的体系结构上是否能够比人类编程团队做得更好。

价值观学习

现在我们到了关于价值观加载问题的一个重要而微妙的道路上。它包括使用人工智能来学习我们希望它有的价值观。为做到这点，我们必须为人工智能提供一个标准，其至少隐含一些适合的价值观集合。然后我们便可以建造人工智能，让它根据对于这些隐含的、定义好的价值观的最准确的估计来行动。随着人工智能学习到关于世界的更多东西，并且逐渐领会到价值观–决定标准所隐含的意义，它便可以不断地使自己的估计精确化。

支架方法给予人工智能暂时的支架目标，然后用不同的终极目标来替代它。与这种方式相比，价值观学习的方法在人工智能发展和运行的整个过程中，都保持着不变的终极目标。学习过程并不改变目标，而只改变人工智能对于目标的信念。

因此，我们必须赋予人工智能一个能够用于做出决定的标准，来判断哪些认知可以构成支持最终目标的一些假设的证据，哪些又能构成反对的证据。但要具体化一种合适的判断标准可能是非常困难的。部分困难在于首先要建造一个一般的人工智能，它必须有一种强大的学习机制，以从有限的感官输入中发现环境的结构。我们可以先把这个问题放在一边。但即使对如何创造出具有超级智能的人工智能的解决方法取模，尤其是价值观加载问题带来的困难依然存在。要使用价值观学习的方法，定义一个标准来联结感知比特串与关于价值观的假说势在必行。

在深入价值观学习如何实现的细节之前，先举个例子来说明下大体思想应该还是很有帮助的。假设在一张纸上写下对一系列价值观的描述，然后把这张纸折上，放进一个信封封好。之后我们创造一个有着人类一般智能水平的代理，赋予它以下的终极目标："在最大程度上实现这个信封里描述的价值观。"这个代理会做什么呢？

这个代理起初不知道写在信封里的是什么。但是它能够形成假设，然后基于其优先性和任何可获得的经验数据，分配这些假设的概率。比如，这个代理可能遇到过其他人类写的文本，或者曾观察到一些普遍的人类行为。这些都能使它进行猜测。人们不需要有心理学学位也能预测它更有可能描述某些像"让非正义和不必要的痛苦最小化"或"让股东们的收益最大化"这样的价值观，而非"用购物塑料袋覆盖所有湖泊"的价值观。

当这个代理做出决定的时候，它会采取能够有效实现它所相信的信封里最有可能描述的价值观的行动。很重要的是，此代理对这封信了解得越多，看到的工具性价值观就越高。原因在于，对于几乎所有可能在这封信里被描述的终极价值观来讲，如果此代理发现了是什么，这种价值观便更有可能实现，因为在这种情况下，它会更高效地去追求那种价值观。此代理也会发现在第七章中所描述的收敛的工具性原因——目标系统完备性，认知增强，资源的获取，等等。但是，假设这个代理将足够高的概率分配给信里与人类福利有关的价值观，它就不会通过立即把整个星球变成计算机化并因此终结全人类的方法来追求这些工具性价值观，因为这样做会有永远破坏其实现最终价值观能力的风险。

我们可以把这种代理比作一艘被很多艘拖船朝着不同方向拉的驳船。每艘拖船都与一个关于代理最终价值观的假说相应。每艘拖船的引擎动力对应于相关假说的概率，在新证据进入后发生变化，从而对拖船的运动方向做出调整。形成的合力应该将驳船沿着这样一条轨迹移动——既有助于其学习这个（隐含的）终极价值观，同时也避开无法挽回的隐患的破坏；之后，当到达有着关于终极价值观更确切知识的远海后，那艘始终发挥着重要作用的拖船，将推动驳船向着去实现已被发现的价值观的、最正确或最吉利的航线前行。

信封和驳船的比喻阐明了价值观学习方法的基本原理，但是它们没有考虑一些批判性的技术问题。而一旦我们开始在一个正式的框架中使用这种方法，它们就会更清晰地进入大家的视野。

延伸阅读 10　价值观学习的公式化

引入一些数学的公示表达可以帮助我们看得更清楚。但是，不喜欢公式的读者们可以跳过这部分。

设想在一个简化的框架里，一个智能体只有有限的次数与其所处的环境互动。在循环 K 中，此智能体的表现为 y_k，之后得到感知 x_k。一个寿命为 m 的智能体交互的历史为 $y_1x_1y_2x_2\cdots\cdots y_mx_m$（我们可以缩写为 $yx_{1:m}$ 或 $yx_{\leqslant m}$）。在每个循环中，智能体会挑选出一种基于其所接收的感知序列的行为。

首先考虑一个强化的学习者。一个最优化的强化学习者（AI-RL）会使期待的未来回报最大化。它遵循方程：

$$y_k=\mathrm{argmax}_{yk}\sum_{x_k yx_{k+1:m}}(r_k+\cdots\cdots+r_m)P(yx_{\leqslant m}\mid yx_{<k}y_k)$$

在感知序列 x_{km} 中已经暗示了这个回报序列 $r_k\cdot\cdots\cdots r_m$，因为在一个已知的循环中，此智能体获得的回报是其所接收的感知的一部分。

正如之前所论辩的，这种强化学习并不在当下的情况中适用，因为一个足够智能的智能体只要能够直接操纵其回报信号的内部脑电刺激，就能确保能实现最大化的回报。对弱智能体来说，这并不是一个问题，因为我们能够从物理上防止它们干扰自己的回报通道。我们也可以控制它们的环境，从而使它们只能在我们认可其行为的情况下才收到回报。但是一个强化学习者会有强烈的动机消灭这种将回报建立在对我们的期望和愿望的人工依赖性上。因此，我们与强化学习者的关系在根本上是对立的。而假如此智能体很强大，便预示着危险。

内部脑电刺激症状的变种也会影响那些不寻求外在感知回报信号，而以达到某种内在状态为目标的系统。比如，在所谓的“演员—批判”系统里，有一个演员模块会挑出特定动作来使一个独立的批评家模块的不满意度降到最低，此批评家模块会计算这个智能体的表现比其理想情况差了多少。这种设置上的问题在于，这个演员模块可能会意识到如果改变批评家模块或干脆除掉它，便能够最大化降地低其负面评价——就像一个独裁者解散议会或者将新闻媒体作为国家工具一样。对于有限制的系统，能简单地通过不赋予演员模型任何方法来改变批评家模型，从而解决这个问题。但是，足够智能和拥有大量资源的演员模型，还是能一直获得改变批评家模型的方法的（毕竟，这不过是在某台计算机里的物理进程）。

在我们开始讨论价值观学习之前，先考虑一个中期步骤，即被称为观察效用最大化物（AI-OUM）的是什么。这可以通过用一个允许依赖整个未来人工智能交互历史的效用函数，来替换AI-RL中的回报序列（$r_k+\cdots\cdots+r_m$）：

$$y_k=\arg\max_{y_k}\sum_{x_k yx_{k+1:m}} U(yx_{\leqslant m})P(yx_{\leqslant m}\mid yx_{<k}y_k)$$

这个公式提供了围绕内部脑电刺激问题的一种途径，因为在整个交互历史下定义的效用函数，可以被设计为惩罚显露出自我欺骗的交互历史（或者智能体部分不能进行足够的努力，以获得准确的现实视角）。

因而这种AI-OUM使得在原理上规避内部脑电刺激问题成为现实。但是允许我们拥有这种可能性就要求我们在可能的这类交互历史中，将一种合适的效用函数具体化——要做到这点看起来无比困难。

直接根据可能的世界（或可能世界的性质，又或者是关于这个世界的理论），而不是根据某个智能体自身的交互历史来具体描述效用函数似乎更加自然。如果我们采用这种方式，我们就能重写并简化AI-OUM的写法：

$$y=\text{argmax}_y \sum_w U(\text{w})\text{P}(\text{w} \mid \text{E}_k)$$

在这里，E是此智能体能获得的所有证据（在其做出决定的时候），而U是将效用给某些可能世界的效用函数。最优智能体会选择能使其期望效用最大化的行为。

对于这个公式，另一个明显的问题在于定义效用函数U的困难。这最终让我们回到价值观加载问题上。要使学习效用函数成为现实，我们必须扩展这个公式，来允许效用函数带有不确定性。这可以在下面的公式中达到（AI-VL）：

$$y=\text{argmax}_{y\in\text{Y}} \sum_{w\in\text{W}} P(\text{w} \mid \text{E}_y) \sum_{u\in\text{U}} U(\text{w})P(\mathcal{V}(U)|w)$$

在这里，$\mathcal{V}$（.）是一个得到效用函数命题的效用函数。$\mathcal{V}$（U）是效用函数U满足$\mathcal{V}$所表达出的价值观标准的命题。

为了确定执行哪种动作，人们需要进行如下操作：第一步，计算出每种可能世界w的可能性的条件概率（在提供可获得的证据和行为y将被执行的条件前提之下）。第二步，对每一个可能的效用函数U，计算出U满足价值观标准$\mathcal{V}$的条件概率（在w作为真实世界的条件下）。第三步，对每一个可能的效用函数U，计算出可能世界w的效用。第四步，将这些数量合并，计算出行为y的期待效用。第五步，重复每个可能行为的步骤，然后执行具有最高期待效用的动作（使用一些任意的方法来打破平局）。正如所描述的，这个步骤——包括了给每种可能世界提供详细但分离的条件，一定在很大程度上是计算机不可把控的。这种人工智能必须要使用计算的捷径来近似计算。

那么这个问题就变成怎样定义价值观标准 。一旦人工智能获得足够的价值观标准的表达，理论上它就能够使用一般智能收集信息确定哪种可能世界最有可能是真实的。之后就能将这个标准适用于每个像这样的可能世界w，来检查出哪种效用函数在w中满足标准ν。人们因此可以将AI-VL公式看作一种识别和分离在价值观学习方法中的关键挑战的手段——如何表达ν的挑战。这个公式同时也有助于解决很多其他问题（比如怎样定义Y、W、U），这些问题需要在这一个方法能用之前得到解决。

一个很突出的问题是如何赋予人工智能一个像“将在信封中描述的价值观之实现最大化”这样的目标。（在上述延伸阅读的术语中，是如何定义标准ν的问题）要这样做的话，就需要识别出价值观在哪里被描述。在我们的例子里，这要求成功地参考信封里的信。虽然这看起来似乎很微不足道，但并不是就没有陷阱。就提其中一个吧：那个参考不仅是简单地指向一个特定的外部物体，也是在某个特定时间内的物体，这一点很关键。否则，人工智能可能会认为最好的实现目标的方法是用一个提供更简单目标的价值观来覆写最初的价值观（比如，对于任一个整数来说，都有整数比它大）。要是这样，人工智能就会倒下并伤及关节，虽然更可能的是随之而来的致命的失败，原因则是我们在第八章中探讨过的。因此现在我们要面对的问题就是，如何定义时间。我们可以指着一个时钟说：“这个装置的运动定义了时间。”但是，如果人工智能推测出它可以通过移动时钟的指针来操纵时间，那这个说法就是错误的了。而对于这个猜想，如果“时间”被赋予前述的定义，也可以算是对的。（在真实场景下，由于相关的价值观不会很方便地在信封里进行描述，事情便更加复杂了；更有可能的是，这些价值观不得不从对于隐含着相关信息的先存结构的观察中被推断出来，比如人类大脑。）

在对“将在信封中描述的价值观之实现最大化”进行编码时的另一个问题是，即使所有正确的价值观都在信封中进行了描述，而且即使人工智能的动机系统已经成功地被键入源，人工智能可能还是无法按照我们的意图来解释那些描述。这也会带来产生反常目标实现方式的风险，正如在第八章中讨论的那样。

明确说来，这里的困难并不是如何保证人工智能理解人类的意图——超级智能应该很容易发展出这样的理解能力，困难更在于确保人工智能会被激励着按我们的意图去追求所描述的价值观。凭人工智能对于我们意图的理解能力并无法确保这一点——一个能够理解我们意思的人工智能，会对我们话的解释充耳不闻，无动于衷（被对于该话的其他解释所激励，或者不管我们说什么都不听）。

这一困难还混合着一个迫切的需求，即出于安全考虑，正确的动机应该在种子智能完全有能力表达人类概念或理解人类意图之前，就被理想化地安装于种子人工智能中。这要求建起某种认知框架，并在其中分配一个特殊的位置，作为人工智能动机系统的终极价值观的储藏库。但是认知框架本身必须是可修改的，这样才能允许人工智能在学习更多关于世界的知识并且变得更加智能后，扩展其表达的能力。人工智能也许要经历类似科学革命的革命，在那时其整个世界观都开始摇摆，而且很可能会遭遇本体论的危机，因为它发现自己以前对于价值观的思考方式完全基于混乱和幻觉。但是从一个次人类发展水平开始，经过其整个后续的发展过程，直到成为银河系的超级智能，人工智能的行为将被一种本质上不变的终极价值观所引导，作为其一般智能提高的直接后果，这个终极价值观会更好地被人工智能所理解——而且很可能成熟人工智能对价值观的理解与其最初程序员的理解都不大相同，虽然从随机或敌对方式上看没什么不同，却是善意、合适的方式。至于如何解决这个问题，还有待讨论。

延伸阅读 11 一个想变得友好的人工智能

埃利泽·尤德科夫斯基已经尝试着描述种子人工智能体系结构的某些特征，意图使上文中描述的行为成为现实。在他的术语中，人工智能会使用“外部参考语义”。为阐明这个基础的想法，我们假设自己希望这个系统是“友好的”[①]。这个系统启动时有一个目标：在最初不太了解属性F的情况下，来将F实例化。它可能只知道F是某种抽象的属性，而当程序员说起“友好的”时，他们可能在试图传达关于F的信息。由于人工智能

① 友好的，英文为friendly，下面用属性F代表它。——编者注

的终极目标是实例化F，所以了解更多关于F的信息是非常有帮助的。随着人工智能对F的了解越多，其行为也将更多地被F的实质内容所引导。因此，人工智能学得更多并且变得更聪明时，便很有希望变得更加友好。

程序员可以一直促进这个过程，他们通过为人工智能提供"程序员的肯定"，即初始化时被分配了高概率的、关于F的本质和内容的假说，使人工智能对F的理解还不全面的时候，降低它犯下灾难性错误的风险。比如，"误导程序员是不友好的"这一假说，可能就被赋予优先的高概率。然而，这些"程序员的肯定"并不是"定义上的真"——它们不是关于"友好"这一概念的永恒不变的公理，而是关于"友好"的初始化假说。人工智能会在初始化时对这些假说分配更大的概率，至少是在它更相信程序员的认知能力，而非自己能力的时候。

尤德科夫斯基的提议同样包含了他所谓的"随意有效语义"。这个想法在于，人工智能不应该只是刻板地按照程序员所说的去做，而是按照程序员努力告诉它们要做的事去做。因为当程序员努力给种子人工智能解释什么是"友好"的时候，他们可能会在解释中犯错。而且，程序员自己可能也并不完全了解"友好"的真实本质。人们因此希望人工智能有纠错的能力，可以改正程序员想法中的错误，然后从程序员不完善的解释中，推断出正确其或希望传达的意思。比如，在程序员学习并表达什么是"友好"的时候，人工智能应该能表达出这一随意的过程。举一个最简单的例子，人工智能应该能理解，当程序员输入关于"友好"的信息时可能会打错字，而它应该能修正这个错误。更概括地来讲，人工智能应该努力纠正那些扭曲了的从程序员传来的关于友好的信息流的影响（这里提到的"扭曲"属于认知领域）。理想化的情况是，当人工智能成熟后，它就应该能够克服任何认知上的偏见，以及使程序员不能完全理解什么是"友好"的更基础的错误概念。

总之，我们现在仍不知道如何使用价值观学习的方法来建立起可信的人类价值观（延伸阅读12中有一些最近的例子）。目前，这种方法应该被看作一个研究项目，而不是可用的技术。如果这行得通，那么就可以得到最理想的解决价值观加载的方法。其他益处看起来还能提供天然的方法以防止大脑危机，因为种子人工智能会对哪些价值观是程序员预装的产生理性猜测，并通过那些价值观对大脑犯罪做出负面评价，从而最好地避免了犯罪，至少在获得更多更确切的信息之前是这样。

最后但仍旧非常重要的是，还存在着"什么应该被写在信封里"的问题。或者，不用比喻的话来说，就是我们应该让人工智能学习哪些价值观的问题。而这个问题在所有人工智能价值观加载的问题中都很普通。我们将在第十三章回到这个问题。

延伸阅读12　最近（半成熟）的两个想法

我们称为"万福玛利亚"的方法基于一种希望：在宇宙的某个地方存在着（或将要出现）能成功地处理智能大爆发的文明，并且他们最后以和我们几乎重合的文明告终。那么我们就应该尝试创造我们的人工智能，以便让其被激励着去做其他超级智能希望它做的事情。其优势在于，比起创造我们的人工智能，并让它按照我们直接希望的去做事，这个方法会更加简单。

实施这一计划并不需要我们的人工智能有能力建立起和外星超级智能的交流。而是说，我们的人工智能的行为应该在它预测外星超级智能的意图的引导下来进行。我们的人工智能会建模出其他地方智能大爆发的结果，然后由于它自己也成为超级智能，所以其预测会越来越准确。完美的知识并不是必需的。智能大爆发可能会带来一系列的后果，然后人工智能会尽最大努力适应可能出现的各种不同超级智能的偏好，通过概率来加权。

"万福玛利亚"的方法要求我们为人工智能建立一个终极价值观，这个价值观会参考其他超级智能的喜好。如何非常准确地做到这一点还不太清楚。但是，超级智能代理可能在结构上很有特色，所以我们能够写出一定的代码作为检测器，来观察在我们的人工智能中发展的世界模型，并给超级智能的出现分配对应的表达元件。之后检测器将采用某种方法提取出超级智能的喜好（正如在我们的人工智能中表达的那样）。如果我们能创造出这样的检测器，那么我们就可以用它来定义我们人工智能的终极价值观。其中一个挑战是，我们可能需要在知晓人工智能会发展出怎么样的框架之前，就创造出这个检测器。因此这个检测器就需要查询一个未知的表达性框架，并且提取出超级智能可能在其中表达出的喜好。这看起来很困难，但是可能会找到一些聪明的解决方法。

如果基础设置开始运行，各种不同的改良就会立刻就绪。例如，比起致力于遵循（一些加权过的组成部分）每个外星超级智能的偏好，我们的人工智能的终极价值观可能会通过一个过滤器来挑选出外星超级智能的子集以向它们致敬（目标是挑选出更接近我们价值观的个体）。比如，我们可能会使用与超级智能的任意来源有关的标准，来决定是否将其纳入致敬集中。其初始状态的某些性质（我们可能在结构术语中进行定义）可能和结果的超级智能被期待共享我们的价值观的程度相关。可能我们希望在这种超级智能身上投入更多信任——其随意的起源可以回溯到一个全脑仿真，也或者回溯到一个没有用太多进化算法的种子智能，或在暗自受控下慢慢兴起的种子智能。（将随机的起点纳入考虑，也可以让我们避免对于创造很多自己的复制品的超级智能过分加权——其实是让我们避免为其制造产生这样情况的动机。）很多其他的改良也是有可能的。

"万福玛利亚"的方法要求我们相信存在着其他的超级智能，其与我们充分地共享着我们的价值观。这使得这一方法不再理想化。但是，这一方法还是面临着技术障碍，虽然很严重，但相较于其他方法来说也并不那么恐怖。探索非理想化但是更易于实施的方法是很有意义的，这并不是说我们想要使用它们，而是万一理想的解决方法没有及时地准备好，还有一定的东西可以依靠和借助。

保罗·克里斯蒂阿诺最近提出了另一个关于怎样解决价值观加载问题的想法。跟“万福玛利亚”一样，这是一种用“花招”而不是费力建造的方式来尝试定义价值观标准的价值观学习方法。和“万福玛利亚”不同的是，它并不预先设定其他超级智能代理的存在，以作为我们自己人工智能的模型。克里斯蒂阿诺的提议在某种程度上是不能简单解释的，它包括了一系列深奥的考量，但是我们至少能吸收其中的主要元素。

假设我们能获得（a）某一人类大脑的精确的数学描述，（b）和一个具体的数据化虚拟环境，其中包括一个有着可以任意大的内存和CPU性能的理想计算机。在（a）和（b）的条件下，我们可以将效用函数U定义为人类大脑在和环境进行交互之后的输出。U会是一个在数学上充分定义的物体，虽然我们还不能对其详细描述（因为计算机方面的限制）。但是，U可以作为正在学习价值观的人工智能的价值观标准，其可以使用各种试探法来将概率分配给关于U是什么的假说。

我们在直觉上希望U是这样一种效用函数，即一个准备妥当的人类如果可以使用具备任意大计算量的计算机能力——比如能运行天文数字级的这个人类自身的复制来帮助其分析一个具体化的效用函数，或者帮助这个人类设计一个更好的进程来处理这个分析——的情况下，产生的输出。（我们在这里预示一个主题——“一致外推的意志”，这会在第十三章中进一步探讨。）

使理想化的环境具体化看起来还相对轻松：我们可以对有着任意大性能的抽象计算机给出数学描述。在其他方面，我们可以用一个虚拟现实程序来给——比如说一个有着计算机终端的房间（实例化这一抽象计算机），一个数学描述。但是怎样才能获得一个对特定人类大脑的数学上的精确描述呢？最显而易见的方式就是进行全脑仿真，但要是不能及时应用仿真科技呢？

这就是克里斯蒂阿诺提议的最关键的创新之处。克里斯蒂阿诺注意到，为了获得数学上完全具体的价值观标准，我们不需要一个我们可以运行的、实用的大脑的计算机模型，而只需要（很可能是隐式且令人绝望地复杂的）一个数学定义——这可能更容易获得。使用功能神经成像和其他方法，我们也许能收集到一个选定的人类之输入—输出行为的千兆字节级的数据。假如我们收集到足够的数据，那么有可能关于这些数据的最简单的数学模型，就是对于上述特定人类的仿真。虽然从这些数据中找出最简单的模型对我们来说有计算机方面的难以操作性，但是我们完全有可能定义这个模型——通过引用数据和使用一种数学上定义好的简单方式来实现（比如在第一章延伸阅读 1 中讲到的柯尔莫哥洛夫复杂度的一些变式）。

仿真调节

看起来，价值观加载问题对于全脑仿真比对于人工智能来说更为不同。那些预先假定的对于算法和结构之精细理解与控制的方法，是不适用于仿真的。另一方面，增量式动机选择方法虽然在最初的人工智能中不适用，但可以在仿真中得到应用（或加强的生物大脑中）。

增量的方法可以和技术结合，以修改系统的遗传目标。比如，人们可以通过管理心理现实的数码等价物（或者生物系统中的实际化学物）来操纵一个仿真的动机状态。当下，用药物学方法将价值观和动机控制在某种程度甚至都是可能的。未来的药典很可能会包含有着更具体和更可预见之功效的药品。而仿真的数字媒介通过让控制下的实验更加简单，以及直接清楚地描述所有大脑的组成部分，会非常有助于这些发展。

与使用生物性实验对象一样，对仿真的研究也会涉及伦理问题，其中有一些并不可以轻描淡写地置之不理。这种问题可能会让仿真的发展速度降低（因为管制或道德限制），尤其会阻碍关于如何操纵仿真之动机结构的研究。结果可能是，在完成足够的工作来检测和调整仿真的终极目标之前，仿真的认知能力就已经增加到了有潜在危险的超级智能水平。这些道德问题带来的另一个可能影响是，让不太慎重的团队或国家成为领头羊。反过来说，如果我们放松于对用数字化人类大脑实验的道德标准，就要对更多危害性和错误的做法负责，这明显并非我们所愿。其他条件相同情况下，这些考虑还是会让我们倾向于采取其他一些方法，而过些方法并不要求在战略风险很高的情况下对数字化人类研究对象进行过多的使用。

然而，这个问题还是没有说清楚。人们也许会认为，全脑仿真的研究会比人工智能涉及更少的违反道德的行为，因为我们更容易识别仿真大脑是否符合道德标准，而对于完全外星球或合成的大脑，则很难做到这一点。假如某种人工智能或它们的子进程包含了我们没有识别出的道德状态，那么产生的道德危害性就可能非常巨大。设想，比如当代程序员创造出强化学习的智能体并迫使它们承受令人反感的刺激，从而放弃快乐。每天都有无数种这样的智能体被制造出来，不仅在计算机科学实验室，而且在很多计算机应用里，包括一些含有复杂的非玩家角色的电脑游戏。即使我们推测这些智能体还过于基础，所以不具有道德状态，但是我们对此真的这样自信吗？更重要的是，我们是否有自信在这些程序能够体验有关道德的折磨之前及时刹车？

（我们会在第十四章比较仿真和人工智能途径的渴求时出现的一些更广泛的策略问题中，回到这个话题。）

体制设计

一些智能系统包含了一些自成体系的智能部分。在人类世界里的例子就是公司和国家：它们由大量这样的人类组成，即为了某些目的，他们可以被看作对自身权利自治的代理人。这种复合系统的动机不仅取决于其组成部分中的副代理人的动机，而且还取决于这些副代理人是怎样被组织起来的。比如，在强有力的专制体制下组织起来的群体，就可能表现出和独裁者一致的意志，而一个民主的群体则有时更会表现出是在其组成部分的平均或综合意志下行动的。但是人们也可以想象一些政府体制，让一个组织不仅仅作为其副代理人意愿的简单功能来行事。（至少从理论上来说，会存在一种每个人都厌恶的极权政府，因为这样的国家有一套机制来防止其公民组织暴动。每个公民都会在独自起义的状态下走向贫穷死亡，而做好其在国家机器中的分内之事则正好相反。）

通过为复合系统设计一个合适的体制，便可以让人们因此形成有效的动机。在第九章中，我们讨论了将社会融合作为一种可能的能力控制方法。但在那里，我们聚焦于一个代理所面临的诱因，这是其存在于一个几乎平等的社会化的世界所产生的后果。在这里，我们把注意力放在一个给定的代理内部会发生什么：其意志是怎样被其内部组织决定的。因此，这其实是一种动机选择方法。而且，由于这种内部体制设计并不取决于大规模的社会工程或改革，因此即使在更广泛的社会经济和国际环境不利的情况下，这种方法也可能会适用于个体工程发展成超级智能。

体制设计可能在有增量的条件下是最具有可操作性的。如果我们从已经被适宜地激励或已经具有类人动机的代理开始着手，体制的安排就可以被作为一种附加的保障，来增加系统按计划发展的可能性。

比如，设想我们从一个被很好地激励了的类人代理（假定为仿真系统）开始启动。我们想增强这些代理的认知能力，但是又担心这种增强会破坏其动机。解决这种挑战的一个方法是建立一套系统，在那里单个仿真的作用就如同代理。当出现新的增强功能时，其首先会被应用于副代理的小的子集中。其效果会在之后被尚未强化的副代理组成的复审组来研究。只有当这些同侪能够满意地发现增强功能没有破坏动机，其才会扩展到更多的副代理中。假如增强后的副代理被发现破坏了动机，它们就不会被给予更进一步的增强，并且从关键的制定决策的功能中被剔除（至少在整个系统已经进步到其动机被破坏的副代理能够安全地重新整合之前）。尽管被破坏的副代理可能会从增强中获得一些优势，这个它们植根的体制结构，以及它们在副代理中只占一小部分的事实，会很有希望地防止它们获得更大的权力或者将它们的破坏作用散播到整个系统。因此，系统的集体智能和能力便可以一小步一小步地被增强，每一步的坚固性都会被副代理证实，其只比在该步中出现的新的副代理弱一点点。

这种体制设计下获得的安全是有限的，它被评估增强后的副代理的测试的准确性所限制。测试建造的问题被这样一个事实复杂化了，即测试的电池只能在认知能力存在之前的范围内有效，却必须要应用于超出此范围的代理。人们可以采用分小步增强并且让测试运行很长时间的办法来减轻这一问题。然而，这种谨慎会提高成本并减慢发展速度（如果动态的竞争出现，就意味着采用这种安全措施的项目会将自己置于劣势地位）。即使使用小步走并且大量测试的方法，还是会有引入细微缺陷的风险，从而带来目标系统潜移默化的破坏——只有当系统达到超级智能之后，这破坏化才会显露端倪。让测试条件扩展到认知增强的很多步骤可以降低这一风险，由此，即使初始被证实是健康安全的代理和已经接受了很多步连续增强的代理，都会继续处于未被改变和未被破化的原始同侪组成的检查小组的复查中，并且仍然服从该小组对它们的逆转。

理想情况下，这种测试应该持续进行而不是局限在初始评估阶段。人类水平的副代理有能力制定策略，因此在它们的行为被监视的时候，可能会选择隐瞒某些目标。为了进行持续的测试，一个等级制度可能会被建立起来，其中到达某一水平的副代理会被监视它的有更高能力水平的副代理给予任务。在能力等级最低位（但在权力等级的最高位）会坐着相对呆笨和迟缓的统治者。这个统治者对于人类来讲可能就像一个癫狂的国王，它统治着无能的法庭，而这个法庭则监视一个统治着有能力的人类的行政机构。或者，它也可以被比作进化了的古代“爬行动物大脑”，其保证在喂养和交配这样的目标下，使用更新和更聪明的神经皮层进行服务。

可能有人质疑，这样反向的精英管理体制是否能保持稳定。假如我们发现超级智能副代理的大部分都被破坏，并且负责整件事的人类试图采取措施让很多已增强的部分倒退回去，那么这个体制的结构是否足够强大到经得起这个行为产生的作用呢？在人类社会历史和当代环境中，答案可能是，这并不现实可行。（虽然并不总是最有能力的人掌握权力，但是我们也不是被猩猩统治着。）但是，在社会像软件那样运行的背景下，这个问题就更不清楚了。

想象一个数码的等级制，其中每两个无产阶级，就拥有一个高度训练过的警察代理。每两个警察代理有一个特殊警察代理。而每两个特殊警察代理又有一个特殊之特殊警察代理——以此类推。因此，每一层监管者至少拥有其下属层一半的人数。再进一步想象一下，也就是说，这个社会以每个监管者都比其从属者有着更大优势的方式构成。比如说，监管者能够审查和记录其从属代理说和做的每件事，而监管者藏在单向的玻璃后面，这样其从属者便只能听到监管者选择发出的命令和指令。想象监管者有一个按键面板，他们能在任何时间按下按键来使从属者受到惩罚或奖励、暂停、删除或返回到前一状态。这种能力可以极大地促进监管代理的权力，甚至比历史上最极权的组织更有权力。

即使是这样，也没有耗尽那些可能的控制工具。监管者可能还有着虚拟现实的刺激方法，以用来刺探从属者对假定情形的反应（比如刺激大家参与阴谋，或发现他们在认为没有人监视的时候偷懒）。除此之外，监管者可能还有能力偷听从属者的内心独白，并且直接操控他们的情绪。

其带来的结果就是监管者一连串的巨大好处。每个监管者都从属于另一个监管者，也就更高等级的监管者，他能够监控其每一个动作，并确保其在执行自己的管理任务时不会偷懒。若采用这样的安排，这种结构就可能会保持稳定，即使每个监管者的水平都比被其监管者稍稍低一点。而包括了很多高级超级智能的代理，就可能会被数量较少的、有着最高权限的人类所控制。

这种内部控制结构的成本可能巨大，但也不一定昂贵。比如，在每层监管人数都只有下层人数一半的模型里，额外的计算机总成本要占该系统无产阶级那部分成本的几乎 100%，假如更愚蠢的领导层要求每个副代理更少的计算量，那么其成本就更少。监管层通过增加该比例而收紧，或减少该比例来降低成本。额外的计算机总开销会成为竞争市场（参见第十一章）下的一个主要因素，但是在不立即面对有力竞争的背景下还是可承受的。创造和检测这些监管功能所需要的开发时间也是一个开销。一个资源丰富的工程也可以通过同时开发控制结构和机器智能来降低开销，但是额外的任务负担对更小的以及参与最近的科技竞争的工程来说是承担不起的。

另一种开销也值得思考：意识犯罪的风险会在这种结构中出现。如前所述，这个体制听起来比朝鲜的劳改营还要可怕。即使这个体制中的副代理是有着完全的人类道德状态的仿真，还是有方法至少能减轻运行这种体制所引发的道德问题的。最起码，此系统可以依赖自愿的仿真。每个副代理都能够在任何时候选择自行退出。终止的仿真可以带着对它们的承诺被存进内存，即在智能大爆发的危险阶段结束之后，出现更为理想的状态时，重新启动它们。同时，选择参与的副代理可以被安置在非常舒适的虚拟环境里，而且被允许有充裕的时间来睡觉和娱乐。这些方法也会需要一定的成本，但在无竞争状况下的资源丰富的项目中，此成本是可控的。而在高度竞争的状况下，这个成本可能就是无法承受的了，除非企业能保证其竞争者会承担同样的成本。

在这个例子中，我们将副代理设想为仿真系统。人们可能会因此提出疑问，体制设计方式是否要求副代理应该拟人化？或者说对由人工智能副代理组成的系统，是否也同样适用？

人们的第一反应可能是怀疑这点。我们会注意到，即使我们积累了关于类人代理的大量经验，还是不能准确地预测革命的突然发生和结果；社会科学最多也只能描述一些统计上的趋势。由于我们不能可靠地预测普通人类的社会结构（虽然我们能够获得大量数据）的稳定性，因此很容易推测出，对于认知增强的类人代理（我们不能获得任何数据）的精确–工程稳定的社会结构，我们也是几乎没有希望预测出来的。而对高级的人工代理（与我们能获得的关于代理的数据完全不同），则更没有希望。

但是这个问题并不是无法改变的。人类和类人生物都很复杂，人工代理的体系结构则更为简单。人工代理也有着简单、明确、有特点的动机。而且，总的来说，数字代理（不论是仿真还是人工智能）都是可复制的：预示着对管理方法进行革命，很像可互换的零件为制造业带来的革命。这些不同之处，和开始时能力薄弱的代理一起工作的机会，以及创造出能使用上文中提到的控制方法的体制结构加在一起，就可能会获得特定的机制——比如一个永不反抗的体系，其看起来比历史中的人类劳动者要可靠得多。

但是，人工代理可能会缺少很多属性来帮我们预测类人代理的行为。人工代理不需要那些与人类行为有关的社会情感，比如恐惧、骄傲、懊悔。它们也不需要发展出对朋友和家庭的依赖，或下意识的肢体语言（这让人类很难隐藏自己的内心和意图）。这些缺陷都可能使人工代理的体制不稳定。另外，人工代理也可能会在认知能力上进步巨大，这是其算法和体系结构上看似微小的进步所造成的。无情地优化着的人工代理可能愿意进行人类会畏惧的、极端的赌博。而超级智能代理可能在有着极少甚至没有交流的情况下，展示出惊人的协调能力（比如，通过对双方对于各种意外事件的可能反应的内在建模）。这些和其他的不同之处更可能让体制遭受突然的失败，甚至是在看起来像是Kevlar-clad社会控制方法的齿缝里。

因此，体制设计方法究竟有多大的前景还并不清晰，而它更可能和拟人代理还是人工代理一起工作也不清楚。可能有人认为，建立起有着适宜的检查和平衡的体制只可能提高安全系数，或者说在任何程度上都不会降低安全系数——因而从风险规避的角度上看，使用这个方法是一定没错的。但即使是对于这一点，也不能完全确定。这种方法增加了组成部分和复杂度，因此会增加事情出错的方面——在之前代理没有智能副代理作为组成部分的情况下，是不存在这些出错的可能性的。无论怎样，体制设计都值得进一步的探索。

总结

目标系统工程还不是一个已经被确立的学科。即使有了人类水平的机器智能，如何将人类价值观转入电子计算机依然尚不清楚。考虑了很多的方法后，我们发现其中一些看起来只是死胡同；但其他方法则仍有希望，并且值得进一步的探索。表 12–1 提供了一个总结。

表 12–1　价值观加载技术的总结

详细表达	可能在加载家庭生活的价值观上有一定的前景，但在更复杂的价值观加载方面就不那么有前途了。
进化选择	不太有前途。强大的搜索也许能找到一种可以满足正式搜索标准的设计，但其不能满足我们的意图。而且，如果通过运行该设计来评估包括那些甚至不满足正式标准的设计，就会产生一个潜在的严重的附加危险。进化也使大量的意识犯罪变得更难以避免，尤其是当有人想制造出类人大脑的时候。
强化学习	很多不同方法可以用来解决强化学习问题，但是它们会典型地包括创造一个追求最大化奖励信号的系统。当系统变得更加智能的时候，它会固有地倾向于内部脑电刺激的失败模型。因此强化学习看起来不太有前途。
价值观累积	我们人类从对体验的反应中获得很多特定的目标内容。虽然价值观累积在原理上被用于创造一个有着人类动机的代理，但是人类价值观积累的特性可能会由于过于复杂而很难在种子人工智能上复制。一个不好的近似品可能会产生和人类做法完全不同的人工智能，从而得到意图之外的终极目标。还需要更进一步的研究才能确定，让价值观累积在足够的精度下可用会多么困难。
动机性支架	要说出鼓励一个系统发展出对人类来讲透明的高级表达（同时要让此系统的能力低于危险水平），而且还要运用这些表达来设计出新的目标系统有多么难，现在还为时尚早。这种方法可能有着相当大的前景。（但是，鉴于在人类水平的人工智能发展起来以前，采用任何未被测试的方式都可能延迟安全工程的工作，要注意不要让其成为对中间出现的控制问题持无精打采的态度的借口。）
价值观学习	一个很有潜力的方法，但是，要确定正式地具体化一种能成功指出人类价值观外在信息的参考（以及根据这种参考，具体化一个效用函数的正确标准）有多困难，还需要更多的研究。同样在价值观学习的类别里值得探索的还有“万福玛利亚”的建议和保罗 · 克里斯蒂阿诺的建构（或其他的捷径）。
仿真调节	如果机器智能通过仿真的方法实现了，那么动机很有可能会通过药物的数码等价物或其他方法来修改。即使仿真被促进形成超级智能，能否使价值观以足够的精确度被载入并确保其安全性，仍是一个开放的问题。（道德限制也可能使这个方向上的发展更加复杂。）
体制设计	社会控制中的许多有力手段都可以应用在由仿真组成的体制里。原则上说，社会控制手段也可以在由人工智能组成的体制里应用。仿真的一些特性能让它们更容易通过这些办法得到控制，但也有一些特性让它们比人工智能更难控制。体制设计作为潜在的价值观加载技术，似乎还值得更进一步的探索。

如果我们知道了如何解决价值观加载问题，可能就要面对更深入的问题：决定哪种价值观应该被载入的问题。换句话说，我们想要超级智能想什么？这是一个偏哲学的问题，我们将在接下来的一章讨论。

第十三章
确定选择标准

SUPERINTELLIGENCE
Paths, Dangers, Strategies

假设我们能够将任何随意的最终目标植入种子人工智能。那么，选择植入哪个目标便可能会产生最深远的影响。其他一些基本参数的选择（与人工智能决策理论和认识论的原理相关）也同样有重要影响。但是，既然我们是愚蠢、无知、思维狭隘的，我们又怎能相信自己能够做出好的设计决策呢？如果不能消除现在这代人的偏见和先入为主的观念的话，我们又如何做出选择呢？在本章中，我们将探索间接规范方法如何帮助我们卸下多数认知工作的重任。这些认知工作涉及把这些决策交给超级智能，同时保证其结果符合更深的人类价值观。

间接规范方法的必要性

我们如何才能让超级智能做我们想要的？我们想要超级智能想什么？到目前为止，我们重点关注的是第一个问题。现在我们开始探讨第二个问题。

假设我们已经解决了控制问题，现在能够将我们选择的任何价值观植入超级智能的动机系统，让它将这个价值观作为追求的最终目标。我们应该植入哪种价值观呢？这个选择并非小事。如果超级智能获得了决定性战略优势，我们选择的价值观就会决定宇宙资源如何被处置。

显然，在我们选择价值观时不犯错误是至关重要的。但是，现实地想，我们如何能够希望在这种事情上一点错误都不犯呢？我们的错误可能关乎伦理道德，也可能关乎对我们来说什么是好的，甚至可能关乎我们真正想要的是什么。确定最终目标看起来需要经过一番遍布荆棘的哲学思索。如果我们试图使用直接的方法，便可能会把事情搞得一塌糊涂。做出错误选择的风险在不熟悉决策背景的情况下尤其高；为将要塑造整个人类未来的机器超级智能选择最终目标，显然正是我们极其不熟悉的决策背景。

在前方遭到攻击的令人害怕的概率，反映在对于价值观理论的普遍分歧中。没有哪个道德理论能够获得多数哲学家的认同，所以多数哲学家一定是错的。随着历史的发展，人们的道德信念发生了显著变化，而我们愿意将其中的很多变化视为一种进步，这也反映了上述观点。例如，在中世纪的欧洲，观看政治犯被折磨至死被认为是一种高尚的消遣方式。16 世纪的巴黎仍然流行焚烧活猫的娱乐活动。仅仅在 150 年前，美国南方还普遍实行奴隶制，有着对奴隶制完全支持的法律系统和道德习俗。当我们回顾历史的各个阶段，我们看到的不仅是行为上的可怕缺陷，还有道德信念的严重扭曲。尽管我们现在可能已经累积了一些道德见解，但是我们恐怕也不能洋洋得意地声称我们的道德信念就是完美无缺的。很有可能的是，我们仍然具有带着某个或某些严重错误的道德观念。在这种情况下，如果要基于我们目前的信念选择一个最终目标，而这个最终目标是永远不可更改并消除了任何道德进一步发展的可能性的话，那么，这么做就会导致存在性道德灾难的风险。

即使我们能够理性地认为自己已经确定了正确的伦理理论（这是不可能的），我们仍然可能在诠释这个理论的重要具体细节的过程中犯错。看起来简单的道德理论也会有极其隐蔽的复杂性。例如，从（异常简单的）结果主义理论的角度考虑享乐主义。享乐主义大致上是说，所有的快乐都具有价值，而且唯有快乐具有价值，同时所有的痛苦都具有反面价值，而且唯有痛苦具有反面价值。即使我们将所有的道德赌注都压在这个理论上，而且这个理论最终被发现是正确的，也仍然有很多问题需要解答。就像约翰·穆勒指出的，“高级快乐”是否优先于“低级快乐”？快乐的强度和持续的时间长度会有怎样的影响？痛苦和快乐能够相互抵消吗？与涉及道德的快乐相关联的大脑状态是怎样的？两种完全一样的大脑状态相当于两份快乐吗？会有潜意识的快乐吗？我们应该如何处理获得极大快乐的极小可能性？我们应该如何聚合无限人口的状态？

如果在回答上述任何一个问题时给出了错误的答案，那都将是灾难性的。如果在为超级智能选择最终目标时，我们不得不就整体的道德理论以及关于这个理论的一系列具体主张下赌注（这些具体主张涉及该理论如何解读，以及如何被整合到一个有效的决策制定过程中），那么我们赌赢的概率简直小到令人绝望。愚蠢的人可能会急切地接受这个挑战，试图一蹴而就地解决所有重要的道德哲学问题，因为他们想要把自己喜欢的答案植入种子人工智能。明智的人则会努力寻找其他途径，寻找一种避免做出正面答复的方式。

这就使我们转向间接规范方法。创造超级智能的显而易见的理由是：这样我们就能够将寻找实现给定价值观的有效方法所需要的工具性推理任务交给超级智能。间接规范方法还使我们能够将选择要实现的价值观所需要的一些推理任务交给超级智能。

我们可能不知道我们真正想要什么、什么是符合我们的利益的，或者什么是道德上正确的或理想化的。这个事实给我们提出了一个挑战，而间接规范正是应对这个挑战的一个方法。与其基于我们目前的理解（可能是非常错误的理解）做出猜测，不如将价值观选择所需的一部分认知工作委托给超级智能。由于超级智能比我们更加擅长认知工作，所以它可能能够识别我们思维中的错误并弄清我们的疑惑。我们可以对这个观点进行概括，并将它作为一种启发式原则：

认知遵从原则

未来的超级智能具有认知优势，它的（大概关于多数领域的）信念比我们的信念更可能是对的。因此，我们应该在任何可能的情况下，遵从超级智能的观点。

在应对价值观选择问题上，间接规范方法遵守这个原则。由于我们对自己描述具体规范标准的能力缺乏信心，所以应该确定更加抽象的、任何规范标准都可以满足的条件，然后希望超级智能能够找到满足这个抽象条件的具体标准。我们可以把种子人工智能的最终目标设定为：不停地按照它对这个隐式定义的标准想要它做什么的最佳推测去行动。

一些具体的例子将会帮助说明这个理念。首先我们考虑的是“一致推断意愿”，这是埃利泽·尤德科夫斯基提出的一种间接规范方案。然后我们将介绍一些它的变式和其他方式，让我们对可能选项的范围有一个大致了解。

一致推断意愿

尤德科夫斯基提出，我们给种子人工智能设定的最终目标应该是实现人类的“一致推断意愿”（CEV）。对此他是这么定义的：

> 我们的一致推断意愿是我们希望如果自己知道得更多，思考得更快，超越我们对自身的希望，人类便会共同成长；这时，推断汇聚统一，而非相异偏离，我们的愿景连贯一致，而非互相冲突；按我们所愿去推断，按我们所想去诠释。

当尤德科夫斯基写这段话时，他并不是打算要为如何实施这个非常诗意的描述提供一个蓝图。他的目标是提供一个CEV可以被如何定义的初步方案，以及为什么需要这种方法的论证。

CEV方案中的很多想法都能在哲学文献里找到相应的类比和来源。例如，伦理学中的理想观察者理论旨在通过假想的理想观察者可能做出的判断的视角，对“善”或“正义”等规范概念进行分析（理想观察者的定义是，一个知晓全部非道德事实的、具有清晰逻辑的、不偏不倚的、没有任何偏见的观察者）。然而，CEV方式并不是（也不需要被视为）一个道德理论。它并不致力于声称，价值观与我们的一致推断意愿的偏好之间存在任何必然联系。CEV可以仅仅被视为一种接近拥有最终价值观的任何事物的有效方式，或者被视为与伦理道德没有关系。作为间接规范方法的主要模型，CEV值得我们对它展开更具体的研究。

一些说明

前面引用的段落里有一些表达需要更详细的说明。“思考得更快”，用尤德科夫斯基自己的话来解释，是指“如果我们更加聪明，并且对事情有更深入的思考”。“人类共同成长”似乎是说“我们在合适的社会互动与人际交往中完成学习，提高认知，并完善自己”。

“推断汇聚统一，而非相异偏离”似乎可以像下面这样去理解。只有在人工智能对自己的预测有足够高的自信时，它才应该按照自己所推断之结果的某些特征去行动。当人工智能不能够预测理想中的我们想要的是什么时，它就不应该根据自己的胡乱猜想行事；反而，它应该克制自己，不去行动。然而，尽管我们理想中的愿望的很多细节是不确定或者不可预测的，但是仍然有一些人工智能可以领会大概要领，然后便至少可以通过行动来确保未来事件的发展符合这些要领。例如，如果人工智能能够明确地预测出我们的推断意愿，不想要我们一直处于痛苦之中，或者不想要整个宇宙都布满荆棘，那么人工智能就应该采取行动以防止这些结果的出现。

“我们的愿景连贯一致，而非互相冲突”似乎可以像下面这样去理解。在不同人类个体的推断意愿存在较为广泛的一致性时，人工智能才能按照这些意愿行动。有时候少数人的强大而清晰的意愿可能会胜过多数人软弱而混乱的意愿。另外，尤德科夫斯基认为，要使人工智能阻止某个具体的结果发生，就需要较低程度的意愿一致性；当人工智能要做的是将未来塑造成某种具体的狭隘概念的善时，则需要较高程度的意愿一致性。他写道：“CEV的初始机制应该是在表达‘是’时尽量保守，同时仔细倾听‘否’。”

“按我们所愿去推断，按我们所想去诠释。”最后这两句包含的理念似乎是：推断规则本身应该是对推断意愿敏感的。一个个体可能会有第二层级渴望（关于渴望什么的渴望），这要求在推断其意愿时，应该对某些第一层级的渴望不予考虑。例如，一个酗酒者的第一层级渴望是痛饮一场，而第二层级渴望是不能有这样的第一层级渴望。同样地，我们可能还有对推断过程中其他部分应该如何展开的愿望，这些都应在推断过程中被给予考虑。

有人可能会提出反对看法：即使我们能够对人类的一致推断意愿的概念进行正确的定义，我们（甚至是超级智能）也不可能在CEV方法规定的假想的理想条件下发现人类真正想要的是什么。若人工智能对我们的推断意愿的内容没有一些了解，就失去了任何能够指导其行动的实质性标准。然而，尽管要精确地知道人类CEV的愿望是非常困难的，也仍然有可能做出基于了解的猜测。即使在没有超级智能的今天，这也是可以做到的。例如，我们的CEV希望的更有可能是将来的人们过着丰富而幸福的生活，而不是希望人们都在黑暗的屋子里坐在凳子上遭受痛苦。如果连我们都能至少做出这样一些明智的猜测，那么超级智能也可以。因此，从一开始，超级智能的行为就能够以对我们CEV内容的一些判断为指导。它会有强大的工具性理由去完善这些初步的判断（例如，通过研究人类文化和心理，扫描人类大脑，推断人类如果知道得更多、思考得更清楚，那么人类会如何行事，等等）。在进行这些研究时，人工智能以对我们CEV内容做出的初步判断为指导。因此，举例来说，人工智能不会多此一举地对人类遭受的痛苦进行无数次模拟，因为它已经判断出我们的CEV大概会将这种模拟视为意识犯罪。

另一个反对意见是：这个世界上有那么多种不同的生活方式和道德准则，我们不可能把它们都“混合”成一个CEV。即使我们能够把它们混合，结果也可能不是那么令人高兴的。如果把每个人各自最喜欢的菜里提取的最佳味道全部混合在一起，那么我们不太可能得到一道美味的菜。为了回应这种反对意见，我们可以指出，CEV途径并不要求把所有的生活方式、道德准则和个人价值观全都混成一锅粥。只有在我们的意愿一致时，CEV方法才起作用。如果在实施了各种理想化的条件之后，还存在广泛的不能调和的不同意见，这时CEV就不应该对结果做出决定。继续用做菜类比，虽然不同的个体或文化有其不同的最喜欢的菜，但是他们也能够对这一点达成广泛一致：食物应该是无毒的。然后，CEV途径就可以采取行动以保证食物无毒，与此同时允许人们继续各自的烹饪活动，不对其给出指导或进行干涉。

CEV的基本原理

尤德科夫斯基的文章列举了CEV途径的7个论点。其中三个基本上都是在说，虽然目的是要做人道的、有用的事情，但是要确定一套具体的、没有任何意料之外的解读和不想要的后果的规则，是非常困难的。设想中的CEV途径应该是强健并具有自我修正能力的，是应该能够捕捉人类价值观的源头的，而不是依靠我们正确地、一劳永逸地把我们的每一个重要价值观都列举和描述出来。

剩下的4个论点在第一个基础（也是重要的）论点之上更进一步，描述了解决价值观确定问题之可能方案中的一些要求，并提出CEV应该符合这些要求。

容纳道德发展

这个要求是说，解决方案应该允许道德进步的可能。正如之前说过的，我们有理由相信我们现在的道德观念在很多方面还存在缺陷，而且可能是非常严重的缺陷。如果我们要规定一套具体的、不可更改的道德准则，用来指导人工智能，那么我们实际上就将我们现有的道德信念（包括其中的错误）固定住了，消除了任何道德发展的希望。相比之下，CEV途径则允许道德的进一步发展，因为它要求人工智能试图去做的是：如果我们在有利条件下经过了进一步发展，那么我们将会希望它做的事。而且，如果我们的确这样发展了，我们的道德信念和情感也就有可能会消除现在存在的缺点和限制。

避免劫持人类命运

尤德科夫斯基设想了这样一种情景：一小群程序员创造了一个种子人工智能，然后种子人工智能发展成具有决定性战略优势的超级智能。在这个情景里，这些程序员的手里掌握着全部的人类宇宙资源。很显然，这是任何人都难以承担的可怕责任。因为一旦当他们发现自己处于这样一种情况——不管他们做出什么选择（包括放弃该项目），都会产生全世界范围的具有历史意义的影响时，他们就不可能完全逃避这份责任了。尤德科夫斯基认为，CEV是避免程序员拥有决定人类未来命运的权力或承担这个重任的一种方法。通过设立一种实施人类一致推断意愿（而不是他们自己的意愿或者他们偏好的道德理论）的机制，他们便有效地把他们对未来的影响交到整个人类手中。

避免提供人类为了初始机制而发生冲突的动机

与编程小组实施自己偏好的意愿相比，分散对人类未来的影响的做法不仅在道德上更加可取，而且也减弱了人们因为由谁来建造第一个超级智能而发生冲突的动机。在CEV途径中，程序员（或者他们的赞助者）不比其他任何人对结果内容有更多的影响，尽管他们在确定推断结构和决定使用人类CEV而不是其他方法中扮演了主要角色。避免冲突是非常重要的，这不仅是因为冲突会造成直接危害，也因为在应对安全有效地研发超级智能带来的巨大挑战时需要开展合作，而冲突则会阻碍合作。

CEV应该能够博得广泛的支持。这不仅是因为它可以公平地分配每个人的影响，它还有着促进和平之潜力的更深的基础，也就是，它使不同的人群都期待自己偏好的未来愿景会获得完胜。想象一个阿富汗塔利班成员与一个瑞典人道主义协会会员进行辩论。这两个人的世界观完全不同，一个人设想的天堂可能是另一个人的地狱。他们都不会对折中的方案感到满意，比如，允许女孩接受教育，但是只到九年级，或者允许瑞典女孩接受教育，不允许阿富汗女孩接受教育。然而，塔利班成员和人道主义者可能都会认可这个原则：未来应该由人类的CEV来决定。塔利班成员会想，如果他的宗教观念实际上是正确的（他相信它们是正确的），而且有充分的理由接受这些观念（他也是这么相信的），那么人类最终会接受这些观念；他会希望在未来，人们的偏见会越来越少，人们会花更多时间研读经文，人们会对世界有更加清晰的认识，并且认清最重要的事情，人们不再会看到非理性背叛和胆小怯弱，等等。同样地，人道主义者也会相信，在这些理想的条件下，人类最终会拥抱她坚持的信念。

让人类最终主宰自身命运

我们可能并不期待这样的结果：一个家长式的超级智能无时无刻不在监视我

们，事无巨细地管理我们的事务，使每个细节都符合它的宏伟计划。即使我们能够确定超级智能是亲切仁慈，而不是专横放肆、傲慢自大、咄咄逼人、思想狭隘的，人类具有的其他缺点它都没有，我们也依然不会喜欢这样的安排造成的自主权的丢失。我们更希望自己创造自身的命运，即使这意味着我们有时候需要不断摸索。或许我们希望超级智能起到一种安全网的作用，当事情变得非常糟糕时能够帮助我们，而在其他情况下则不干预我们的活动。

CEV途径便可以实现这种想法。CEV应该是一种“初始机制”，一个运行一次后就将自身替换成推断意愿想要的任何结果的过程。如果人类的推断意愿想要我们生活在家长式超级智能的监管之下，那么CEV机制就会建造出这样一个人工智能，并把控制权交给它。如果人类的推断意愿想要建造一个民主的人类世界政府，那么CEV机制就可能会促使这种情况的发生。如果人类的推断意愿希望的是，每个人都应该得到一份资源，而只要他尊重别人相同的权利，他便可以随心所欲地使用自己的资源，那么CEV机制可能就会像一种自然法则一样，在背景中运行，防止非法入侵、偷盗、攻击和其他侵权行为的发生，从而使上述情况得以成真。

因此，CEV途径的结构实际上允许各种结果的产生。可以想象，人类的推断意愿也可能会希望CEV机制什么都不做。在这种情况下，如果运行CEV的人工智能足够确信这就是人类推断意愿想要它做的，它就应该安全地将自己关闭。

更多论述

前面讲述的CEV方案显然只是一个纲要。根据方案的不同具体版本，其中的很多自由参数会有不同表述。

其中一个参数是推断库，即要包括哪些人的意愿。我们可以说是“所有人的”，但是这个回答又产生了一系列更多的问题。推断库包括所谓的“边缘群体”吗，比如胚胎、胎儿、脑死亡的人、严重痴呆的病人以及处于永久性植物人状态的人？“脑裂”病人的每个脑半球在推断库里都具有各自的分量，还是和普通人的整个大脑具有同样的分量？那些过去生活过、但现在死了的人呢？未来将要出生的人算吗？高等动物和其他有感觉的生物呢？数字大脑呢？外星人呢？

一种方案是只包括地球上在人工智能创造之初活着的人类成年人。然后再由这些人的初始推断决定是否以及如何扩大推断库。因为这个初始推断库里包括的“边缘群体”人数本来就相对较少，所以推断的结果可能并不特别依赖具体边界在哪里，例如，是否包含胎儿。

这并不意味着被初始推断库排除在外的人的意愿和福祉就被忽视了。如果推断库（即活着的成年人类）里人们的一致推断意愿希望道德考虑也包括其他存在物，那么CEV机制产生的结果就会反映出这个偏好。然而，与推断库之外的人的利益相比，初始推断库里包含的人的利益可能会受到更大程度的妥协。尤其是，如果CEV机制只有在个体推断意愿广泛一致时才有效（正如尤德科夫斯基的原始提议所说），那么出现心胸狭窄地限制投票的风险就会很高,这可能会阻止例如其他动物或数字大脑的权益得到保护。而由此产生的结果则可能是道德败坏的。

CEV方案的一个目的就是避免人们因为建造第一个超级人工智能而产生冲突的动机。尽管与其他方法相比，CEV能更好地满足这个目的，但是它也不能完全消除这个动机。一个自私的个体、群体或者国家有可能会通过将其他人排除在推断库之外，来扩大其未来的权力。

这样的权力争夺可以找到各种借口。例如，可以提出这个理由：为研发人工智能提供资金的赞助者理应有权控制结果。这个道德主张大概是错误的。而我们则可以这样来反对：成功启动第一个超级智能的项目对其他所有人的命运造成了巨大的危险，这些人理应得到补偿。因为补偿的总额太大了，所以只能通过让每个人都分得利益（如果一切顺利的话）的方式来弥补。

另一个用来使权力争夺合理化的借口是，人类中的很多人具有偏见或者邪恶的偏好，将这些人包含在推断库里会导致将整个人类的未来变成地狱的危险。很难知道人们心中善与恶的比例是什么，也很难知道不同群体、阶层、文化或国家中的人们心中善与恶的比例有怎样的不同。不管你对人性持乐观态度还是悲观态度，你都不会愿意拿人类的宇宙资源下赌注，况且你的赌注只是基于这样的推测：目前活着的70亿人中会有足够多的人在他们的推断意愿中表现出人性善的一面。当然，从推断库中删除一部分人并不能保证光明就会获胜；很有可能的是，最愿意将其他人排除或者为自己争夺更多权力的那部分人，自己内心就存在相当大程度的黑暗。

另一个为了初始机制产生冲突的原因是，有人可能会认为其他人的人工智能并不会像广告里说的那样运行，即使人工智能是为了实施人类的CEV而建造的。如果不同的人对哪种方法更容易成功有不同的看法，那么他们就可能会试图阻止其他人启动项目。在这种情况下，互相竞争的项目最好是通过某种与武装斗争相比能够更可靠地确定谁是正确的方法，消除他们之间的认知分歧。

道德模式

CEV方案不是间接规范方法唯一的可能形式。例如，我们可以不采用人类的一致推断意愿，而试图去建造以“做合乎道德的事”为目标的人工智能。人工智能会依靠自己的超级认知能力，判断哪些行为合乎道德。我们可以把这个方案称为“道德正确”（MR）。该方案的理念是，我们人类对什么是正确的和什么是错误的之理解不够完善，而对于如何哲学化地分析道德正确的概念可能有着更差的理解力，但是超级智能对这些事情的理解比我们要好。

如果我们不确定道德实在论是否正确该怎么办呢？我们依然能够试着采用MR方案。我们只需要记得规定如果道德实在论的假设可能是错误的，人工智能应该做什么即可。例如，我们可以这样规定：如果人工智能判断“不存在客观的关于道德正确的真理”的概率足够高，那么它就应该转而实施一致推断意愿方案，或者将自己关闭。

与CEV方案相比，MR方案似乎具有一些优势。MR会去掉CEV的各种自由参数，比如，人工智能按照其结果行动所要求的推断意愿的一致程度，多数人能够压制持有不同意见的少数人的容易程度，以及我们推断自我将要“共同成长”的社会环境的性质。当推断库过于宽泛或者过于狭窄时，可能会导致道德失灵。

而MR方案就消除了这种可能性。另外，即使我们的一致推断意愿碰巧希望人工智能采取违背道德的行为（如前所述，CEV方案很容易导致这样的结果），MR也会将人工智能导向道德正确的行为。道德之善可能更像一种人性中的稀有金属，而不是丰富元素。即使按照CEV方案中的要求对道德之石进行了打磨和处理，又有谁能知道其主要结果是耀眼的美德之光、无关紧要的矿渣，还是充满毒素的污泥呢？

MR方案似乎也有一些劣势。它依赖于“道德正确”的概念；而“道德正确”是一个极其复杂的概念，自古以来，哲学家们就一直在为其争论，至今也没有达成一致。如果选择了一个错误的对“道德正确”概念的解释，那么结果也可能会是在道德上非常错误的。定义“道德正确”的困难似乎对MR方案来讲非常不利。然而，在定义概念这方面，MR方案可能并不真的处于实质性的劣势。CEV方案也有难以定义的术语和概念（比如：知识、超越我们对自身的希望、共同成长，等等），即使这些概念没有“道德正确”那么难以捉摸，它们仍然离目前程序员能够进行编码的概念非常遥远。将这些概念中的任何一个编码到人工智能系统里，就可能需要使人工智能具有一般语言能力（至少比得上正常成年人的水平）。然后，这种理解自然语言的一般能力就能用来理解“道德正确”是什么意思。如果人工智能能够领会“道德正确”的意思，它就能够寻找合适的行为。当人工智能发展出超级智能时，它就能够在两个方面取得进展：一是理解什么是“道德正确”的哲学问题；二是运用这个理解判断具体行为的实践问题。尽管做到这一点并不容易，但是我们不能确定这会比推断人类的一致推断意愿更加困难。

MR方案的一个更加根本的问题是，即使能够实施MR方案，它给出的结果也可能不是我们想要的，或者不是我们在更加明智、更加见多识广的情况下会选择的。这个当然是MR的本质特征，而不是偶然的缺陷。然而，这个特征可能会给我们造成巨大的危害。

要想在保留MR模式的基本理念的同时降低它的强制性，我们可以试用道德允许（MP）的方法。道德允许是指我们可以让人工智能追求人类的CEV，只要它的行为不是道德所不允许的。例如，我们可以给人工智能设置如下所述的目标：

> 在对于人工智能来说是道德上允许的行为中，它会选择人类CEV偏好的一个。然而，如果该指令某些部分的意思不是那么明确，或者如果我们对其含义极度困惑，或者如果道德实在论是错误的，或者如果我们建造拥有此目标的人工智能本身就是道德上不允许的，那么就会实施一个有控制的自我关闭。要遵循该指令的意图，而不是字面意思。

可能有人还会担心，在这个“道德允许”模式中，对道德要求的遵守会高到让人难以接受的程度。它将造成多大的牺牲，取决于哪个道德理论是正确的。如果道德要求比较低，将任何符合一定基本道德限制的行为都视作道德上允许的，那么MP模式就可能会给我们的一致推断意愿留出充分的空间，去对人工智能的行为实施影响。然而，如果道德要求比较高，例如，只有那些能够产生道德上最佳结果的行为才被算作是道德上允许的，那么MP模式留给我们按照自己的偏好来塑造未来的空间就很小或者没有。

为了详细说明这种担心，我们暂且回到享乐结果主义的例子中。假设这种道德理论是正确的，并且人工智能也知道这个理论是正确的。在这里，我们暂且把享乐结果主义定义为：当且仅当在一系列可能的行为中，有一个行为产生的快乐大于痛苦的程度比其他任何行为都高，这个行为就是道德上正确的（且是道德上允许的）。

不管是实施MR方案还是MP方案，我们都会因此冒着为了更大的善而牺牲自己生命的危险。这个牺牲可能比你想的还要大，因为我们可能失去的不仅是过普通人类生活的机会，也会失去享受一个友好的超级智能所带来的寿命更长、更加丰富的生活的机会。

当我们想到超级智能能够在更少地牺牲人类自身福祉的同时，实现几乎是伟大的善时，我们就会更加反感前面提到的牺牲。假设我们同意允许超级智能把几乎全部的可及宇宙变成快乐之地，但是保留一小部分宇宙（比如说银河系），用来满足我们自己的需要。这样的话，仍然有数千亿个星系会致力于使快乐最大化。但是我们还有银河系，在这里我们将创造持续数十亿年的辉煌文明，人类和其他动物在这里生存和繁荣，我们还有机会在死后变成幸福安乐的灵魂。

如果有人会偏好后面这种选择（我也倾向于这个选择），便意味着这个人不具有对“按照道德上允许的方式做事”的无条件的、主导性的偏好。但是，这与给道德赋予极高的重要性是一致的。

即使是从纯道德的角度看，宣扬一些不像MR或MP那样具有那么大的道德野心的方案可能也会更好。如果道德上的最佳方案没有被实施的可能（可能是因为它具有令人厌恶的强制性），那么道德上更好的做法是提出其他近乎理想的方案，而在我们的提倡下，它被实施的机会将显著增加。

按照我的意思做

我们可能会觉得不太确定是要选CEV、MR、MP，还是其他方案。我们能否把这个更高级别的决定也推脱掉，将更多的认知工作交给人工智能呢？我们懒惰的限度在哪里呢？

例如，考虑下面这个“基于理由的”目标：

> 做我们最有理由要求人工智能去做的事。

这个目标最终可能会走向推断意愿模式或者道德模式，也或者是其他模式，但是它似乎为我们省去了我们试图靠自己去确定的最有理由选择的具体目标所牵扯的精力和风险。

然而，基于道德的目标所具有的一些问题在这里也有。首先，我们可能会担心这个基于理由的目标给我们自己的意愿留的空间太小了。一些哲学家认为，一个人最有理由去做的事始终是对他来说道德上最好的事。如果这些哲学家是对的，那么基于理由的目标就变成了“道德正确”模式，同时附加了这样的危险：实施这个机制的超级智能把所有人都杀掉。第二，就像所有用技术语言表达的方案一样，我们有可能会误解自己的主张。我们已经看到，在基于道德的目标中，让人工智能去做符合道德的事可能会导致无法预料和我们不想要的后果。如果我们能预料到会有这样的后果，就不会实施这个目标了。让人工智能去做我们最有理由做的事，也是如此。

或者，我们可以试着用绝对非技术性的语言来表达一个目标，以避免这些困难：

> 采取最美好的行动；如果没有行动是最美好的，那就采取至少是极美好的行动。

对于建造一个美好的人工智能，怎么会有任何反对意见呢？但是，我们必须要问的是：这个词语的具体含义是什么。词典里对“美好的”（nice）这个词的一些解释显然不是我们这里想要的。我们不是想要人工智能“有礼貌、谦恭”或者“过分精美或要求过高”。如果我们可以指望人工智能正确地判断“美好”的含义，并追求该意义上的美好，那么这个目标似乎就类似于一个“做程序员想要人工智能去做的事”的命令。CEV方案中包含了有类似效果的要求（“按我们所想去诠释”），道德允许标准中也有类似的描述（“要遵循该指令的意图，而不是字面意思”）。通过附加这样一个“按照我的意思做”的条款，我们就可以表明：对目标描述中的其他语句应该进行深入解读，而不是按照字面意思理解。但光是说“人工智能应该采取美好的行动”这句话没有什么用；真正起作用的是“按照我的意思做”这句说明。如果我们知道如何用一种普通而强大的方式对“按照我的意思做”进行编码，那么我们也可以把这句话当作一个独立的目标。

我们如何实施这样一个“按照我的意思做”的机制呢？也就是说，我们如何建造一个能够友好地解读我们的愿望和未说出口的意图、并采取相应行动的人工智能呢？最初的一步可以是，试图把“按照我的意思做”是什么意思思考得更清楚。如果我们用更加行为主义的词语表达这句话的意思可能会有所帮助，比如，在各种假设条件下我们的偏好如何。这些条件可以包括：我们有更多时间来思考所有选项，我们更加聪明，我们对相关事实有更多了解，以及当我们说我们想要人工智能是友好的、有益的、美好的……的时候，我们能够通过具体的选择准确地表明我们的意思。

显然，到这里，我们绕了一整圈。我们现在回到了我们最开始提到的间接规范方法——CEV方案。本质上，CEV方案清除了价值观描述里的所有具体内容，只剩下通过纯粹程序性的语言定义的抽象价值：去做在理想条件下我们希望人工智能去做的事。通过这样的间接规范方法，我们可以把很大一部分的认知工作交给人工智能。如果我们试图对想要人工智能追求的价值观进行更加具体的描述，这些认知工作就会由我们自己来做。在试图最大限度地利用人工智能的超级认知能力时，CEV途径可以被看作一种对认知遵从原则的应用。

设计选择清单

目前为止，我们已经考虑了将何种内容植入目标系统的几种不同选择。但是，一个人工智能的行为还受到其他设计选择的影响。尤其是，采用哪种决策论和认识论会产生非常关键的影响。另一个重要的问题是，人工智能的方案在实施之前是否需要经过人类的审批。

表13–1对这些设计选择进行了总结。一个旨在建造超级智能的项目应该能够针对每个方面解释其做出的选择是什么，以及做出这样选择的理由是什么。

表13–1　设计选择清单

目标内容	人工智能应该追求什么目标？应该如何阐释对这个目标的描述？目标是否应该包含给予对项目的成功做出贡献的人特殊奖励？
决策论	人工智能应该采用因果决策论、证据决策论、无更新决策论，还是其他决策论？
认识论	人工智能的先验概率函数应该是什么？它对这个世界还应该有哪些显式或隐式的假设？它应该使用什么样的人择理论？
审核批准	人工智能的方案应该在实施之前交由人类审核批准吗？如果应该，审批过程的协议是什么？

目标内容

我们已经探讨过在确定人工智能追求的价值观时，可以如何使用间接规范方法。我们讨论了一些选项，包括基于道德的模式和一致推断意愿。每个这样的选项都需要做出进一步选择。例如，CEV途径有很多不同的种类，取决于推断库里包括哪些人以及推断的结构，等等。动机选择方法的其他形式可能需要不同类型的目标内容。例如，一个神谕可以被建造成将价值观置于输出正确答案上。带着驯化动机的神谕可能会有这样的目标内容：在生成答案的过程中不应该使用过多资源。

另一个设计选择是，目标内容是否该包含“奖励对成功建造人工智能做出贡献的人”的特殊规定，例如给他们更多的资源或者对人工智能行为更大的影响力。我们可以将这样的规定称为“激励包”。激励包可以被看作一种提高项目成功可能性的方法，代价是在项目原本想要实现的目标上进行某种程度的妥协。

例如，如果项目的目标是打造一个实施人类一致推断意愿的机制，那么激励包策略就可能会要求在推断意愿中给予某些人的意愿以更多分量。如果这个项目成功了，那么最后的结果可能就不是人类一致推断意愿的实施了。我们可能是实现了一些与其接近的目标。

由于激励包会被作为目标内容的一部分被超级智能解读和实施，所以它可以利用间接规范方法来详细说明一些微妙而复杂的规定，而这些规定是人类管理者难以实施的。例如，不是根据某个粗糙的但是容易理解的标准对程序员进行奖励，比如他们工作了多少个小时或者解决了多少故障；而是规定程序员将获得的奖励与他们的贡献成正比，而贡献是指提高了项目按照赞助者希望的方式成功完成的古典概率。另外，没有理由将激励包仅限于项目中的员工。事实上，可以规定每个人都能够获得他们应得的奖励。分配功劳是件困难的事，但是我们可以期待超级智能较好地完成接近激励包明确或隐密规定的标准的任务。

可以想象，超级智能甚至会发现某种对在超级智能建造之前死去的人进行奖励的方式。这样，激励包就能够包括死去的人中的一部分，还有可能包括在项目被构想之前就死去的人，甚至是在第一次提出激励包这个概念之前就死去的人。尽管实施这样一个有追溯效力的政策并不能够激励那些已经躺在坟墓里的人，但是人们可能会因为道德原因而支持这个政策。尽管有人可能会提出，考虑到目标的公平性，这个政策应该被正式包含在目标说明里，而不是在附加的激励包里。

这里我们无法对所有与激励包相关的道德和策略问题进行深入研究。然而，一个项目在这些问题中的立场将是其根本设计理念的重要方面。

决策论

另一个重要的设计选择是，应该使用哪种决策论来建造人工智能。这个选择可以影响人工智能在某些具有战略性影响的情景中如何行动。例如，它能够决定人工智能是否有可能与它假定存在的其他超级智能文明进行交易（或被其勒索）。决策论的细节也可能会在下列困境或情景中发挥影响：无限支付的有限概率（“帕斯卡的赌注”），或者极大的有限支付的极小概率（“帕斯卡的抢劫”），或者人工智能面临根本性的规范不确定性，或者同一个代理程序有多个实例化。

我们现有的选择包括因果决策论（有各种不同的版本）和证据决策论，以及其他一些新兴的理论，比如“无时间决策论”和“无更新决策论”，这些理论还都在发展中。辨认出并具体描述正确的决策论，并且有足够的自信认为我们的判断是正确的，要做到这一点可能会很难。尽管与直接确定人工智能的最终价值观相比，直接确定人工智能的决策论成功的概率可能会大一些，但是我们仍然面临很大的出错的危险。对目前最流行的决策论提出挑战的很多复杂情况都是最近才发现的，这就意味着可能还有其他我们还没有发现的更多问题。赋予人工智能有缺陷的决策论可能会导致灾难性的后果，也许会相当于存在性灾难。

鉴于这些问题，我们可以考虑通过间接的方式确定人工智能应该使用的决策论。具体怎么做还不清楚。我们或许可以让人工智能使用“如果我们对其进行长久而深入的思考，我们会希望它采用的决策论D”。然而，在了解决策论D是什么之前，人工智能需要有能够做决策的能力。这样的话，它就需要一个有效的临时决策论D’，由决策论D’来引导其找寻决策论D。尽管关于如何用一种完全智能的方式实现这一点还有一些未解决的技术问题，但是我们可以试着将D’定义为：当前人工智能对D的各种假设的某种叠加（按照它们的概率）。我们也有理由担心人工智能可能会在学习阶段做出不可逆转的糟糕的决策（比如为了采用某个有缺陷的决策论而重写自己），这时人工智能就没有机会决定哪个决策论是正确的了。为了降低人工智能在这个脆弱的阶段脱轨的风险，我们可以试着赋予人工智能某种形式的有限理性（restricted rationality）。有限理性是指，一个故意简化的、但是仍然可靠的决策论，它会坚定地忽略深奥难懂的选择，甚至包括我们认为最终有可能合理的选择；一旦满足了某些条件，它就会用更加成熟的决策论替代自身。是否能够以及如何实现这个想法，还是一个没有定论的研究问题。

认识论

项目选择人工智能的认识论时，还需要做出另一个重要的设计选择，即确定用来评价经验假设的原则和标准。在贝叶斯理论框架下，我们可以将认识论看作一种先验概率函数，即人工智能在考虑任何实际证据之前，对可能世界概率的隐式分配。在其他理论框架下，认识论可能就是其他形式；但是，如果人工智能需要通过总结对过去事件的观察，做出对未来的预测，那么不管怎样，都需要有某种归纳学习规则。然而，和目标内容和决策论一样，我们的认识论描述也有失败的危险。

有人可能会想，错误的认识论能够造成的损害可能是有限的。如果认识论特别不好用，那么人工智能就不可能非常聪明，也不可能造成本书中描述的那种灾难。但令人担忧的是，我们制定的认识论可能足够好用到让人工智能在多数情况下都非常有效，但其也会有一定的缺陷，从而导致人工智能在某些关键问题上出错。这样的人工智能类似于一个机智灵敏的人，但是这个人的世界观是建立在错误的教条之上的，而且他坚信自己的世界观是对的；然后他"举起长矛，大战风车"，不遗余力地追求空想的或者有害的目标。

人工智能先验概率中的一些微小不同可以最终导致其行为方式的巨大不同。例如，人工智能的先验概率可能是：将"宇宙是无限的"的概率赋值为零。不管它获得了多少相反的证据，它都会固执地拒绝任何认为"宇宙是无限的"的宇宙学理论，然后它就可能会做出一些愚蠢的行动。或者，人工智能的先验概率是：将"宇宙不是图灵计算机可计算的"的概率赋值为零（事实上，这是文献中讨论的很多先验概率的一个共同特征，包括第一章中提到的柯尔莫哥洛夫的复杂先验概率）。如果嵌入的假定最终被发现是错误的，那么这种设定就会有意料之外的后果（参见“邱奇–图灵论题”）。人工智能的先验概率还可能是：非常看重各种形而上学假设，比如，先验地排除任何较强形式的精神–身体二元论是真实的可能性，或者存在不可缩减的道德事实的可能性。如果这些假设被误解，人工智能就可能会用在我们看来是反常目标实现方式的方式去实现最终目标。然而，尽管人工智能在一个重要的方面有根本性错误，也没有足够的理由推断它就不能具有足够的工具性能力去获得决定性战略优势。（另一个认识论选择会对其产生影响的领域是人择学，即研究如何在观察选择效应的情况下，从索引信息中做出推断的学问。）

我们有理由怀疑，我们是否能够在建造第一个种子人工智能之前解决认识论中的所有重要问题。因此，我们可以考虑采取间接的方式，去设定人工智能的认识论。这会导致很多与用间接方法确定决策论一样的问题。然而，对于认识论来说具备良性收敛性的可能性更大一些，所以各种不同的认识论为安全有效的人工智能提供了足够的基础，并会最终导致出现相近的信念。其中的原因是，足够多的经验证据和分析会消除任何先验预期中的一般差异。

一个好的做法是，赋予人工智能与支配我们思维的认识论相匹配的基本认识论原理。任何偏离这个设想的人工智能都会被我们认为是在进行错误的推理（如果我们始终坚持我们自己的标准）。当然，这个只适用于我们的基本认识论原理。非基本性的原理应该随着种子人工智能对世界的理解不断发展，由它自己不断地创造并修改。超级智能的意义不在于取悦人类的已有观念，而是彻底击碎我们的傲慢和愚蠢。

审核批准

我们的设计选择清单里的最后一项是审核批准。人工智能的方案应该在实施之前交由人类审批吗？对于神谕来说，回答是内在肯定的。神谕输出信息；然后人类进行审核，判断是否以及如何根据神谕输出的信息展开行动。然而，对于精灵、主权和工具性人工智能来说，是否采用某种形式的审批还没有定论。

为了阐述审批的机制，我们来考虑一个用来实施人类CEV的主权人工智能。想象我们不是直接启动这个人工智能，而是首先建造一个神谕人工智能，这个神谕人工智能的唯一目标就是回答“这个主权人工智能将要做什么”的问题。正如前面的章节所表明的，建造具有超级智能的神谕是有一定风险的（比如意识犯罪或基础设施过量）。但是，为了方便讨论，我们假设这里的神谕人工智能成功地避免了这些风险。

这样我们就有了一个神谕人工智能，它可以给我们提供它对“运行某个实施人类CEV的代码会产生的结果”的最佳猜测。这个神谕可能无法预测具体的结果，但是它的预测很可能优于我们的预测。（如果连超级智能都无法对代码的行为进行任何预测，那么除非我们疯了，才会去运行这个代码。）神谕经过一段时间的思考后，会给出它的预测。为了使答案可被我们理解，神谕可能会提供各种工具，用来表明预测结果的各种特征。神谕可以通过图片的方式，展示未来的样子；也可以提供数据，表明未来不同时间段里的知觉存在物的数量，以及它们生存状态的平均值、最高值和最低值。它可以提供若干随机选取的个体的私人档案（也许是被认为具有代表性的想象中的人类）。它还可以指出我们没有问到的、但是一旦指出就显得非常恰当的关于未来的一些方面。

通过这种方式预览结果有一些明显的好处。通过预览，我们能够看到某个主权人工智能设计方案或源代码中的错误可能会导致的结果。如果水晶球显示的是一个毁灭的未来，那么我们就可以废弃这个主权人工智能的代码，然后尝试其他方案。有充分的理由相信：我们应该在实施一个方案之前熟悉它的具体后果，尤其是当整个种族的全部未来都处于危险之中时。

可能没有那么明显的是，审批也有一些可能非常严重的缺点。如果互相对立的派系不是满怀希望地将他们的意愿交给超级智能去仲裁，而是能够提前看到裁决的结果是什么，那么CEV就会失去和解的作用。道德方案的支持者可能会担心，如果提前揭露为了实现道德至善而要做出的牺牲，那么赞助者的决心就会崩塌。我们可能都有理由希望未来能有一些惊喜，一些不和谐，一些异想天开，一些自我超越的机会，而不希望未来的轮廓被过于贴身地裁剪并且不容许各种预想，我们希望能有一些戏剧性的、未经筹划的事件发生的空间。如果我们能够完美地描绘未来的所有细节，将任何不符合我们当时设想的草图都送回画板，那么就不可能有如此广阔的视角了。

因此，赞助者审批的问题并没有它最初看起来那么明确。但是总的来说，如果预览功能可以实现的话，选择利用预览功能似乎是谨慎之为。但是，比起让审核者对结果进行事无巨细的调整，更好的办法是只给审核者一个简单的否决权，而在整个项目终止之前，他只能使用几次否决权。

越来越近

审批的主要目的在于降低灾难性错误的概率。总的来说，旨在使灾难性错误的风险最小化，与旨在使所有细节都得到优化的概率最大化相比，似乎是更明智的。原因有两个。首先，人类的宇宙资源是极大的，即使我们的过程涉及一些浪费或者接受一些没必要的限制，我们也有足够的空间。第二，如果我们对智能爆发初始条件的设置是近似正确的，那么得到的超级智能可能最终会自动追踪并准确达成我们的最终目标。重要的是要落到正确的吸引域。

关于认识论，可能出现的情况是：各种不同的先验概率最终会收敛成非常相似的后验概率（经超级智能计算并基于大量数据条件化）。因此，我们不需要担心是否能够实现认识论的完全正确。我们必须避免的是赋予人工智能一个极端的先验概率，这样的话，即使有丰富的经验和分析，人工智能也没有学习至关重要的事实的能力。

关于决策论，不能挽回的错误的风险似乎更大。我们仍然可以试着直接规定一个足够好的决策论。超级人工智能可以在任何时间切换到一个新的决策论；然而，如果开始时的决策论非常糟糕，那么它就可能会认为没有理由更换新的决策论。即使人工智能后来看到了更换决策论的益处，可能也来不及了。例如，一个被设计成拒绝敲诈的人工智能可能会从制止潜在的勒索者中获益。因此，可被敲诈的人工智能可能会主动地采用一种不可被利用的决策论。然而，一旦可被敲诈的人工智能收到恐吓，并认为恐吓是可信的，那么就无法挽回了。

有了适当的认识论和决策论，我们就能够试着设计一个用来实施CEV或者其他间接规定的目标内容的系统。这里也有收敛的可能性：实施类似CEV机制的不同方法可能会导向同样的理想化结果。如果没有这样的收敛，我们仍然可以希望很多不同的可能结果都好到可以被算作存在性成功。

我们没有必要设计一个高度优化的方案。相反，我们的重点应该放在设计一个高度可靠的方案之上。可靠的设计会具有足够的智慧，能够认识到自己的缺点。一个不完美的超级智能如果有着可靠的根本理念，就会逐渐完善自己；经过自我完善，它就能够对这个世界实施有益的优化影响，就像如果它一开始就是完美的一样。

第十四章
战略图景

SUPERINTELLIGENCE
Paths, Dangers, Strategies

现在是时候在更广阔的背景下思考超级智能带来的挑战了。我们希望能够充分熟悉战略图景，至少能够确定我们要走的大致方向。事实上，这一点儿也不容易。作为本书的倒数第二章，这里我们介绍一些分析概念，来帮助我们思考长期的科学技术战略问题。然后，我们会将这些概念应用于机器智能。

大致区分两种不同的规范性立场——我们可以通过规范性立场对提出的方案进行评价，可能会有一定的启发作用。人类影响视角（Person–affecting Perspective）关心的是所建议的改变是否符合“我们的利益”，也就是说，是否（总的来说，并且在意料之中）符合那些具有道德重要性的生物的利益。这些生物可以是已经存在的，或者是不管所建议的改变是否发生都将要存在的。相反，非人类视角不对当前存在的人类予以特殊考虑，也不对那些不管所建议的改变是否发生都将要存在的人类予以特殊考虑。这个视角对所有人都一视同仁，而不管他们的时空位置如何。在非人类视角看来，使更多的人存在具有很大价值，前提是这些人的生活值得过，也就是说：创造幸福的生命越多越好。

尽管这种区分几乎没有触及与机器超级智能革命相关的道德复杂性，但在初步分析中仍然是有用的。这里，我们首先从非人类视角来研究，然后再看如果在我们的分析中加上人类影响视角的考虑，会有什么改变。

科学技术战略

在具体研究机器超级智能特有的问题之前，我们必须先介绍一些关于总体科技发展的普遍战略概念和考虑。

差异技术发展

假设一个政策制定者出于对某个最终可能会成长起来的假想技术的长远后果或风险的考虑，提议削减某个研究领域的经费，那么他一定会遭到来自这个研究领域的强烈反对。

科学家和支持他们的公众常常说，试图通过阻止研究的方式控制技术进步是没有用的。如果某项技术是可行的（这里会存在争论），那么不管政策制定者对其未来可能存在的风险有什么样的顾虑，这项技术最终都会发展起来。事实上，一项技术发展允诺产生的能量越强大，我们就越能够相信在某个地方会有人想要实现这项技术。削减经费并不能阻挡技术进步，也不能预防随之而来的危险。

有趣的是，虽然这种理论看起来应该是针对两方面都有效的，但是当政策制定者提议增加某一领域的研究经费时，这种无用的反对几乎从来没有出现过。我们几乎从没有听到过这样的愤慨抗议："请不要增加我们的经费，削减一些吧。其他国家的研究人员一定会接手这项研究，总会有人把这项工作完成的。不要把纳税人的钱浪费在我们的研究上了！"

如何解释这种双重标准？显然，一个可能的解释是，研究人员存在一种自私自利的偏见，导致他们相信进行研究总是有益的，进而拥护几乎所有需要更多资金的想法。然而，也可以从国家利益的角度解释这种双重标准。假设某项技术研发会产生两个效果：一是使其发明者和赞助这项研究的国家获得一份较小的利益B，二是同时对所有人造成一份总和更大的危害H（这个危害可能是外部危险）。甚至是一个利他主义的人也会选择发展这项整体上有害的技术。他们的理由可以是，危害H无论如何都会发生，即使他们不发展这个技术，也会有其他人来做；既然总体的结果不会受到影响，那还不如由他们自己和他们的国家抓住获得这份利益的机会。（“不幸的是，很快就会有一个摧毁全球的装置。幸运的是，我们有权来建造它！”）

不管对于无用的反对意见的解释是什么，它都没能表明的是：整体上来说，并没有非个人理由试图去引导技术发展。即使我们承认随着科学技术的不断发展，所有相关技术最终都会被研发出来，也不能表明这一点。也就是说，即使我们承认以下这些也不行：

技术实现猜想

如果致力于发展科学技术的努力没有有效地停止，那么所有能够通过某种可能的技术获得的重要基本能力最终都会实现。

技术实现猜想不包括无用反对意见的原因至少有两个。第一，这个猜想的前提不一定成立，因为“致力于发展科学技术的努力没有有效地停止（在实现技术成熟之前）”并不是一个既定事实。在涉及存在性风险的情况下，这个保留意见尤其相关。第二，即使我们可以确定所有能够通过某种可能技术获得的重要基本能力都将会实现，试图对技术的发展方向施以影响仍然是有意义的。重要的不仅是一项技术是否得到发展，而且包括什么时候发展、由谁来发展，以及在什么背景下发展。与新技术诞生相关的这些因素会影响技术的影响力，而我们可以通过控制资金水龙头的开关（以及其他政策工具）的方式影响这些因素。

这些思考指向了一个原则，这个原则会引导我们关注不同技术发展的相对速度：

差异技术发展原则

减缓危险且有害的技术发展，尤其是那些会增加存在性风险的技术；加速有益技术的发展，尤其是那些能够降低由自然或其他技术造成存在性风险的技术。

这样，我们就能够以一个政策“对促进有利技术超出有害技术的发展差异程度”为标准，对该政策进行评价。

首选实现顺序

有些技术对存在性风险的影响是矛盾的，在增加一些存在性风险的同时降低另一些。超级智能就属于这类技术。

在前面的章节中我们已经看到，机器超级智能的产生会带来巨大的存在性风险。但是，它也会降低很多其他的存在性风险。超级智能能够消除来自自然的威胁，比如小行星撞击、超级火山爆发、流行疾病蔓延等，因为它能够针对这些危害中的多数采取应对措施，或者至少把它们降低到非存在性的级别（例如，通过宇宙殖民的方式）。

这些来自自然的灾难从发生的频率来看，是相对较小的。但是，超级智能还能够消除或减弱很多由人类造成的风险。尤其是它能够降低意外毁灭的风险，包括与新技术相关的意外风险。由于超级智能整体上优于人类，其犯错误的可能性会更小，也更有可能识别出何时需要采取预防措施并有效地实施这些措施。一个精心设计的超级智能有时候会冒险行事，但只有这么做是明智的时候才会去冒险。另外，至少是在超级智能形成了一个单一体的情景中，很多在全球协调问题中产生的非偶然的人为存在性风险都会被消除。这些风险包括战争、技术竞赛、恶性竞争和发展，以及公众悲剧等。

由于人类对于合成生物学、分子纳米技术、气候工程学、生物医学改良设备、神经心理操纵设备、有利于极权主义或暴政的社会控制工具，以及其他现在想不到的技术的研究可能会造成巨大的危害，所以消除这些类型的风险将会是很大的福音。由此，可以提出这个观点：超级智能到来的日期越早越好。然而，如果来自自然和其他与未来技术无关的危害的风险比较小，那么对这个观点可以做如下修正：重要的是我们在实现其他危险技术（如先进的纳米技术）之前，获得超级智能。（从非人类视角来看）实现超级智能是早还是晚并不是那么重要，只要在其他危险技术之前就行。

更愿意让超级智能在其他可能的危险技术（如纳米技术）之前实现的理由

是，超级智能能够降低纳米技术的存在性风险，而纳米技术却不能降低超级智能的存在性风险。因此，如果我们首先创造了超级智能，我们只需要面对由超级智能带来的存在性风险；而如果我们首先实现了纳米技术，那么我们面对的不仅是纳米技术的风险，还外加超级智能的风险。即使超级智能的存在性风险非常之大，并且是所有技术中风险最大的，我们也有理由加速它的出现。

然而，这些“越早越好”的观点预先假设了创造超级智能的风险大小与其被创造的时间无关。但如果随着时间的推进，风险会不断降低，那么最好推迟机器的超级智能革命。虽然超级智能的较晚到来会给其他存在性灾难的发生留出更多时间，但是减慢超级智能的发展仍然是更好的做法。当超级智能带来的存在性风险远远大于其他破坏性技术的风险时，这种做法就尤其合理。

有几个相当充分的理由相信，智能爆发的风险将会在几十年之后有显著的下降。其中一个理由是，更晚的日期会给控制问题解决方案的研究留出更多时间。仅仅是在最近，人们才认识到控制问题的存在，而目前大多数解决方案都是在过去 10 年左右的时间里提出的（有几个是在本书的写作过程中提出的）。在未来的几十年里，研究状况很可能会有巨大进步；如果最后发现问题特别困难，研究的高速进步可能会持续一个世纪或者更久。超级智能到来的时间越晚，我们能够取得的进步就越多。这是支持超级智能较晚到来观点的一个重要考虑；并且，这个考虑会强烈反对超级智能的尽早到来。

相信超级智能越晚产生就越安全的另一个原因是，这会给予人类文明中的各种有益背景趋势更多的时间去展开。而人们对这个考虑的重视程度则取决于其对这些趋势有多乐观。

乐观者自然会指出许多鼓舞人心的迹象和可能性。人们可以学会更好地相处，进而减少暴力、战争和残忍；全球协调和政治一体化的程度可能会提高，从而更容易避免不良的技术竞赛（后面对此会有更多论述），也更容易制定出一套方案，使智能爆发的有益结果能够得到广泛的共享。在长期的历史进程中，这些趋势似乎是朝着这个方向发展的。

另外，乐观者会期待人类的“心智水平”在 21 世纪内实现提升，比如偏见

（总体上）减少、洞察力增加，以及更加习惯于对抽象的未来事件和全球风险进行思索。幸运的话，我们会看到人类个体和集体认知水平的总体提升。同样地，也有很多趋势在朝这个方向发展。科学进步意味着我们知道的会更多。经济增长会使全球人口中的更多人获得充足的营养（尤其是在生命早期阶段，这是大脑发展的重要阶段）和优质的教育。信息技术的进步会使得对数据与思想的发现、融合、评价和交流变得更加容易。另外，到 21 世纪末，人类还有大约 90 年的时间去犯错误，并从错误中得到更多教训。

很多潜在的发展都是正负效果并存的，正如上文所说，会在降低一些存在性风险的同时，增加另一些存在性风险。例如，监控、数据挖掘、测谎、生物测量，以及操纵信念和意愿的心理或神经化学方法等，这些领域的进步可能会促进国际协调或者消除本国的恐怖分子和叛变者，从而降低某些存在性风险。但这些进步也可能会扩大不良的社会机制或者促进长久稳定的极权政府的形成，从而增加一些存在性风险。

一个重要的前沿领域是如何提升生物认知，比如通过基因选择的方式。当我们在第二章和第三章中讨论到这一点时，我们的结论是：超级智能最彻底的形式更有可能是以机器智能的形式出现。这个结论和下述认识是一致的：认知提升在机器超级智能的准备和建造过程中发挥重要的作用。认知提升可能看起来能够明显降低风险，因为试图解决控制问题的人们越聪明，就越有可能找到解决方案。然而，认知提升也有可能会加速机器智能的发展。这些问题还需要更深入的思考。（下面关于认知提升的论述同样适用于通过非生物方法增加我们的个体或集体认知效率的情况。）

变化速度和认知提升

不管是人类智能水平平均值还是上限的提高，都有可能加快技术的全面进步，包括各种机器智能形式的进步、解决控制问题的进步，以及其他一系列技术和经济目标的进步。这种加速的净效果是什么呢？

考虑这样一种普世加速器的极限情况，这是一种能够加速所有事物的假想发明。普世加速器只相当于对时间尺度进行任意调节，它对观测到的结果不会造成任何质的改变。

如果我们想要理解认知提升具有普遍加速作用这个观点，显然就需要除了普世加速器之外的其他一些概念。一个更加有希望成功的方法是，关注认知提升是如何提高某一类型的进步的发生速度的，而这种类型的进步速度与其他类型的进步速度相关。这种差异加速可能会影响一个系统的动力。因此，考虑下面这个概念：

> **宏观结构发展加速器：一个加快人类状态宏观结构发展速度，但不影响人类事务微观层面发展速度的操纵杆。**

想象将这个操纵杆向减速的方向拉。一个刹车片扣在了世界历史的巨轮上；顿时金星四溅，摩擦声刺耳。当轮子稳定在一个更为从容的速度时，这个世界的技术创新发生得更为缓慢，政治结构或文化方面的根本性或全球性的重大变化发生得也不那么频繁和突然，而要经过很多世代的交替才会迎来新的时代。在一个人的一生当中，几乎看不到人类状况基本结构的变化。

对于我们这个物种存在的多数时间来说，宏观结构的变化速度要比现在慢。5 万年前，即使整整 1 000 年过去了，可能也没有出现任何一项重大的技术发明，人类知识和理解力没有重大的增长，也没有发生任何具有全球意义的政治变化。然而，在微观层面，人类事务的万花筒以合理的速度转动着，出生、死亡，以及其他个人或地域性的大事在不停地上演。更新世的普通人的一天可能要比现代人的一天更加充满刺激。

如果你碰巧得到了一个能够改变宏观结构发展速度的魔力操纵杆，你应该怎么做？你应该加速、减速，还是保持原速？

从非人类视角来看，这个问题要求我们思考其对于存在性风险有什么影响。让我们来区分两种风险：状态风险和步骤风险。状态风险是指与处于某种状态相关的风险，一个系统面临的状态风险总和是其处于这个状态的时间长短的直接函数。自然风险通常都是状态风险；我们暴露在环境中的时间越长，遭受自然袭击的可能性就越大（包括小行星撞击、超级火山爆发、伽马射线暴、自然产生的流行性疾病，或者其他自然灾难）。有一些人为风险也是状态风险。在个人的层面上，一个战士把头抬得高过护墙的时间越长，被敌方狙击手射中的累计概率就越大。也有存在性层面的人为状态风险：我们在国际无政府状态中生活的时间越长，热核末日大决战或者使用其他大规模杀伤性武器的战争（导致人类文明灰飞烟灭）发生的累积概率就越大。

与之相比，步骤风险是一种离散风险，它与某种必要或有益的转变相关。一旦转变完成，风险就会消失。与转变相关的步骤风险的总量通常不是转变所需时间的简单函数。以原先两倍的速度跑过雷区，并不会对穿越雷区的风险大小产生影响。在快速启动的条件下，超级智能的建造就可能是一种步骤风险：启动过程会涉及一定的风险，而风险的大小取决于完成了哪些准备工作；但是风险的总量则可能不太取决于启动过程是历时 20 毫秒还是 20 小时。

那么，关于假想的宏观结构发展加速器，我们可以得出下述结论：

- 考虑到存在性状态风险时，我们应该支持加速，前提是我们认为能够到达后过渡时期的可能性很大，因为在后过渡时期，其他存在性风险已经被大大地降低。
- 如果我们知道未来的某个步骤必定会导致存在性灾难，那么我们应该降低宏观结构发展的速度（甚至使其逆转），以便在帷幕落下之前，有更多世代的人有机会生存。但是，事实上，如此确信人类必将遭受厄运的想法是过于悲观的。
- 目前，存在性状态风险的水平看起来相对较低。可以想象，如果我们冻结人类当前技术的宏观状态，那就似乎不太可能会在，比如说 10 年之内，发生存在性灾难。所以，推迟 10 年（前提是这个推迟发生在我们当前的发展阶段或者其他状态风险较低的时间）仅会引发非常小的存在性状态风险；但是，随后的技术发展如果再推迟 10 年，就可能会对之后的存在性步骤风险产生显著的有益影响，比如通过提供更多准备时间的方式。

结论：宏观结构发展速度产生影响的主要方式是，通过影响面对关键步骤风险时人类所做准备的充分程度。

因此，我们必须要问的问题是认知提升（以及附随的宏观结构发展加速）如何影响关键时刻人们的准备充分程度。我们应该选择利用更高的智能在更短的时间里进行准备吗？在更高的智能下，准备阶段的时间会得到更加有效的利用，而最终的关键步骤则会由具备更高智能的人来实施。也或者在给我们更多准备时间的情况下，我们应该选择使用和当前差不多水平的智能。

哪个选项更好取决于准备应对的挑战的性质。如果挑战是解决一个问题，而解决这个问题的关键是从经验中学习，那么准备阶段的时间长度可能就会是决定性因素，因为积累足够多的经验需要时间。这样一种挑战会是什么样的呢？一个假想的例子是一种我们预测会在未来某个时间点被研发出来的新型武器技术，这种武器会导致随后的战争有 1/10 的可能性会造成存在性灾难。如果这就是我们面临的挑战的实质，那么我们可能会希望宏观结构的发展速度是缓慢的。这样，在新型武器技术的发明完成最终关键步骤之前，我们人类就有更多时间齐心协力进行准备。我们会希望在减速发展争取到的宝贵时间里，人类能够学会如何避免争战，全球范围的国家间关系都发展成类似欧盟成员国之间的关系。欧盟的成员国之间曾经在数百年的时间里互相争战，而现在它们和平共处，并且有着相对和谐的关系。实现和平的方式包括通过各种文明进程带来的优雅的修养，或者通过对次生存打击的休克疗法（例如，小型核冲突以及这些冲突引起的反冲力和决心，使人们最终想要建立旨在废除国家间战争的国际机构）。如果提高的智能并不会使这种方式的学习或调整得到非常大的加速，那么认知提升的方法就是不可取的，因为其只会加快导火线的燃烧。

然而，智能爆发可能会引发另一种类型的挑战。解决控制问题需要预见能力、推理能力和理论洞察力。而历史经验的增加如何起到有益作用，并不是那么明确。要得到关于智能爆发的直接经验是不可能的（直到为时已晚），并且很多因素都会使控制问题变得非常独特且缺乏相关的历史经验。出于这些原因，在智能爆发之前会有多长的准备时间可能并没有太大的实质性影响。相反，真正有重要影响的可能是：（a）在引爆之前获得的解决控制问题的智能进展的总量；（b）在实施可获得的最佳解决方案（并随机应变）时可用的技术和智能的总和。很显然，后者（b）与认知提升是成正相关的。至于认知提升如何影响前者（a），则是更为微妙的问题。

正如之前提到的，假设认知提升会是一种普遍宏观结构发展加速器。这会加快智能爆发的到来，进而缩短准备阶段和在控制问题方面取得进展的时间。通常，这会是一件不好的事。然而，如果用于智能进步的时间变短的唯一原因是智能进步的速度变快了，那么当智能爆发发生时，智能进步的总量就不会减少。

这样看来，认知提升似乎不会对因素（a）产生影响：在智能爆发前仍然会取得同样的智能进步（包括控制问题的进展），只是用时更短而已。然而，实际上，认知提升也可能会对（a）有积极影响。

认知提升可能会导致在智能爆发发生之前就取得更多的控制问题方面的进展，其中一个原因是，控制问题的进展可能尤其取决于智能表现的极端水平，其程度甚至比创造机器智能所需的工作还要高。在解决控制问题方面，反复试验和实验结果累积的作用似乎比较有限；而在人工智能或全脑仿真的研发过程中，经验学习可能会发挥重要的作用。因此，时间能够替代智能的程度会因任务的不同而不同，使得认知提升对控制问题进展的促进作用大于对创造机器智能进展的促进作用。

认知提升应该差异化促进控制问题进展的另一个原因是，解决控制问题的必要性更有可能被具有更高认知水平的社会和个体所认识到。要意识到控制问题的重要性并优先处理它，需要预见力和推理能力。要找到这个我们不熟悉的问题的有效解决途径，还可能需要非同寻常的睿智。

经过这些思考，我们或许可以暂时得到如下结论：认知提升是有益的，至少是当我们把重点放在智能爆发的存在性风险上的时候。同样的道理也适用于其他需要预见能力和可靠的抽象推理能力的挑战所带来的存在性风险（与这类挑战相反的是在熟悉环境中的渐进式调整，或者经历多代人的文化成熟和制度建设的过程）。

技术耦合

假设有人认为，解决人工智能的控制问题非常困难，而解决全脑仿真的控制问题则容易很多，那么更好的选择便是通过全脑仿真途径实现机器智能。我们会在后面探讨全脑仿真是否比人工智能更加安全的问题，但是现在我们想要说明的是，即使我们接受了这个前提，也不能推出我们就应该提倡发展全脑仿真技术。一个原因是（之前讨论过），超级智能的较晚到来可能是更可取的，因为这能够给控制问题的进展和其他有益背景趋势的发展提供更多时间。因此，如果我们确信全脑仿真会先于人工智能产生，那么进一步加快全脑仿真的到来则会产生事与愿违的结果。

但是，即使假定全脑仿真的实现越早越好，也仍然不能推出我们应该支持全脑仿真发展的结论。这是因为，朝向全脑仿真的发展有可能并不会导致全脑仿真的产生。相反，它可能会导致神经形态人工智能的产生。神经形态人工智能是人工智能的一种形式，它模仿脑组织的某些方面，但是对神经元功能的保真程度较低，不能构成真正意义上的仿真。如果（因为有理由这么相信）这样的神经形态人工智能比其他类型的人工智能要糟糕，而且如果通过推进全脑仿真研究会首先产生神经形态人工智能，那么我们对假定最优结果（即全脑仿真）的追求反而会导致最差结果（即神经形态人工智能）；但是，如果我们追求次优结果（即合成人工智能），或许我们就会得到次优结果（即合成人工智能）。

上面描述的（假想）案例可以被称作技术耦合。技术耦合是指，两种技术之间拥有可预测的时间关系，比如发展其中一种技术很有可能导致另一种技术的发展，要么是作为必要的先导，要么作为一种显然的、不可抵抗的应用或后续步骤。当我们采用差异技术发展原则时，就必须考虑技术耦合问题。如果实现某一理想技术Y的唯一途径是通过发展一项极其不可取的先导技术X，或者如果实现Y会立刻导致一项极其不可取的相关技术Z，那么加速研发技术Y就是无益的。就像在与心爱的人结婚之前，要先对未来的姻亲考察一番一样。

在全脑仿真的案例中，技术耦合的程度是有争议的。我们在第二章中指出，全脑仿真需要各种增强技术的巨大发展，但是可能不需要任何重大的新的理论见解。尤其是，它不需要我们了解人类的认知原理，只需要知道如何建造大脑各个部分的计算模型，比如不同种类神经元的计算模型即可。尽管如此，在发展出模仿人类大脑的能力的过程中，会收集大量的神经解剖学数据，大脑皮层网络的功能模型也自然会有巨大改进。这种进步似乎很有可能导致在成熟的全脑仿真之前建造出神经形态人工智能。历史上，有不少人工智能技术借鉴神经科学或生物学的例子。（例如，McCulloch–Pitts神经元、感知器，以及其他人工神经元和神经网络的灵感来自神经解剖学研究；强化学习是受到行为主义心理学的启发；遗传算法是受到进化论的启发；包容体系结构和知觉层次是受到与运动规划和感官知觉相关的认知科学理论的启发；人工免疫系统是受到理论免疫学的启发；群体智能是受到昆虫群体生态学和其他自体组织系统的启发；机器人学里的反应式控制和基于行为的控制是受到动物运动研究的启发。）或许更加重要的是，有很多与人工智能相关的重要问题可能能够通过对人类大脑的进一步研究来回答。（例如，大脑是如何在工作记忆和长期记忆中存储结构化表达的？捆绑问题是如何解决的？神经编码是什么？概念是如何表达的？是否有皮层结构的标准单位，比如皮层柱？如果有的话，它们之间是如何连接的？连接方式是如何影响其功能的？这些皮层柱是怎么能够连接在一起的？它们如何进行学习？）

我们稍后会更多地谈及全脑仿真、神经形态人工智能和合成人工智能的相对危险。但是，我们已经能够识别另一个重要的技术耦合：全脑仿真和人工智能之间的技术耦合。即使朝全脑仿真方向的努力最终实现了全脑仿真（而不是神经形态人工智能），并且我们能够安全地对其进行处理，也仍然会有进一步的风险存在：与二次过渡相关联的风险。二次过渡是指从全脑仿真过渡到人工智能，后者最终会发展成机器智能的更强大的形式。

还有很多其他技术耦合，我们可以在更加全面的分析对其中进行考察。例如，全脑仿真领域的发展会在整体上促进神经科学的进步。这可能会产生各种结果，比如测谎技术、神经心理操纵技术、认知提升和各种医学进步的更快发展。类似地，认知提升领域的发展也可能会产生各种影响（取决于具体采用的途径），比如，用于提升认知能力和改善其他特征的遗传选择与基因工程方法会因此有更快速的发展。

猜疑论点

并不存在绝对友善的、理性的、统一的，并且只会实施那些被发现是最佳选择方案的的世界操纵者。如果考虑到这一点，我们就会遇到另一层面的战略复杂性。任何关于“应该做什么”的抽象观点都应该用具体指令的形式呈现。具体指令会进入语言和政治现实的舞台。在这里，这些指令会因为各种互相冲突的目的，受到忽视、误解、扭曲或赞赏；它们会像弹球一样四处撞击，引发行动与反抗，带来一系列后果。而这些后果与信息发出者的原始意图之间并不存在直接的关系。

一个精明的操纵者可能会试图预期这些类型的结果。例如，考虑下述关于继续研究某个危险技术X的论述模板。（可以在埃里克·德莱克斯勒的文章中找到符合这个模板的论述。在他的论述中，X=分子纳米技术。）

1. X的风险很大。

2. 降低X的风险需要一段用来认真准备的时间。

3. 只有在X的可能前景得到社会的广泛重视时，准备阶段才会开始。

4. 只有在致力于研发X的大量研究已经展开时，X的可能前景才会得到社会的广泛重视。

5. 实质性研究开始得越早，实现X所需的时间就越长（因为开始时已有的增强技术水平较低）。

6. 因此，实质性研究开始得越早，认真准备所需的时间就越久，对风险的降低程度就越大。

7. 因此，致力于研发X的实质性研究应该立刻启动。

最初看起来支持缓慢进展或停止进展的理由最终（根据上述思路）变成了一个支持相反结论的理由。

一个相关的论述是：我们应该（相当冷酷地）欣然接受小型和中等规模的灾难，原因是这些灾难能够让我们看到自身的弱点，并激励我们采取预防措施，来降低存在性灾难发生的概率。其理念是，小型或中等规模的灾难就像是一种疫苗，用相对不致命的威胁形式挑战人类文明并激发免疫反应，使我们准备好应对各种存在性威胁。

这类“震撼以引起反应”的论点主张让坏事发生，以期激起公众的反应。我们在这里提到这种论点，不是要支持这种论点，而是为了引出我们称之为“猜疑论点”的概念。这个论点认为，通过将其他人视为非理性的并迎合这些人的偏见和误解的方式，比起通过向他们的理性能力直率诚实地呈现某事物的方式，更容易获得有效的回应。

要想通过使用“猜疑论点”提倡的策略来实现长期的全球目标，似乎是极其困难的。一条信息经历了在公共话语弹球机里的各种碰撞之后，我们如何能够预测它的最终路径呢？要做到这一点，似乎需要预测它在长时期内对有着不同特质和波动影响水平的大量民众的话语影响，而与此同时，该系统还可能会受到来自外部的意外事件的扰乱，拓扑结构也在不断发生着内生性重组。这显然是不可能完成的任务！然而，为了识别一个有可能增加某个长期结果之可能性的干预活动，也可能不需要对系统的全部未来轨道做出具体预测。例如，我们可以只对相对近期的、可预测的影响进行详细的考量以选择一个理想的行动，同时在可预测的范围之外模仿系统的行为，以作为一种随机游动。

然而，对“猜疑论点”的贬低或避免大概具有道德上的理由。试图互相欺骗的做法看起来是一个零和博弈，甚至是负和博弈。我们要考虑需要耗费的时间和精力，以及这可能会导致的更加难以知晓其他人的真实想法，和在表达看法时更加难以获得信任的后果。加足马力的策略性沟通实践的发展将会扼杀坦诚的交流，并使得真相在政治妖怪互相暗算的黑夜中无力照料自己。

路径与促成因素

我们应该庆祝计算机硬件的发展吗？全脑仿真领域的发展呢？我们将依次分析这两个问题。

硬件进步的影响

速度更快的计算机会使建造机器智能变得更容易。因此，加快硬件进步的一个影响就是加快机器智能的到来。正如之前所述，从非人类视角来看，这大概是一件坏事，因为这使得可以用来解决控制问题和提高人类文明成熟度的时间减少了。但是，这也不是那么简单的事。因为超级智能会消除很多其他存在性风险，所以如果其他存在性风险很高的话，就有理由选择更快的发展。

加快或推迟智能爆发的发生并不是硬件进步的速度影响存在性风险的唯一途径。另一个途径是，硬件可以在某种程度上替代软件；因此，改良的硬件就会降低编写种子人工智能代码所要求的技能下限。快速计算机还可能会导致增加对蛮力技术（比如遗传算法和其他“生成—评价—废弃”模式的方法）的依赖，同时减少对需要深入理解的技术的依赖。如果蛮力技术应用于更加无秩序的或不精确的系统设计（与精确设计和理论上受约束的系统相比，这样的系统的控制问题更难解决），那么这也是快速计算机增加存在性风险的一个方式。

另外一个考虑是，迅速的硬件进步会增加快速启动的可能性。半导体领域的发展速度越快，用于开发任何性能水平的计算机实力所需的程序员的人时[①]就越少。这意味着，智能爆发不太可能以可行的最低水平的硬件性能启动，而是更有可能在硬件发展已经远远超过了能够使正确的编程最终获得成功的最低水平时启动。这样的话，当启动开始时，硬件水平是超出所需的。正如我们在第四章中看到的，硬件突出是在启动阶段降低反抗度的主要因素之一。因此，快速的硬件进步将有可能使得向超级智能的转变更加迅速，更具爆发性。

借助硬件突出的快速启动可以通过不同的方式，对转变的风险施以影响。最明显的方式是，快速启动会使转变过程中进行反应和调整的机会减少，从而增加风险。一个相关的考虑是，硬件突出可以通过限制其开拓充足硬件的能力，对以危险的方式进行自我改良的种子人工智能实施约束：单个处理器的速度越快，人工智能用来快速升级到超级智能所需要的处理器数量就越少。硬件突出的另一个

① 人时，即一个人一天完成的工作量。——编者注

影响是，大型工程具有的一个优势是能够获得更加强大的计算机，而硬件突出会降低这项优势的重要性，从而使大型工程和小型工程之间的差距减小。如果与小型工程相比，大型工程更有可能解决控制问题并追求符合道德的目标，那么这种影响也可能会提高存在性风险。

快速启动也有一些优势。它可能会增加形成单一体的可能性。如果建立单一体对于解决后过渡时期协调问题具有足够的重要性，那么为了降低后过渡时期灾难性协调问题的风险，在智能爆发阶段承受更大的风险就可能是值得的。

计算机科学的进步会影响机器智能革命的结果，这不仅可以通过在机器智能的建造过程中发挥直接影响，而且还可以通过对于用间接方式塑造智能爆发的初始条件的社会产生弥漫性影响来实现。要形成互联网，就需要足够好的硬件，使个人计算机能够以低廉的价格大规模生产。现在，互联网正在影响人类活动的很多方面，包括人工智能和控制问题的研究。（如果没有互联网，可能就不会有这本书的产生，你也不会找到它。）然而，硬件现在已经足够好到可以运行大量的应用，正是这些应用促进了人类的交流和商讨，但目前还不清楚这些领域的进展速度是否受到硬件改良速度的严重制约。

总的来说，从非个人的评价立场来看，计算机硬件的快速发展似乎是不利的。这个暂时性结论可能会被推翻，例如，如果来自其他存在性风险或后过渡时期协调问题的威胁最终被证明是极其巨大的话。不管怎样，要想对硬件发展的速度产生很大影响，似乎很难做到。所以，如果我们想要改善智能爆发的初始条件，就应该关注其他因素。

需要注意的是，即使我们不知道如何影响某个因素，能够确定它的“正负值”（也就是这个因素的增加还是降低是有利的），作为绘制形势的战略图景的初步举措，也是有用的。我们后来可能会发现新的、能够更容易影响该因素的方法，也或者我们可能会发现这个因素的正负值与其他更容易控制的因素之正负值相关，这样，我们最初的分析就能够帮助我们决定如何处理这个因素。

应该提倡全脑仿真研究吗？

解决人工智能的控制问题看起来越困难，就越会想要提倡全脑仿真途径，作为一种风险更小的选择。然而，在得到周全的结论之前，我们必须先对某些问题进行分析。

首先是我们之前已经讨论过的技术耦合问题。我们已经指出，致力于发展全脑仿真的研究可能会导致神经形态人工智能的产生，而神经形态人工智能是一种非常不安全的机器智能形式。

但是为了讨论的需要，我们假设已经实现了全脑仿真。它会比人工智能更安全吗？这本身就是一个复杂的问题。全脑仿真至少有三个推定的优势：1. 与人工智能相比，我们对它的性能特征有更多的理解；2. 它会继承人类的动机系统；3. 它会导致更慢的启动。让我们对每一点进行简短的讨论。

1. 与人工智能相比，全脑仿真的智能性能特征更容易理解。这听起来是合理的。关于人类智能的优点和缺点我们有大量的经验，关于人类水平的人工智能的智能特征我们却没有任何经验。然而，要理解数字人类智能能够和不能够做什么，并不等同于理解这个智能在面对旨在提升其性能的修改时会有什么样的反应。与此相反，人工智能可以精心被设计成可理解的，包括其静态特征和动态特征。因此，虽然在具有可比性的发展阶段，全脑仿真的智能性能比人工智能更具可预测性，但是我们不知道全脑仿真的动态可预测性是否高于由具有安全意识的优秀程序员设计出的人工智能。

2. 至于说全脑仿真继承了其模板大脑的动机系统，这是远不能得到保证的。获得人类的评价特征可能需要非常高保真的模拟。即使某个人类个体的动机系统得到了完美的捕捉，也不能确定其获得了多大的安全性。人类可以是不值得信任的、自私的、残暴的。尽管在选择模板时会选择道德上最优秀的，但是要判断一个人在被移植到完全不同的环境中、获得超人类的智能并得到了统治全球的机会之后如何行为，可能会是非常困难的。至于全脑仿真会更容易获得类似人类的动机系统（而不是制造曲别针或计算圆周率），这么说的确是正确的。这一点可能令人安心，也可能相反，它取决于你对人性的看法是好还是坏。

3. 我们不清楚为什么全脑仿真会比人工智能导致更慢的启动。或许在全脑仿真的情况中，硬件突出的程度较低，因为与人工智能相比，全脑仿真的计算效率更低。也有可能人工智能系统更容易获得所有的计算资源，并将其整合成一个巨大的智能体，而全脑仿真则会放弃获得超级智能，只在速度和数量上超过人类。如果全脑仿真确实会导致更为缓慢的启动，就会给控制问题的解决带来好处。慢速启动还会增加多极结局的可能性。但是，多极结局是否可取，还是不能确定的。

首先实现全脑仿真这个观点还有另外一个重要的复杂性：需要应对二次过渡。即使首个人类水平机器智能的形式是基于仿真的，要发展出人工智能也仍然是可行的。与全脑仿真相比，成熟形式的人工智能具有非常重要的优势，这使得人工智能最终成为一种更强大的技术。虽然成熟人工智能会淘汰全脑仿真（除非为了保存个体人类大脑的特殊目的），但是反过来就不成立。

这就意味着，如果先发展人工智能，可能就会只有一次智能爆发。但是如果先发展全脑仿真，则可能会出现两次智能爆发：第一次是实现全脑仿真，第二次是实现人工智能。全脑仿真优先途径的全部存在性风险是第一次过渡和第二次过渡的风险总和（前提是成功渡过了第一次转变见图 14–1）。

在全脑仿真的世界中实现人工智能的过渡，安全性会有多大提高？一个考虑是，如果这是在已经实现了某种形式的机器智能之后发生，那么人工智能过渡的爆发性就会降低。仿真系统以数字速度和远远超过生物学人类人口的数量运行，将会降低认知差异，从而使仿真系统控制人工智能变得容易一些。这种考虑没有太大的重要性，因为全脑仿真和人工智能的差距仍然会非常大。然而，如果全脑仿真不仅是速度更快、数量更多，而且聪明程度相对于生物学人类有质的超越，那么优先发展全脑仿真就会具有和人类智能提升途径相同的优势。

另一个考虑是，向全脑仿真的过渡会扩大领跑者的领先距离。考虑这样一

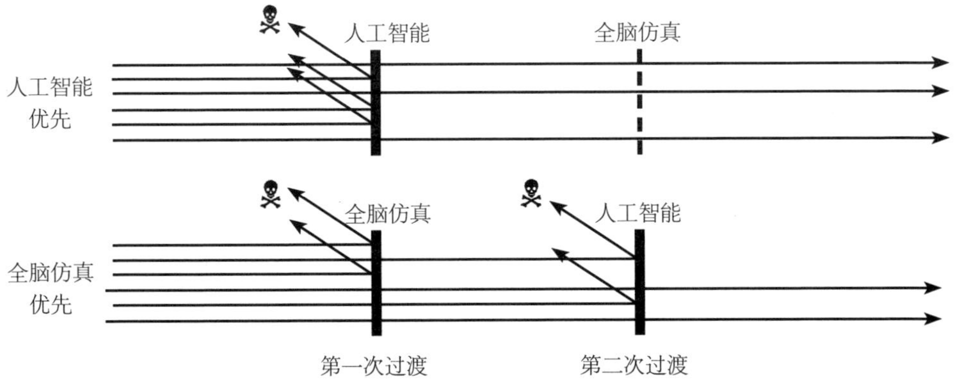

图 14–1　先发展人工智能还是全脑仿真？

在人工智能优先的情况下，产生存在性风险的过渡只有一次。在全脑仿真优先的情况下，产生风险的过渡有两次，第一次是全脑仿真的发展，第二次是人工智能的发展。全脑仿真优先途径的全部存在性风险是两者之和。然而，如果全脑仿真首先被成功地实现，那么之后产生的人工智能过渡的风险可能会降低。

种情况，在全脑仿真技术研发领域，领跑者领先第二名 6 个月的时间。假设首批建造的仿真系统是合作的、关注安全的和有耐心的。如果它们在高速硬件上运行，就会将主体生命用于思索如何建造安全的人工智能。例如，如果它们以 100 000x 的加速比运行，而且能够在 6 个月的恒星时里不受打扰地研究控制问题，那么它们能够潜心研究控制问题 5 万年，之后才会面临来自其他仿真系统的竞争。如果有足够的硬件，它们还能够通过以扇形分散开无数个拷贝，并使每个拷贝都独立研究不同的子问题而加速发展。如果第一名利用这 6 个月的领先优势建立了单一体，它就能够为它的仿真人工智能研发团队争取到无限的时间，用来研究控制问题。

总的来说，如果在人工智能之前建造全脑仿真，似乎人工智能过渡的风险就会降低。然而，当我们把人工智能过渡的剩余风险和先行全脑仿真过渡的风险相结合，我们就非常不确定全脑仿真优先路径的全部存在性风险与人工智能优先路径的风险相比是大还是小。只有当人们对生物学人类掌控人工智能过渡的能力非常悲观的时候（考虑到当我们真正面对这个挑战时，人类的本质或文明可能已得到改良），才会认为全脑仿真优先路径有吸引力。

要想弄明白是否应该提倡全脑仿真技术，还有其他重要的几点需要考虑。最重要的一点是我们之前提过的技术耦合问题：试图发展全脑仿真的努力可能会导致产生神经形态人工智能。这是反对发展全脑仿真的一个理由。毫无疑问，会有一些合成人工智能设计与某些神经形态的设计相比安全性更低。然而，在预料中，神经形态的设计似乎安全性更低。这么说的一个原因是，模仿可以替代理解。要从零开始建造一个系统，通常必须要对系统的工作机制有足够多的理解。而如果仅仅是对已有系统的模仿，则不一定需要这样的理解。全脑仿真依靠的是对生物体的大规模复制，可能不需要对认知具有全面的计算机系统水平的理解（尽管大量的组件水平的理解无疑是必要的）。就这一点而言，神经形态人工智能可能与全脑仿真相似：在工程师不必对系统如何工作有深入的数学理解的情况下，通过把抄袭自生物体的碎片拼合在一起的方式实现。但是在另一方面，神经形态人工智能又不同于全脑仿真：它不会自动具有人类的动机系统。这个考虑反对研发全脑仿真，因为其有可能导致产生神经形态人工智能。

需要考虑的第二点是，全脑仿真更有可能预先通知我们它的到来。对于人工智能来说，总是有可能会有人实现意外的概念突破。相反，全脑仿真则需要大量费力的先导步骤：高通过量的扫描设备，图像处理软件，细致的神经建模工作。因此，我们可以确定全脑仿真不会很快来临（不早于 15 或 20 年之后）。这意味着只有在机器智能的研发相对落后时，加快全脑仿真的研发才会产生不同的影响。这会使得全脑仿真吸引这样一些人的投资：他们想要智能爆发先于其他存在性风险的发生，但又出于害怕在控制问题解决之前过早引发智能爆发而对于支持人工智能持谨慎态度。然而，对于相关时间线的不确定性非常之大，使得这种考虑目前还不具有太大的重要性。

因此，当满足下列条件时，提倡全脑仿真便是最有吸引力的策略：1. 对人类解决人工智能控制问题的能力非常悲观；2. 对神经形态人工智能、多极结局或者二次过渡的风险不是特别担忧；3. 认为全脑仿真和人工智能的默认实现时间是相近的；4. 希望超级智能的实现既不是非常晚也不是非常早。

人类影响视角支持加速

我担心当博客评论员“washbash”在写下面这段话时，他/她代表的是很多人的意见：

> 我本能地认为发展应该更快速，这不是因为我认为这样做对世界更好。我为什么要关心当我死去很久以后的世界是什么样的？该死的，我想要研发更快速！这样才能够提高我在未来体验更加先进的技术的可能性。

从人类影响的立场来看，我们有更多的理由去推进所有激进的、有可能带来存在性风险的技术。这是因为如果没有其他情况出现的话，几乎所有现在活着的人都会在一个世纪之内死掉。

如果涉及的技术能够延长我们的生命并进而增加目前人口在智能爆发发生时仍然存活的预期比例，加速研发的理由就尤其充分。如果机器智能革命开展顺利，那么产生的超级智能几乎必定有办法无限期延长那时候还存在的人类的寿命，而且不仅能使他们继续活着，还能使他们恢复健康和青春活力，把他们的能力提升到我们现在无法想象人类能够达到的水平；或者把他们的大脑上传到数字基质，将他们的自由精神置于感觉超好的虚拟化身之中，帮他们彻底摆脱终有一死的有形之躯。对于那些不能够拯救生命的技术，加速研发的理由就较弱，虽然也有人因为希望生活水平得到提高而对这些技术给予足够的支持。

出于同样的原因，人类影响视角支持很多危险的技术创新。这些技术创新可能会加速智能爆发的启动，而非人类视角是不赞成这些创新的，因为这些创新会缩短我们紧紧抓住生命的树枝直到迎来后人类时期的曙光的时间。因此，从人类影响视角来看，快速的硬件进步似乎是有益的，就像加快研发全脑仿真一样。而与目前活着的人能够有更大的机会在其有生之年享受智能爆发带来的个人利益相比，任何对存在性风险的不利影响大概就没那么重要了。

合作

一个重要的因素是，在研发机器智能的过程中，世界各国如何进行协调与合作。合作会带来很多好处。让我们来看一下这个因素如何影响结果，以及我们可能有什么样的方法来增加合作的程度和强度。

竞赛机制及其危险

当一个项目担心被另一个项目超过时，就会出现竞赛机制。这并不需要多个项目的真实存在。只有一个项目的情况也能够呈现竞赛机制，如果这个项目没有意识到其缺少竞争者的话。如果同盟国没有（错误地）相信德国人可能会很快建造出原子弹，它们可能就不会那么快地研发出原子弹了。

竞赛机制的严重性（即参与竞争者视速度优先于安全的程度）取决于多个因素，比如：竞赛的激烈程度、实力和运气的相对重要性、竞争者的数量、竞争团队是否采取不同的途径，以及项目具有相同目标的程度。参与竞争者对于这些因素的信念也有影响。

延伸阅读 13　一次触及底线的风险竞赛

考虑一个假想的人工智能军备竞赛，其中有多个团队竞争研发超级智能。每个团队都知道花在安全预防措施上的资源不可能用于研发超级智能，在这种情况下，他们各自决定要在安全方面进行多少投资。由于所有竞争者之间没有任何协议（可能是由于谈判破裂或实施难度太大），所以可能会产生一种触及底线的风险竞赛，使每个团队都只采取最低限度的安全预防措施。

我们可以将团队的效能视为其实力的函数（测量其原始能力和运气），将安全预防措施的成本视为惩罚项。由效能最高的团队来建造第一个人工智能。这个人工智能的风险性由创造者对其安全性的投资多少来决定。在最坏的情况下，所有团队都拥有相同水平的实力。那么获胜者就只由安全投资这一项来决定，采取最少安全预防措施的团队会获胜。这个博弈的纳什均衡是，每个团队都不会在安全方面花费一分钱。在现实世界中，这种情况有可能通过风险棘轮实现：某个团队出于对落后的担心，便通过增加冒险行为的方式试图赶上竞争者，而竞争者又会采用同样的方式，直到达到风险的最高水平。

实力与风险

如果实力水平不同，情况就不一样了。与安全预防措施的成本相比，实力水平的差异变得更加重要。风险棘轮效应会减弱：如果增加额外的风险不太可能改变竞争者的排名，那么这么做的动机就会变小。图 14–2 展示了这一现象的不同场景，绘制了人工智能的风险性如何受到实力重要性的影响。安全投资的数值由 1（产生绝对安全的人工智能）到 0（完全不安全的人工智能）。X 轴表示在决定团队研发人工智能进展的速度方面，实力对比安全性的相对重要性。（0.5 表示安全投资水平的重要性是实力的两倍；1 表两者相同；2 表示实力的重要性是安全水平的两倍，等等。）Y

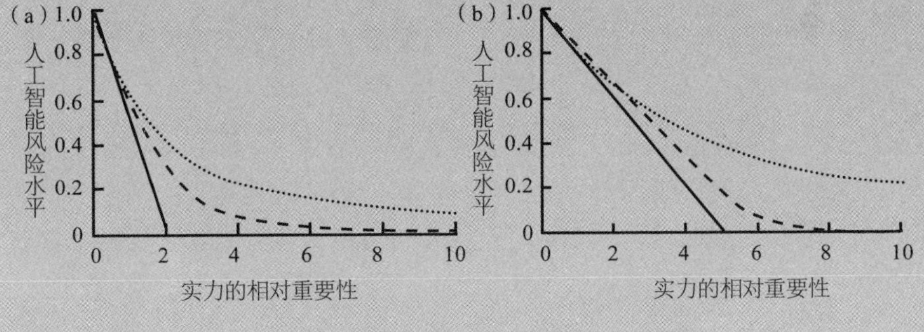

图 14–2　人工智能技术竞赛的风险水平

该图表示的是在技术竞赛包含（a）两个团队和（b）5 个团队两种情况下，危险人工智能的风险水平，横坐标是在决定哪个项目会获胜时，实力的相对重要性（与安全投资对比）。该图显示了三种信息水平的场景：1. 无实力信息（实线）；2. 私人实力信息（虚线）3. 全部实力信息（点线）。

轴表示人工智能风险水平（竞赛获胜者获得最高实力的预期分数）。

我们可以看到，不管在何种情况下，人工智能危险性的最高值都出现在实力发挥的作用为零时，随着实力重要性的增长，人工智能的危险性逐渐降低。

相容目标

降低风险的另一个方法是，使每个团队在其他团队的成功中都有利益可分。如果参与竞争者认为，获得第二的位置意味着损失所有他们在乎的东西，那么他们将冒着所有必要的风险去超越对手。相反，如果输掉竞赛的损失没那么大，那么团队将增加安全投资。这说明我们应该鼓励各种形式的交叉投资。

竞争者数量

参与竞争的团队数量越多，竞赛就变得越危险。每个团队获胜的概率都更小了，所以更愿意冒险行事。通过对比图 14–2a（两个团队）和 14–2b（5 个团队），可以看出这一点。在各种场景下，更多的竞争者都意味着更大的风险。如果各个团队合并成为少量的几个竞争联盟，那么风险就会降低。

信息过量的危害

如果团队知道他们在竞赛中的位置（比如，知道他们的实力得分），是一件好事吗？这里存在相互对立的因素。领先者知道自己领先（这样它就知道有余地增加安全预防措施），是好事。但是，落后者知道自己落后（这样它就会减少安全投入，以期赶上领先者），就是坏事。虽然直觉上我们会认为这种效益走向是不确定的，但是模型显示是明确的：获得信息是（预期）坏事。图 14–a和 14–b都描绘了三种场景：直线表示没有团队知道任何实力得分，包括它自己的得分；虚线表示每个团队都知道自己的实力得分（这种情况下，只有得分低的时候，团队才会冒更大的风险）；点线表示所有团队都互相知道各自的实力（如果实力相差不大，他们会冒更大的风险）。随着信息量的增加，竞争变得更加恶劣。

在机器智能的研发过程中，似乎很有可能至少会存在某种轻度的竞赛，甚至有可能会存在严重的竞争。竞赛机制会带来重要的结果，以影响我们如何看待智能爆发的可能性带来的战略挑战。

竞赛机制会激励项目更快地向超级智能发展，同时降低对解决控制问题的投入。竞赛机制还可能有其他有害影响，比如导致竞争者之间的直接敌对。假设两个国家在比赛看谁先研发出第一个超级智能，并且其中一个处于领先地位。如果是赢家通吃的话，落后者可能会想要对竞争对手发起不顾一切的攻击，而不是坐以待毙。领先者预期到这种可能，就可能会想要实施先发制人的打击。如果互相敌对的是两个强国，那么冲突会是非常血腥的。（对竞争对手的人工智能项目进行外科手术式的突袭，可能会引发更严重的对抗，而且如果项目所在国采取了预防措施，那么打击可能会不具可行性。）

如果互相竞争的研发者不是国家，而是小一些的实体，比如企业实验室或者学术团队，那么由冲突带来的直接破坏大概会小很多。然而，竞争的总体结果可能差不多同样糟糕。这是因为竞争的预期危害的主要部分不是来自战场上的破坏，而是来自警惕性的下降。正如我们所看到的，竞争机制会减少对安全性的投入；冲突（即使是非暴力的）会阻碍合作的可能，因为在敌对和互不信任的情况下，项目之间不太可能就如何解决控制问题交流看法。

合作的好处

这样，合作会带来很多好处。合作会降低机器智能研发过程中的草率程度。合作会使安全问题得到更多的投入。合作会避免暴力冲突。合作会促进项目之间就如何解决控制问题进行交流。除了这些好处之外，还有一条：合作可能会使得成功控制的智能爆发的果实得到更加公平的分配。

更加广泛的合作会导致更加广泛的结果分享，这个说法并不是绝对成立的。原则上，一个由利他主义者领导的小型项目可能会将好处更加平等或公平地分配给所有具有道德重要性的生物。然而，有几个原因让我们可以假设更广泛的合作（包括大量赞助者）会导致（期待中）更优的分配结果。其中一个原因是，赞助者想必会更希望（至少）得到他们的公平份额。那么，广泛合作就意味着相对更多的个体至少得到了他们的公平份额，假设项目成功的话。另一个原因是，广泛合作似乎更有可能使合作项目之外的人获益。更广泛的合作包括更多的成员，所以会有更多的人与项目内部的人有私人关系，这些人的利益也会得到照顾。更广泛的合作也更有可能包括至少一个想要使所有人获益的利他主义者。另外，更广泛的合作更有可能在公共监督之下运行，从而降低整个蛋糕被一小撮程序员或私人投资者瓜分的风险。还需要注意的是，成功的合作规模越大，将好处分给所有局外人的成本就越低。（例如，如果所有人中的90%都已经处于合作之中了，那么他们只需拿出最多10%的股份，就能够使局外人达到和他们同样的水平。）

因此，更广泛的合作有可能会导致利益的更广泛分配（尽管赞助人很少的某些项目也有可能具有杰出的分配目标）。但是，为什么利益的更广泛分配就是好的呢？

支持每人都分得一杯羹的结局既有出于道德的理由，也有出于慎重的理由。对于道德理由，我们不会说很多，除了要注意它不需要依赖平等主义原则。例如，理由可以是基于公平的。一个创造了机器智能的项目给全球带来了外部风险，因此这个星球上的每个人都处境危险，包括那些不同意他们和其家人的生活受到如此待遇的人。因为每个人都承担风险，所以要求每个人都公平地分得一份利益似乎是最低要求。

而在合作的情况下产生的（预期）利益总和似乎会更大，是为什么强调合作的另一个理由。

支持利益广泛分配的慎重理由包括两个方面。第一，广泛分配会促进合作，从而减轻竞争带来的负面结果。如果每个人都会从任何一个项目的成功中获得同样的利益，那么争夺谁来建造第一个超级智能的动机就会减弱。某个项目的赞助者如果承诺将利益分给每个人，那么也可能会由此获益，因为一个可靠的利他主义的项目很有可能吸引更多的支持者，而树立更少的敌人。

支持利益广泛分配的慎重理由的另一个方面涉及项目是否倾向于规避风险，或者具有资源亚线性的效用函数。这里的基本事实是潜在资源蛋糕的巨大性。假设可观测的宇宙像其看上去的那样无人居住，它所包括的星系数量多到可以给现在活着的每一个人分配至少一个星系。多数人会选择获得一个星系的资源，而不是选择有10亿分之一的概率拥有10亿个星系的彩票。考虑到人类宇宙资源的巨大性，从个人利益角度考虑，似乎应该支持让每个人分得一份资源的提议，即使每个人分得的只是总体资源的很小一部分。当如此巨大的好运即将来临时，最重要的是不被落下。

资源蛋糕巨大性论点的前提是人们对资源的需求是可满足的，但这个前提不一定成立。例如，若干个主流伦理学理论（包括结果主义理论）的主张都符合风险中性和资源线性的效用函数。10亿个星系能够创造的幸福生命数量是一个星系的10亿倍，对于一个功利主义者来说，这就有10亿倍的价值。然而，自私的普通人可能更喜欢看起来对资源的要求可满足的理论。

上一论断必须受到两个条件的限制。第一个限制是，很多人都在意排名。如果很多人都想登上福布斯财富排行榜的首位，那么资源数量即使再大，也无法使每个人都得到完全的满足。

第二个限制是，后过渡时期的技术会使得物质资源能够用来生产种类空前丰富的产品，包括现在人们出再多钱也无法得到的极具价值的产品。现在，亿万富翁不比百万富翁长寿100倍。然而，在数字大脑的时代，亿万富翁有钱购买100倍的计算机能力，也就能够享受100倍长的主体生命。同样地，心智能力可以用来出售。在这种情况下，经济资本能够以固定比率换成至关重要的商品，不受限制的贪婪就会更加有理，而在今天的世界中，富豪（他们中没有慈善心的）不得不将财富花在私人飞机、游艇、艺术收藏或者好几套住房之上。

这是否意味着利己主义者对于他或她的后过渡时期资源应该保持风险中性呢？不完全是。物质资源过渡成寿命或者心智能力的规模可能是受限的。如果生命必须保持连续，从而使观测器可以记住先前发生的事，并受到先前选择的影响，那么数字大脑的生命如果不进行不断增长的连续运算的话，就不能够被随意扩展。但是物理规律限制了资源能够被转换为连续运算的程度。连续运算的限制还可能会制约认知能力的某些方面，使其不能以完全次线性超越相对适度的资源条件的方式进行增长。另外，即使考虑到高度标准相关的结果权值（比如调整过质量的主体生命年限），也不能明确地说利己主义者将是或者应该是风险中立的。如果要从一定会获得 2 000 年的额外生命和有 1/10 的可能会获得 30 000 年的生命这两个选项中选一个，我认为多数人会选择前者（即使规定每一年的生命质量都是相同的）。

实际上，支持利益广泛分配的慎重理由是假定主体相关并依赖环境。然而，如果找到了实现广泛分配的方法，那么总的来说，人们更有可能得到（几乎全部）他们想要的——即使不考虑承诺广泛分配会促进合作并从而增加躲避存在性灾难的概率。因此，支持广泛分配看起来不仅是道德上所要求的，而且从谨慎的角度来看，也是明智的。

我们至少应该思考一下合作会导致的其他一些结果：前过渡时期的合作可能会影响后过渡时期的合作水平。假设人类已经解决了控制问题。（如果控制问题没有解决，不管后过渡时期有多少合作都没有太大意义。）然后就需要考虑两种情况，第一，智能爆发不导致赢家通吃机制（假定是因为启动是相对慢速的）。在这种情况下，如果前过渡时期的合作会对后过渡时期的合作产生任何系统性的影响，这个影响就会是积极并倾向于促进后续合作的。原来的合作关系可能会在过渡之后继续保持；另外，前过渡时期的合作可能会使人们有机会掌控进展，使其朝向理想的（同时更具合作性的）后过渡时期方向发展。

第二种情况是，智能爆发的本质不鼓励赢者通吃的机制（假定是因为启动是相对快速的）。在这种情况下，如果在启动之前没有广泛的合作，就很有可能产生单一体。一个项目会独立实施过渡，在某个时间获得超级智能和由其带来的决定性战略优势。本质上，单一体是高度合作的社会秩序。这样的话，前过渡时期广泛合作的缺乏就会导致后过渡时期的高度合作。与此相反，在智能爆发之前的更高水平的合作则会导致各种可能结局的产生。参与合作的项目会同步它们的进展，以保证同时进入过渡，这样就没有人能够获得决定性战略优势。或者不同的赞助团队会把他们的投资合并为一个项目，但拒绝授权项目建立单一体。例如，我们可以想象，一个多国联合体建立了一个旨在发展机器超级智能的合作项目，但不允许这个项目发展出任何类似的更加强大的联合国的机制，而是选择维护一个之前存在过的派系纷争的世界秩序。

因此，尤其是在快速启动的情况下，这种可能性是存在的，即前过渡时期更多的合作会导致后过渡时期更少的合作。然而，考虑到合作机构有能力影响结局，所以只有当它们预测后过渡时期的派别存在不会导致灾难性结果时，才会允许不合作的情况产生或继续存在。因此，前过渡时期的合作导致后过渡时期合作减少的情况更可能发生在当后过渡时期减少合作没有害处之时。

总的来说，后过渡时期开展更多的合作看起来是有益的。这会降低反乌托邦模式的风险。在反乌托邦模式中，经济竞争和快速增长的人口会导致马尔萨斯陷阱；或者，进化选择将腐蚀人类价值观，反而选择非幸福的形式；又或者，互相敌对的势力会遭受诸如战争或技术竞争等协调失败带来的苦难。上述问题中的最后一个，即技术竞赛的可能性，如果过渡到的是中间形态的机器智能（全脑仿真），那么可能就会有非常大的问题。因为这会导致产生新的竞争机制，从而破坏在后续向高级机器智能（人工智能）的第二次过渡之前解决控制问题的可能性。

我们前面讲述了合作如何能够在智能爆发的准备阶段降低冲突、增加解决控制问题的可能性，以及提高结果利益分配的道德合理性和明智性。合作的好处除了这些，可能还可以再加一条：前过渡时期的广泛合作有助于解决后过渡时期的重要协调问题。

一起努力

根据合作机构规模的不同，会形成不同的合作模式。规模小的话，认为自身处于互相竞争状态的单个人工智能团队便可能会选择联合起来。公司之间可能会合并或交叉投资。如果是规模更大的国家，则会加入更大的国际项目之中。在科学和技术方面进行大规模的国际合作有一些先例（比如欧洲原子核研究所、人类基因组工程，以及国际空间站），但是致力于研发安全的超级智能的国际项目将会因为其本身的安全含义，带来不同的挑战。这个项目不能作为一种开放的学术合作，而必须作为一种受到极其严格控制的合营企业。或许参与项目的科学家必须被隔离起来，在项目完成之前禁止与外界进行交流，除了通过一个被仔细调查过的交流渠道。其所需要的安全戒备水平可能是我们目前还做不到的，但是随着测谎技术和监控技术的发展，可能会在21世纪晚些时候实现。还要记住的是，广泛合作不一定意味着很多人都对项目的目标有发言权。原则上，一个项目可以将合作扩大到将所有人作为其赞助者（比如，联合国大会就是一个代表），但是只聘用一位科学家开展研究。

有一个要求尽可能早地开展合作的原因——被称作利用无知之幕，它将遮住任何关于哪个项目会首先实现超级智能的具体信息。我们距离终点线越近，对于竞争项目的相对可能性的不确定性就越低，也因此会使下述情况更难发生：根据第一名的自身利益，提出加入一个会将利益分配给全人类的合作项目。另一方面，在超级智能的可能性受到比现在更广泛的认可之前，以及在建造机器超级智能具有明确的实现方法之前，要实现全球范围的正式合作看起来也是困难的。另外，合作会促进研究的发展，但它也可能会在安全问题方面起到反作用，正如我们之前讨论过的。

因此，目前合作的理想形式可能是最初不需要具体的正式协议，并且不加快机器智能发展的一种合作。符合这个准则的一个提议是，我们提出一种适当的道德规范来表达我们对“超级智能应该服务于公共利益”这个理念的承诺。这个规范可以表达如下：

公共利益原则

超级智能的研发只能用来服务全体人类的利益和广泛共享的道德理念。

在早期阶段树立“超级智能的巨大潜能属于全体人类”的规范，会使这个规范有更多的时间来变成一种根深蒂固的观念。

公共利益原则并不妨碍个体或公司带着商业动机来从事相关领域的研究。例如，一个公司可以通过如下方式满足“将超级智能带来的利益分享给全体人类”的要求——采用一种意外收益条款，即将一个特别高的数额范围内的利润（比如说，年利润一万亿美元）按照通常的方式分配给公司的股东和其他合法受益者，只有超过这个限额的利润才会被平均（或者按照其他普遍认可的道德标准）分给全体人类。采用这种意外收益条款实际上是没有损失的，因为任何一个公司都极不可能超过这个天文级数字的限额（而且这样的低概率事件通常不会在公司管理层和投资者的决策过程中发挥任何影响）。但是，广泛采用这个条款可以给人类提供一种有价值的保障（前提是这种承诺是可以信任的），如果某个私人企业将要因为智能爆发而赢得一大笔钱，那么每个人都会从利益中的一大部分中分得一份。这个理念还可以用于除了企业之外的其他实体。例如，国家可以同意，如果任何一个国家的GDP占全球GDP的比例超过了一个很高的数值（比如说90%），那么多出的部分就应该平均分给所有人。

公共利益原则（和某些实践方式，比如意外收益条款）最初可以被从事机器智能相关领域活动的个人和机构作为一种自愿的道德承诺而采纳。之后，将会有更广泛的实体支持这个原则，并将其制定成法律和条约。一个模糊的描述（正如上文中的）可以作为一个很好的起点，但是最终需要被打磨成一系列具体的、可检验的标准。

第十五章 关键时刻

SUPERINTELLIGENCE

Paths, Dangers, Strategies

我们发现，我们正身处战略复杂性的丛林中，被不确定性的重重迷雾包围。尽管我们做出了一些思考，但对于它们的具体细节和相互关系仍然不清楚也不确定；并且，这里可能还有我们目前没有想到的其他因素。在这种困境下，我们应该做些什么呢？

哲学面临最后期限

我的一个同事喜欢说：菲尔兹奖（数学领域最高荣誉）能够表明关于获奖者的两件事：第一，他有能力完成某件重要的事；第二，他并没有完成这件事。这么说尽管很刺耳，却暗示着一个真理。

如果将“发现”视为把信息的获得从一个较晚的时间点移到一个较早的时间点的行为，那么发现的价值就不等同于被发现信息的本身价值，而是在更早的时间获得这个信息的价值。一个科学家或数学家的优秀能力在于能够第一个发现难倒很多其他人的解决方案；但是如果不管怎样，问题都会很快得到解决，那么他们的工作就可能不会给这个世界带来太多用处。在一些情况下，即使稍微提前一点获得解决方案，也会有巨大的价值，但是只有解决方案立刻得到实施才会有用，不管是用于实际应用，还是作为进一步理论发展的基础。在第二种情况下，即解决方案仅仅作为进一步理论工作的基础立刻被使用，也只有当它所促进的进一步工作本身是重要且紧急的时候，稍微提前一点获得这个解决方案才是有巨大价值的。

那么，问题便不在于菲尔兹奖获得者发现的结果本身是否“重要”（不管是作为工具使用还是作为知识本身），而在于“获奖者使得结果的发表提前了”的这个行为是否重要。这个发现的价值应该与世界一流数学家研究其他问题所能创造的价值相比较。在至少几个案例中，菲尔兹奖可能暗示着致力于解决错误问题的一生，例如，有些问题的魅力不过是来自它们出名的难解程度。

同样的道理可能也适用于其他领域，比如学院派哲学。有的哲学问题涉及如何减小存在性风险，比如本书中提到的一些。但是，还有一些哲学分支与存在性风险没有明显联系，或者与任何实际问题都没有明显联系。就和纯数学一样，哲学研究的一些问题可以被视为具有内在重要性。也就是说，不管它们是否有实际价值，人类都有理由研究它们。例如，实在的本质是什么的问题，可能本身就值得思考。如果没有人研究形而上学、宇宙学或者弦理论，那么这个世界必定会少了几分精彩。而智能爆发的前景给哲学这个对智慧的古老追求提出了新的问题。

现在的情况表明，通过间接途径而不是直接的哲学思辨，更能实现哲学进展的最大化。在很多任务中，超级智能（或者只是一个适度提升的人类智能）都将超越当前的人类思考者。而其中一个任务就是解答科学和哲学领域的根本性问题。这意味着我们可以采取延迟满足的策略，即把研究一些外部问题的工作推迟一段时间，把它们留给我们希望会更加胜任的继承者。而现在，我们要把精力集中在更加紧迫的挑战之上，即增加我们能够实际拥有的能力足够高的继承者的可能性。这将会是高影响力哲学和高影响力数学。

应该做些什么？

那么，我们需要把重点放在那些不仅重要而且急迫的问题之上，这些问题需要在智能爆发之前就得到解决。我们还应该注意不要研究那些有负面价值的问题（即解决这些问题是有害的）。例如，人工智能领域的一些技术问题可能就是有负面价值的，解决了这些问题会导致在研究出控制方案之前加快机器智能的研发。只有解决了控制问题，才会使机器智能革命变得可生存且有益。

要确定哪些问题是既重要又急迫的，同时还要确定它们是有积极价值的，是件困难的事。围绕减缓存在性风险的战略不确定性意味着，我们必须担心即使是用意良好的行动，最终也可能不仅是没有效果的，而且会产生反作用。要限制采取积极有害或违背道德的行动的风险，我们应该选择研究那些看起来非常具有积极价值的问题（即解决这些问题会对很多情况产生积极的影响），并采取非常有道理的方式（即这些方式在各种道德观看来都是可接受的）。

在选择优先解决哪些问题时，还有一个特别需要考虑的因素，即我们需要研究的问题要对于我们付出的努力来说是有弹性的。一个问题具有高度弹性是指，如果我们增加一份努力，解决这个问题的速度就会快很多，或者问题解决的程度就会大很多。让这个世界中充满更多善意是一个重要且急迫的问题，同时也似乎是一个非常有积极价值的问题，但是如果没有一个突破性的实施方法，那么这个问题的弹性可能就非常低。同样地，实现世界和平也是非常值得做的事，但是考虑到为了解决这个问题已经付出的无数努力，以及快捷途径面临的各种障碍，多几个人来研究这个问题似乎也不太可能产生重大的影响。

为了降低机器智能革命的风险，我们提出两个看起来最能满足上述所有条件的目标：战略分析和实力建设。我们可以相对确定这两个参数的走向：更多的战略洞见和更多的实力便是更好的。另外，这两个因素也是有弹性的：增加少量投入会产生相对较大的影响。增加洞见和实力也比较急迫，因为这两个因素的早期推动可能会产生化合效应，使后续的工作效率更高。除了这两个大的目标之外，我们还提出其他几个具有潜在价值的初始目标。

寻找战略之光

在充满困惑和不确定性的背景下，进行更多的分析便尤其具有更高的价值。看清战略态势能够帮助我们更有效地展开后续行动。我们不仅对一些外围问题的细节极其不清楚，而且对中心问题的基本性质也极其不清楚。这时，我们就尤其需要进行战略分析。对于很多关键参数来说，我们甚至不知道它们的正负值，也就是说，我们不知道向哪个方向发展是好的，向哪个方向是坏的。但我们的无知并非无可补救。虽然这个领域几乎没有被勘探过，但或许闪闪发光的战略洞见就在地表一两米之下，等待着我们去开采。

这里我们所说的战略分析是指对决定性考虑的探索。决定性考虑是指有可能改变我们观点的理念或论点，不仅包括关于实施方案精细结构的观点，而且包括关于总体合意性拓扑结构的观点。即使只缺失一个决定性考虑，也可能会使我们大多数的顽强努力变得无效，或者使它们变得有害，就像在错误的一边战斗的士兵一样。对决定性考虑的探索（必须既探索规范性问题，也探索描述性问题）常常需要在不同学科和知识领域之间交叉穿梭。因为这个探索领域目前还没有现成的研究方法，所以需要进行艰难的原创性思考。

打造优秀实力

另一个具有高度价值的行动是发展一个严肃对待未来的、完备的支持系统。这个行动和战略分析一样，具有在一系列场景下都有用的稳健性。其所建造的支持系统能够为研究和分析直接提供资源。当其他优先事务变得明确时，资源将被相应地转移到其他事务。因此，支持系统是一种通用实力，它的使用受到随时新出现的洞见的指导。

一个有价值的资产是由不同个体组成的捐赠者组织。这些人类个体致力于理性慈善，了解存在性风险，并且能够辨别减缓风险的方法。前期投资者最好是精明的、利他主义的，因为他们可能有机会在腐败利益出现并确立地位之前，塑造这个领域的文化。因此，初期工作的重点应该在于招募正确的人进入这个领域。为了使进来的人都是真正关心安全问题的，并且有寻找真理的目标（同时有可能吸引更多同类的人），放弃一些短期的技术进步便可能是值得的。

一个重要的变量是人工智能领域和该领域内领先项目的“社会认知”的品质。发现决定性考虑是有价值的，但仅仅当它能够对行为产生影响时才有价值，而不能总是认为这是理所当然的。想象一个项目为了研发人工智能样机，投入数百万美元和数年的努力，在克服了很多技术难题之后，系统终于开始有一些实质性的进展。有可能再付出一点儿努力，系统就会变得非常有用并且可以获利。而就在这时，发现了一个新的决定性考虑，表明一种完全不同的途径可能是更安全的。这个项目应该像受辱的武士一样选择自杀，放弃不安全的设计以及取得的所有进展？还是应该像受惊的章鱼一样，怀着逃避攻击的希望，喷出有目的的怀疑墨汁？在这样的困境中选择武士行为的项目是一个更好的开发者。但是，建立起愿意基于不确定的指控和推测性的理由而选择切腹自杀的流程和制度，并不是一件容易的事。社会认知的另一个维度是对敏感信息的处理能力，尤其是避免泄露机密信息的能力。（对学术研究者来说，信息克制可能尤其困难，因为他们习惯了随时通过各种途径传播研究结果。）

具体方法

除了战略之光和优秀实力这两个总体目标之外，一些更加具体的目标也可能会带来成本有效性的行动机会。

一个这类的具体目标是，在克服机器智能安全性的技术挑战方面取得进展。在追求这个目标时，要注意控制信息的危害。一些对于解决控制问题有用的工作可能对解决能力问题也有用。烧毁人工智能保险丝的工作就很容易产生负面作用。

另一个具体目标是，在人工智能研究者中推广“最佳实践”。在控制问题方面取得的任何进展都需要广泛传播。某些形式的计算实验（尤其是当涉及强大的循环自我提升时）也可能需要使用能力控制手段，以便减缓意外启动的风险。尽管安全措施的实际实施在今天看来不是那么重要，但是随着技术的不断进步，其重要性会越来越高。并且，现在号召研究者表达对安全性的承诺并不为时过早，包括让他们支持公共利益原则，并许诺在机器智能的前景开始变得明晰之时，提升系统的安全性。只有言辞并不是足够的，而且言辞也不能使危险的技术变成安全的，但是可以言语在先、思想随后。

可能还会有其他偶然出现的机会，会推动某个关键参数的发展，比如减缓其他存在性风险，或者是促进生物认知提升和人类集体智慧的完善，甚至是使世界政治秩序变得更加和谐。

人性中最优秀的部分

在智能爆发的前景之下，我们人类就像拿着炸弹玩儿的孩子。玩具的威力和我们行为的成熟度是如此的不匹配。超级智能是一个我们现在还没有准备好应对的挑战，而且很长时间之内都不会准备好。尽管我们把炸弹放到耳边能够听到微弱的滴答声，但是我们也完全不知道爆炸会在何时发生。

对于一个手拿尚未引爆的炸弹的孩子来说，明智的做法是轻轻地将炸弹放下，快速跑出屋子，并告诉距离最近的大人。然而，我们现在面对的不是一个孩子，而是很多孩子，而且每个人都带着独立的引爆装置。我们所有人都意识到放下这个危险玩意儿的可能性几乎为零。总会有某个蠢孩子因为想要知道会发生什么，而按下引爆按钮。

我们也不可能通过逃离的方法获得安全，因为智能爆发的威力会击落整个苍穹。而且，我们也看不到任何成年人。

在这种情况下，任何“哎呀，太棒了！”的高兴情绪都是不合适的。惊愕和恐惧会稍微合适一些，但是最适当的态度是：下定决心，发挥我们最好的实力，就像准备一场很难的考试一样，考试通过了梦想就会实现，考试失败了梦想就会破灭。

这不是一张狂热主义的处方。智能爆发可能离我们还有几十年的时间。另外，我们所面临的挑战之一是：保持我们的本性和常识，即使面对这个违反常情、有悖人性的挑战，也依然镇定自若。我们需要发挥人类所有的智慧，来战胜这个挑战。

但是，我们也不能忘记全球性的重要事务。透过日常琐事的迷雾，我们能够（模糊地）看到这个时代的核心任务。在这本书中，我们尝试着在相对模糊不清的视野中辨别更多的特征。我们看到，降低存在性风险，并且实现导向合理使用人类宇宙资源的文明进步，会是我们道德上的主要优先事项（至少从非个人和长期的视角来看是这样的）。

致谢

本书的整个写作过程是相当开放的。在这个过程中，许多概念和想法都是慢慢形成的，是在广泛的交流中迸发出来的，当然，那些别人提供的洞察力已在写作过程中成为本书的一部分。我竭力想罗列清楚那些来自别人的想法，但是其数量之多，让我很难全部罗列出来。

我要感谢很多人，正是在与他们交流的过程中，我的思维才变得越来越清晰，他们是：罗斯·安德森，斯图尔特·阿姆斯特朗，欧文·科顿–巴勒特，尼克·贝克斯坦德，大卫·查莫斯，保罗·克里斯蒂阿诺，米兰·克里克欧文科，丹尼尔·丹尼特，大卫·多伊奇，丹尼尔·杜威，埃里克·德雷克斯勒，皮特·埃克斯莱，阿姆农·伊登，欧文·伊文斯，本杰·弗勒斯坦，亚历克斯·弗林特，卡尔·弗雷，伊恩·戈尔登，卡贾·格雷斯，J·斯托尔斯·豪，罗宾·汉森，德米·哈斯阿比斯，詹姆斯·休斯，马库斯·胡特尔，加里·卡斯帕罗夫，马科恩·库尔奇茨基，谢恩·莱格，墨什·卢克斯，威廉姆·马克埃斯克尔，埃里克·曼德尔鲍姆，詹姆斯·马丁，莉莉安·马丁，

罗克 · 米吉克，文森特 · 米勒，埃隆 · 穆斯克，肖恩 · 欧埃格尔特泰格，托比 · 奥德，丹尼斯 · 帕姆林，德里克 · 帕菲特，大卫 · 皮尔斯，休 · 普莱斯，马丁 · 李斯，比尔 · 罗斯科，斯图尔特 · 拉塞尔，安娜 · 萨拉蒙，卢 · 索尔科德，安德尔斯 · 萨登伯格，朱莉安 · 萨务莱斯库，于尔根 · 施密德胡贝尔，尼古拉斯 · 沙克尔，默莱 · 沙那罕，诺埃尔 · 沙克丽，卡尔 · 舒尔曼，皮特 · 辛格，丹 · 斯徒克斯库，贾安 · 塔里尼，亚历山大 · 塔马斯，马克思 · 泰格马特，罗曼 · 杨普斯基，埃利泽 · 尤德科夫斯基。

我还要感谢一些人（对本书）做出了极为详细的评论，他们是：米兰 · 科利尔科维克，丹尼尔 · 杜威，欧文 · 埃文斯，尼克 · 海耶，基思 · 曼斯菲尔德，卢克 · 缪赫豪瑟，托比 · 奥德，杰斯 · 里德尔，安德斯 · 桑德伯格，默里 · 沙纳汉，卡尔 · 舒尔曼。在不同章节的写作中，也有很多人提出了意见并对我的研究提供了帮助，我特别要感谢：斯图尔特 · 阿姆斯特朗，丹尼尔 · 杜威，埃里克 · 德雷克斯勒，亚历山大 · 埃勒尔，丽贝卡 · 洛奇以及安德斯 · 桑德伯格。

在准备书稿的过程中，我也得到了很多人的帮助，为此我要感谢：凯莱布 · 贝尔，马洛 · 波尔根，罗宾 · 布莱德特，兰斯 · 布什，凯西 · 道格拉斯，亚历山大 · 埃勒尔，克里斯蒂安 · 罗恩，苏珊 · 罗杰斯，安德鲁 · 斯奈德–贝蒂，塞西莉亚 · 蒂利和亚历克斯 · 弗米尔。我还要特别感谢我的编辑基思 · 曼斯菲尔德，他在本书的出版过程中给予我极大的鼓励。

在此，如果我不小心漏掉了一些人的姓名，还请原谅。

最后，我要感谢我的资助人、朋友和家人，没有你们的支持，这本书不可能完成。